Johan Temmerman, Arjan Knop (Eds.)

Essays on Theology and Religious Studies

D1829240

Analecta Bruxellensia

edited by

Johan Temmerman
Faculty of Protestant Theology
and Religious Studies
in Brussels

Volume 20

LIT

Essays on Theology and Religious Studies

edited by

Johan Temmerman and Arjan Knop

LIT

This book is printed on acid-free paper.

Bibliographic information published by the Deutsche Nationalbibliothek
The Deutsche Nationalbibliothek lists this publication in the Deutsche Nationalbibliografie; detailed bibliographic data are available in the Internet at http://dnb.dnb.de.

ISBN 978-3-643-91324-1 (pb)
ISBN 978-3-643-96324-6 (PDF)

A catalogue record for this book is available from the British Library.

© LIT VERLAG GmbH & Co. KG Wien,
Zweigniederlassung Zürich 2020
Flössergasse 10
CH-8001 Zürich
Tel. +41 (0) 76-632 84 35
E-Mail: zuerich@lit-verlag.ch http://www.lit-verlag.ch
Distribution:
In the UK: Global Book Marketing, e-mail: mo@centralbooks.com
In North America: Independent Publishers Group, e-mail: orders@ipgbook.com
In Germany: LIT Verlag Fresnostr. 2, D-48159 Münster
Tel. +49 (0) 2 51-620 32 22, Fax +49 (0) 2 51-922 60 99, e-mail: vertrieb@lit-verlag.de

Table of Contents

Preface

The two Brussels Faculties for Protestant Theology and Religious Studies (FPTR on the Dutch-speaking side and FUTP on the French-speaking side) are honoured to offer the twentieth edition of Analecta Bruxellensia. This Analecta sets out a variety of themes which professors and researchers at both institutions are working on. This edition opens with the speech which Prof Gérard Siegwalt gave in response to the honorary doctorate which was awarded to him by the FUTP on 3 October 2019. We also pay attention to radicalisation and violence. Prof Emeritus H. Heyen and Dr J. de Prenter present the issue from pastoral and Old Testament perspectives. In the article which Prof J. Mukaminega dedicates to the late Jacques Chopineau (1936-2015), she honours a former FUTP professor: Prof Chopineau stood for a non-dogmatic approach to Christianity and was active at the FUTP at the turn of the century. Complemented by Dr L. Rwanyindo's article on attitudes and language-use during the colonial period, the reader receives a clear picture of the theological activities in the French-speaking faculty.

For its part, the FPTR is currently broadening its scope and its curriculum: a selection of the new modules which will be offered from this academic year sail under the names "Church and Judaism," "Sacred art and music" and "Alternative Christian movements." From the first of these research fields, H. Sinnaghel offers an exploratory Biblical study on the parable of the "Two Paths" in the Gospel of Matthew and points out how this text can work in Judeo-Christian dialogue. In the second developing field, M. van der Veer presents a penetrating contribution about August Neander, the German theologian and church historian who lived between 1789 and 1850. In a broadening perspective, Prof J. Temmerman highlights the Brotherhood of the Rose Cross: this Christian Hermetic movement caused a great deal of commotion in Europe during the Eighty Years' War (1568-1648). The Lutheran theologian J.V. Andreae (1586-1654) explored an originally heterodox Christianity: the contribution of theologian and doctoral student Mieke Felix on Cathar spirituality falls under this heading.

We also point out the contribution by Prof Jack McDonald which touches on a current topic of news, the future of the Anglican Church in Europe after Brexit. Department leaders A. Knop and Prof L.-J. Parlevliet discuss respectively the symbolism of water in the Hebrew Bible and "passionate reading." A brief overview of recent literature on radicalisation closes the volume. We are pleased to be able to present this thick edition of Analecta 2020. Happy reading!

Prof J. Temmerman

Pourquoi la théologie procède, non de l'histoire, mais du choc du réel. Comment le choc du réel conduit à l'histoire

Discours prononcé le jeudi 3 octobre 2019 lors de l'acceptation du doctorat honoris causa

Gérard Siegwalt

Monsieur le Président, M. le Doyen de la Faculté néerlandophone, M. le coordonnateur académique de la Faculté francophone, cher Guy, Mesdames et Messieurs les membres du Conseil d'Administration, chères collègues et chers proches de la Faculté universitaire de théologie protestante de Bruxelles, chères amies:

Je voudrais d'abord, en ce bref écho à l'honneur que votre Faculté me fait en ce jour, exprimer ma profonde reconnaissance, en relevant deux points significatifs qui me semblent ressortir de cette collation honorifique.

Le premier point tient à une affirmation, à savoir l'affirmation de votre Faculté comme telle. Décerner un grade, c'est dire qu'on existe, qu'on accepte d'exister, qu'on assume d'exister, qu'on décide d'exister. L'affirmation de soi de votre petite Faculté de la rue des Bollandistes à Bruxelles appelle plus qu'une émotion; elle appelle le respect, elle appelle l'estime; elle dit la dignité, elle dit l'honneur de votre Faculté: une Faculté non résignée, non démissionnaire, mais une Faculté recueillie dans la source, la vocation, la mission qui la font être et, partant, une Faculté debout, faisant face, affrontant les défis colossaux auxquels elle est confrontée. Défis qui se résument ultimement en un seul, celui de la crédibilité, laquelle tient à la pertinence de la théologie et plus spécifiquement de la théologie chrétienne et, dans le concert de celle-ci, de la théologie protestante, et cela dans le cadre non seulement de la communion des Églises mais également de l'Université d'une part, de la communauté humaine dans sa pluralité voire de notre civilisation d'autre part.

Le second point tient à une question; celle-ci a trait au travail - à ce qu'on appelle l'œuvre - théologique que votre Faculté, dans son affirmation de soi, décide d'honorer aujourd'hui. La question est celle de la portée effective d'un tel travail. A part la joie plus forte que la peine que j'ai toujours eue à enseigner et qui est une gratification immense et constamment régénératrice de la vocation théologique, à part également des échos encourageants que ce travail a suscités en quelques endroits et spécialement ici à Bruxelles (en plus des invitations de la part de l'EPUB et de votre Faculté, je tiens à mentionner avec gratitude l'introduction engagée, discernante, stimulante qu'a fait paraître le professeur

Bernard Hort), la portée de mon engagement de théologien m'est toujours apparue plus qu'incertaine, au point que j'ai été conduit à comprendre cette incertitude, cet ébranlement intérieur de toute sécurité, comme une dimension même - et donc une dimension essentielle - de toute vocation théologique. J'ai pu parler de la théologie comme d'un luxe, un luxe pour rien, "gratuit" au vrai sens de ce mot, et appelant donc ceux/celles qui ont vocation théologique, dans la constance même de leur engagement et dans l'acceptation de toute son exigence, à l'abandon de toute prétention propre, à un esprit de gratuité, et ainsi à la seule et pleine liberté de la responsabilité. J'ai aujourd'hui pleinement conscience que votre signe de reconnaissance est bel et bien un encouragement qui, au-delà de l'engagement particulier que vous honorez, s'adresse à tout le milieu - familial, ecclésial, culturel, universitaire - qui a porté cet engagement et sans lequel il n'aurait pas été possible. J'ai conscience également du fait que la théologie, même prise à un certain degré d'aboutissement comme peut le constituer une fin de vie, n'est jamais autre chose qu'un commencement.

La théologie, un constant commencement! Tel est le sens de la question que l'affirmation de votre Faculté comme telle, en me décernant le titre de docteur honoris causa, porte en elle. La question est celle de l'inachèvement de tout labeur humain et - pour le dire ainsi - de la suspension obligée, voire nécessaire, de tout jugement définitif sur lui, qui l'enfermerait sur lui-même au lieu de l'ouvrir au-delà de lui-même. A la fin d'une vie, tout comme au commencement d'une vie, nous ne pouvons pas dire autre chose que: à la grâce de Dieu!

La théologie, donc, un constant commencement. C'est à ce propos que j'aimerais, dans les quelques minutes qui restent, présenter, sous forme de thèses ou d'impulsions pour nourrir notre réflexion, quelques remarques. Je les place sous le titre: *Pourquoi la théologie procède, non de l'histoire, mais du choc du réel.* Et j'ajoute comme sous-titre: *Comment le choc du réel conduit à l'histoire.*

1. Je pars d'un constat: celui d'une fuite dans l'histoire pour échapper au réel présent. C'est ce à quoi un grand nombre de théologiens catholiques-romains (je le dis sans polémique mais avec une profonde compassion pour eux) s'est senti acculé lorsque, bientôt après le Concile Vatican II, il y a eu un certain retour du traditionalisme identitariste qui a fait considérer comme suspecte toute réflexion essayant de prendre à bras-le-corps les grands défis du temps présent. Il y a des exemples similaires du côté protestant, lorsque, au nom du passé, on renie le présent, enfermant de ce fait Dieu dans le passé et déniant sa qualité de Dieu vivant, certes toujours le même mais certes également, précisément en tant que le même, toujours nouveau, nous conduisant aujourd'hui, par l'Esprit, comme l'annonce Jésus à ses disciples, dans toute la vérité. Il n'y a pas alors de théologie vivante, mais seulement une théologie de musée, une théologie du

réchauffé, celle-ci ne manquant certes pas d'intérêt ni d'une certaine capacité d'actualisation comme telle, tant le Dieu passé est toujours susceptible de faire éclater le passé au nom de sa puissance continue de vie nouvelle. J'y reviendrai.

2. La peur devant le présent qui motive la fuite dans l'histoire ne peut être dépassée qu'en la nommant; c'est sa nomination qui ouvre à la capacité de l'affronter, et donc d'affronter le réel présent, ce réel perçu comme un défi ou un ensemble de défis. La théologie vivante, c'est celle qui, au nom du Dieu vivant, affronte le réel en tant que ce dernier nous est donné - par Dieu, le Dieu vivant - comme notre maître - critique - à penser (le réel, notre maître à penser!). La théologie consiste par conséquent à affronter le choc du réel, dans un esprit de discernement.

3. Le réel a plusieurs - voire de nombreuses - facettes. Sans le limiter aux exemples que je vais donner, il y a - au plan collectif, à proprement parler naturel avec sa portée "œcuménique," pour toute la terre habitée - la catastrophe écologique avec son implication, le changement climatique, cette catastrophe écologique et climatique étant perçue comme un jugement immanent et donc imputable à notre civilisation dominante; également au plan collectif de toute l'humanité le scandale éthique de l'injustice économique et sociale entre (schématiquement) les hémisphères nord et sud, mais aussi à l'intérieur de nos propres peuples; également le scandale de l'injustice entre les genres et même les religions (là où il y a des discriminations), ces différentes sortes d'injustices étant encore imputables à notre société; et encore, au plan personnel, l'expérience du malheur, en ce sens du destin, et de la faute, de la culpabilité en tant qu'imputable à nous-mêmes.

4. C'est en affrontant le choc du réel, sous quelque facette que ce soit, donc en ne pas le fuyant, que nous sommes confrontés avec la question du sens du monde, la question de la justice entre les hommes, la question du courage de vivre, de la libération des addictions, du pardon, et ainsi avec les questions dernières, ultimes, lesquelles toutes impliquent - conduisent à - la question de Dieu. Cette question n'est pas d'abord intellectuelle mais existentielle, car il en va en elle de réalités, à proprement parler d'ébranlements existentiels.

5. L'ouverture au réel présent ouvre de ce fait même, parce que ce présent nous ébranle, à la mémoire du passé et donc à l'histoire, pour y chercher des lumières pour le présent et comment y faire face; elle ouvre en particulier aux attestations religieuses passées qui sont toutes des attestations de la façon dont, dans le passé, dans l'extraordinaire diversité des situations qui y ont été vécues, Dieu (quel que soit le nom qui lui est donné) a été perçu comme puissance de renouvellement, de quelque manière que ce soit, de ces situations, les ouvrant à un au-delà d'elles-mêmes. Les témoignages des Écritures fondatrices, pour nous

chrétiens de la Bible chrétienne, en tant qu'ils attestent non un Dieu en soi mais un Dieu en relation avec les situations chaque fois vécues, appellent à (et se prêtent à) leur mise en relation avec les questions existentielles présentes et le Dieu vivant se révélant aujourd'hui: Le recours au témoignage des Écritures a pour fonction de vérifier l'action du Dieu vivant aujourd'hui grâce à l'interprétation des Ecritures passées (ce qu'on appelle l'herméneutique). Il est en ce sens un instrument de discernement, dans le sens du discernement des esprits.

7. Les Écritures ne sont toutefois pas seulement norme de discernement, une norme appliquée au réel présent pour y vérifier ce qui y est l'action de Dieu et comment elle s'y manifeste. Elles sont elles-mêmes, de leur côté, source d'action de Dieu. On l'a souvent dit: La révélation - l'action - de Dieu s'atteste par deux livres: celui du réel et celui des Ecritures.

L'herméneutique (qui est autre chose qu'une adaptation du passé au présent et du présent au passé) est toujours une herméneutique de la corrélation, et donc une mise en relation critique - discernante - du présent avec le passé comme du passé avec le présent, et cela à cause du réel toujours nouveau et donc vivant et au nom du Dieu toujours vivant. C'est là qu'il apparaît que l'affirmation du titre de ces remarques, à savoir que la théologie procède non de l'histoire (en l'occurrence du témoignage des Ecritures) mais du choc du réel doit, sans être le moins du monde reniée, être complétée par l'affirmation inverse: la théologie procède en même temps du choc des textes fondateurs dans leur attestation de Dieu comme Dieu vivant. La réciproque est donc vraie également: Le choc de l'histoire, des textes fondateurs (et, pouvons-nous préciser, de leur interprétation tout au long de l'histoire), conduit au réel présent.

8. Par là sont signifiées, la tâche d'une part, la promesse d'autre part de la théologie, en l'occurrence chrétienne (en relation critique - et réciproquement critique - avec les théologies d'autres religions, et en premier lieu les autres religions monothéistes). Tâche et promesse tout à la fois de la cohérence (à la fois interne, par rapport aux textes fondateurs, et externe, par rapport au réel) de cette théologie, de sa pertinence et de son actualité et donc de la cohérence, de la pertinence et de l'actualité de la foi qui porte cette théologie et qu'elle porte. Et par là est signifiée également l'implication ecclésiale de cette théologie, soit dans le sens de ses effets sur la compréhension de l'Eglise dans son être et dans son faire soit dans le sens de l'interpellation réciproquement critique entre la théologie et l'Église dans leur actualité chaque fois donnée, une actualité qui n'est jamais la leur coupée de - mais qui est toujours liée à - celle du réel comme tel.

Je conclurai en disant que, confrontés avec le choc du réel présent tout comme avec celui des Écritures, nous sommes au départ d'une nouvelle mise en route, autant comme humanité que, en celle-ci dans son caractère à la fois sécularisé et pluri-religieux, comme Église et comme théologie chrétiennes. La théologie chrétienne - et déjà la foi: toujours un commencement! Je voudrais dire mon encouragement à ceux et celles qui se laissent, pour la première fois ou encore et encore, mettre en route!

Sinnsäulen und Radikalisierung

Heye Heyen

Abstract

In logotherapy, i.e. the meaning-centered psychotherapy developed by V.E. Frankl, there is the concept that the meaning of one's life rests on different "pillars of meaning." These are the different values (e.g. family, job, hobby, religion, …) the person is living for. According to this concept, it is important that a person has different "pillars of meaning" beside each other. This concept is applied to the phenomenon of radicalizing tendencies in religion. The danger of radicalization can be predicted if there is only one pillar of meaning left. The biblical institution of the Sabbath (which presupposes the other six days of the week) is interpreted as a paradigm for the necessity of different pillars of meaning beside the one religious pillar of meaning.

WEGE ZUM SINN LAUT V.E. FRANKL

In der Logotherapie, der sinn-orientierten Psychotherapie von und nach Viktor E. Frankl, ist der Mensch vor allem im Blick unter dem Aspekt, dass er im Grunde seines Herzens auf Sinn ausgerichtet ist. Er möchte für etwas (z.B. eine Lebensaufgabe oder ein besonderes Interesse) oder für jemanden (z.B. einen geliebten Menschen) leben. Wird der "Wille zum Sinn" nicht erfüllt, sondern frustriert, so entsteht ein "existentielles Vakuum." Dieses bildet oft gleichsam den Nährboden, auf dem alle möglichen psychischen Störungen entstehen und wuchern können.

Sinn-Findung geschieht laut Frankl durch das Realisieren von Werten. Er unterscheidet drei Wertkategorien,[1] oft auch die drei "Hauptstraßen zum Sinn" genannt: a) schöpferische Werte (z.B. das Buch, das ein Autor schreibt, die Sonate, die ein Musiker komponiert oder der Garten, den jemand anlegt), b) Erlebniswerte (z.B. die Afrikareise, von der jemand jahrelang geträumt hatte oder die Liebe, nach der sich jemand lange gesehnt hatte, c) die Einstellungswerte (z.B.: jemand gewinnt zu einem schicksalhaften Leiden eine Einstellung, die ihm hilft, damit auf sinnvolle Weise umzugehen).

[1] Viktor E. Frankl, *Anthropologische Grundlagen der Psychotherapie*, Bern / Stuttgart / Wien (Huber) 1975, S. 23; ders., *Ärztliche Seelsorge. Grundlagen der Logotherapie und Existenzanalyse*, München (Kindler Verlag) 1975 (8. Aufl.), S. 59-62.

SINN-SÄULEN

Sinn-Erfahrung lässt sich im Leben eines Menschen konkret beschreiben anhand seiner Sinn-Säulen. Sinn-Säulen sind die Antworten auf die Frage, wofür ein Mensch (faktisch) lebt. So könnte jemand den Satz: "Ich will leben, weil ..." beispielsweise wie folgt ergänzen: "weil ich meinen Ehepartner liebe und noch vieles mit ihm gemeinsam erleben möchte" - "weil meine Kinder mich noch brauchen und auch, weil ich sie gern weiter aufwachsen sehen möchte" - "weil meine Freunde mir wichtig sind und weil ich noch vieles mit ihnen gemeinsam erleben möchte" - "weil ich beruflich noch ein Ziel verfolge, das ich unbedingt erreichen möchte" - "weil ich mich im Gemeinderat engagiere und das wichtig finde für unsere Stadt" - "weil ich im Kirchenchor mitsinge und mich daran freue" - "weil ich neugierig darauf bin, wie meine Lebensgeschichte weitergehen wird," ...

In diesem Beispiel handelt es sich um eine Person, die eine ganze Reihe stabiler Sinn-Säulen hat. Das lässt vermuten, dass sie auch im Fall eines Schicksalsschlages über genügend Ressourcen verfügt, diesen zu bewältigen. Die Gefahr, dass sie - im Extremfall - ihrem Leben selbst ein Ende setzt, dürfte bei ihr deutlich geringer sein als bei einer Person, die nur sehr wenige oder gar keine "Gründe zum (Weiter-) Leben" hat oder fühlt. Als Regel kann gelten: je mehr Sinn-Säulen jemand hat, desto stabiler ist seine Sinnorientierung und damit seine Fähigkeit, auch Schicksalsschläge zu bewältigen. Und umgekehrt: je weniger Sinn-Säulen jemand hat, desto gefährdeter ist er.

In meiner Zeit als Gemeindepfarrer hatte ich eine etwa 60-jährige Frau zu beerdigen, die tödlich verunglückt war. Ihr Ehemann, mit dem sie etwa 20 Jahre lang in einer sehr symbiotischen Beziehung gelebt hatte (es war für beide die zweite Ehe) schrieb in die Todesanzeige den bezeichnenden Satz: "Sie war mein Ein und Alles." Es stellte sich heraus, dass er in den Jahren dieser zweiten Ehe (anders als in der ersten) an so gut wie allen Kontakten und auch an seinen früheren Hobbies das Interesse verloren hatte und sich ausschließlich auf seine Frau bezogen hatte. In logotherapeutischer Begrifflichkeit: Seine zweite Frau war zu seiner einzigen Sinn-Säule geworden. Dadurch waren alle anderen Sinn-Säulen verkümmert. Mit dem Zerbrechen dieser einzigen Sinn-Säule zerbrach auch sein Lebenswille. Er erkrankte, und es zeichnete sich ab, dass er innerhalb der kommenden Monate sterben würde. Als ich ihn im Krankenhaus besuchte, schien nur noch eine letzte kleine Sinn-Säule ihn am Leben zu halten: "Sie muss einen schönen Grabstein haben." Sobald dieser stand, verstarb er.

PARALLELE UND PYRAMIDALE STRUKTUR

Aus logotherapeutischer Sicht ist aber nicht nur die Anzahl der Sinn-Säulen von Bedeutung, sondern auch deren Anordnung. Aufbauend auf einem Modell des tschechischen Psychologen Stanislav Kratochvil beschreibt Elisabeth Lukas[2] den Unterschied zwischen einer "parallelgesicherten" und einer "pyramidalgesicherten" Wert- und Sinnorientierung. Im ersten Fall sind die Säulen zu vergleichen mit mehreren Tischbeinen (je mehr, desto besser), die gemeinsam die Tischplatte tragen. Bricht eines der Beine weg, wird die Platte dennoch auch weiterhin von den anderen Beinen gehalten. Im zweiten Fall dagegen haben die Sinn-Säulen gleichsam die Form einer spitz zulaufenden Pyramide. Das heißt: an der Spitze ragt nur eine einzige Säule heraus. Ein einziger Wert ist dominierend und stellt alle anderen in den Schatten. Bricht die Spitze der Pyramide (der allein dominierende Wert) ab, bricht damit die gesamte Wert- und Sinnorientierung des betreffenden Menschen zusammen. Im Endeffekt läuft also eine pyramidal-gesicherte Wertorientierung auf dasselbe hinaus wie eine Wertorientierung, die nur auf einer einzigen Sinn-Säule ruht.

BEISPIEL EINES IS-SCHLÄFERS

Wendet man das logotherapeutische Modell der Sinn- und Wertorientierung einmal an auf das extreme Beispiel eines IS-"Schläfers," der sich jahrelang auf einen terroristischen Anschlag vorbereitet, bei dem er selbst sterben soll, dann ist offensichtlich, dass es in seinem Bewusstsein nur eine einzige (dominierende) Sinn-Säule gibt. Das ist für ihn die Idee der Berufung zum heiligen Krieg, verbunden mit der Aussicht auf Belohnung im Paradies. Dass dieser (vermeintliche) Wert sich durchsetzen kann, setzt voraus, dass alle anderen Werte, die dazu im Widerspruch stehen, mehr oder weniger aus dem Bewusstsein verbannt werden. Es darf schließlich wohl vorausgesetzt werden, dass auch dieser Schläfer seine Frau liebt (und gern bei ihr bleiben würde), dass er seine Kinder liebt und sie gern aufwachsen sehen würde, dass er sich seinen offensichtlichen Interessen auf dem Gebiet der Technik gerne weiter widmen würde - und schließlich, dass er irgendwo in seiner Seele auch wenigstens einen Funken Mitgefühl empfindet mit den Menschen, die er zu Opfern machen wird sowie mit deren Kindern, denen er Vater oder Mutter nehmen wird. Aber alle diese Werte zählen für ihn nicht und werden darum aus dem Bewusstsein verbannt, weil der eine (vermeintliche) Wert, der einsam an der Spitze seiner Werte-Pyramide steht, als einziger für ihn das Sagen hat. Das Problem liegt also nicht nur darin, dass der für ihn höchste Wert inhaltlich zu kritisieren und wohl eher als Un-Wert zu bezeichnen ist. Es liegt auch formal in der Anzahl und der

[2] E. Lukas, *Auch dein Leben hat Sinn. Logotherapeutische Wege zur Gesundung*, Freiburg i.Br. (Herder) 1984 (2. Aufl.) S. 21-40.

Anordnung seiner Werte. Dass sich die Person ausschließlich dem (vermeintlichen) Wert "Berufung zum heiligen Krieg" verschreibt, setzt eine "pyramidalgesicherte" anstatt einer "parallelgesicherten" Wert- und Sinnorientierung voraus.

Wenn es um die Klärung der Frage geht, ob oder wieweit ein junger Mensch sich möglicherweise radikalisiert hat, läge der logotherapeutische Beitrag darin, nach den Sinn-Säulen zu fragen: Ist die religiöse Berufung die einzige Sinn-Säule? Oder gibt es daneben noch weitere? Wenn ja, welchen Stellenwert haben die weiteren Sinn-Säulen? Lässt die "religiöse Sinn-Säule" zu, dass es neben ihr noch andere Säulen gibt? Oder erhebt sie gleichsam den Anspruch, die einzige Sinn-Säule zu sein? Ist es gar so, dass sie alle anderen Sinn-Säulen verbietet und abwertet? Der hier angedeutete logotherapeutische Beitrag wäre dabei nicht nur ein "diagnostischer," sondern zugleich ein "therapeutischer": er würde den jungen Menschen anregen, mit den anderen Sinn-Säulen wieder mehr in (fühlbaren) Kontakt zu kommen.

Wie gesagt, das Beispiel des IS - "Schläfers" ist ein extremes, das darum aber geeignet ist, die Affinität von (radikalisierter) Religion und pyramidalgesicherter Wertordnung aufzuzeigen.

BEISPIELE AUS DEM EVANGELIKALEN BEREICH

In einem sehr viel geringeren Ausmaß und mit viel weniger dramatischen Folgen lässt sich diese Affinität auch beispielsweise in evangelikalen Kreisen beobachten. So wird etwa auf der Internetseite "Got Questions. Biblical Answers"[3] folgende "Prioritätenliste gemäß der Heiligen Schrift" genannt: "Gott, Ehepartner, Kinder, Eltern, erweiterte Familie, Brüder und Schwestern in Christus und der Rest der Welt." Offenbar setzt sowohl der Fragesteller als auch der Antwortende mit der größten Selbstverständlichkeit voraus, dass die Antworten auf die Frage, wofür jemand leben will, eine pyramidale Struktur haben (müssen). Dass ein religiöser Wert nicht nur (wie in der gerade zitierten "Prioritätenliste") die höchste, sondern die einzige (legitime) Sinn-Säule bilden kann, zeigt das folgende Beispiel.

Auf einem Empfang anlässlich der Amtseinführung eines Pastors traf ich nach mehr als 20 Jahren eine junge Frau wieder, die ursprünglich aus dem selben Dorf kam wie ich und die ich darum als Kind gekannt hatte. Sie kam aus einem evangelikalen Elternhaus. Ich hatte gehört, dass sie nach ihrer Ausbildung zur Krankenschwester eine Bibelschule in der Schweiz besucht hatte. Nach ein paar Sätzen Smalltalk fragte sie mich plötzlich: "Was hast du denn so für Ziele?" Als

---

[3] https://gotquestions.org/Deutsch/familienprioritaten.html (aufgesucht am 30.12.2019).

ich angesichts dieser unvermittelten Frage einen Augenblick überlegte, hielt sie mir als mögliche Antwort hin: "ein guter Pastor zu sein?" Meine Antwort darauf wartete sie aber gar nicht ab, sondern fuhr sogleich fort: "Ja, ich habe nur ein Ziel: Jesus immer ähnlicher zu werden."

Was immer dieses Ziel inhaltlich konkret bedeuten mag (z.B. ein Leben des Gebets, der Sanftmut, des Dienens, der Nächstenliebe, der Heiligung ...), in diesem Zusammenhang ist allein von Bedeutung, dass sie dieses Ziel formal als das einzige (legitime) definiert. Offensichtlich wollte sie mit ihrem Satz alle anderen möglichen Ziele deutlich abwerten, sogar das mögliche Ziel, das sie mir in den Mund gelegt hatte: "ein guter Pastor zu sein." Um so mehr dürfte das gelten für "weltliche" Ziele wie z.B. Wohlstand, Erfolg oder Gesundheit. Dabei ist eine solche Abwertung aller anderen möglichen Ziele nicht einmal inhaltlich begründet. Es braucht beispielsweise zwischen dem Beten und der Freude am eigenen Garten, zwischen der Sanftmut und der Freude am Reiten, zwischen dem Dienen und dem Musizieren, zwischen der Nächstenliebe und dem Handballspiel oder zwischen der Heiligung und dem Engagement in der Lokalpolitik keineswegs ein Konkurrenzverhältnis zu bestehen. Die beispielhaft genannten Ziele könnten alle problemlos nebeneinander, als parallele Sinn-Säulen existieren. Aber was bedingt dann die pyramidale Struktur und die damit gegebene Abwertung der anderen Werte?

MONOTHEISMUS UND PYRAMIDALE WERTORDNUNG

Der Grund dafür kann, wenn er denn nicht in den inhaltlichen Konkretionen liegt, nur im zugrundeliegenden expliziten Bezug auf Gott (bzw. in diesem Fall: auf Jesus) liegen. Es scheint (nicht nur für evangelikale Christen) ein Tabu zu sein, Gott als eine prinzipiell gleichwertige Sinn-Säule neben anderen zu sehen. Denn dann wäre er (per definitionem) nicht mehr Gott. (Oder mit den Worten von Paul Tillich[4]: er wäre ein Seiendes und nicht mehr das Sein-Selbst, etwas Bedingtes und nicht mehr das Unbedingte.)

An einem monotheistischen Glauben festzuhalten, ist darum also kaum anders möglich, als zugleich mit der einen "unbedingten Sinn-Säule" faktisch an einer gewissen Form einer pyramidalgesicherten Wert- und Sinnordnung festzuhalten. Das bedeutet, dass im Kontext einer monotheistischen Religion einer möglichen Radikalisierung nicht dadurch vorgebeugt werden kann, dass an die Stelle einer pyramidalgesicherten Wert- und Sinnordnung eine parallelgesicherte tritt. Wohl aber ist es möglich und notwendig, die Zahl und die "Streuungsbreite" verschiedener Sinn-Säulen im Auge zu behalten.

---

[4] Paul Tillich, *Systematische Theologie Bd. II*, Stuttgart (Ev. Verlagswerk) 1972 (4. Aufl.), S. 11-16 u. Öfter.

Zugespitzt formuliert: Es lässt sich nicht verhindern, dass der religiöse Wert der höchste ist. Wohl aber lässt sich verhindern, dass der religiöse Wert der einzige ist oder bleibt.

SINN-SÄULEN NEBEN DER RELIGION

Vor diesem Hintergrund stellt sich - auch im Interesse einer Radikalisierungs-Prophylaxe - die Frage: Wieweit haben Vertreter und Lehrer einer Religion die Notwendigkeit von "Sinn-Säulen neben der Religion" im Blick? Werden diese als legitim und als sinnvoll angesehen, werden sie gerade noch geduldet oder werden sie abgewertet? In einer früheren Untersuchung[5] habe ich die Lebensgeschichte einer damals 17-jährigen Schülerin analysiert, deren ganzes Leben neben der Schule ausschließlich mit Aktivitäten für ihren (evangelikalen) Glauben gefüllt war. Jede Woche gab es sechs feste Termine: Jugendcafé, Jugendandacht, Gottesdienst, Mini-Jungschar, Posaunenchor und Lobpreisgruppe. In den Ferien fuhr sie als Mitarbeiterin mit auf kirchliche Freizeiten. Hinzu kamen wahrscheinlich auch noch Vorbereitungstreffen für die Freizeiten und evtl. auch für die Mini-Jungschar. Auch ihre Freunde, mit denen sie private Zeit verbrachte (sofern denn solche übrigblieb), waren in ähnlicher Weise in dieser Gemeinde engagiert.

Vermutlich hat niemand unter den Verantwortlichen in der Kirchengemeinde (Pastor, Jugenddiakon, Kirchenvorstand) die so einseitige Wert-Orientierung dieses Mädchens als Problem erkannt. Das mag einen Grund darin haben, dass die Verantwortlichen in der Gemeinde ja von den Aktivitäten des Mädchens profitierten. Sie hätten ihre vielfältige Arbeit möglicherweise nicht in dem Maße aufrechterhalten können ohne den umfangreichen Beitrag dieses Mädchens und ihrer Freundinnen. Außerdem sind engagierte jugendliche Mitarbeiter - gerade im Bewusstsein evangelikaler Gemeinden - ein Zeichen für eine lebendige Gemeinde (und etwas, worauf die Gemeindeleiter möglicherweise gar heimlich stolz sind). Da ihre Eltern ebenfalls sehr mit der Kirchengemeinde identifiziert waren, werden auch sie in dem hohen Ausmaß der kirchlichen Aktivitäten ihrer Tochter wohl kaum irgendein Problem gesehen haben.

Einmal angenommen, das Mädchen hätte von sich aus folgenden Entschluss mitgeteilt: "Ich möchte von den sechs wöchentlichen Terminen drei streichen. Stattdessen möchte ich einen Tanzkurs mitmachen, in einen Sportverein gehen und ab und zu mit meinen Freundinnen ins Kino gehen. Außerdem möchte ich in den Ferien nicht mehr auf die Gemeindefreizeit mitfahren, sondern mit zwei

---

[5] Heye Heyen, *Biographie-Faktor Höllenglaube. Eine qualitativ-empirische Studie aus religionspädagogischer Perspektive*, Münster (LIT Verlag) 2003, S. 316-342.

Freundinnen in Schottland wandern gehen." Es ist zu vermuten, dass sie damit sowohl im Elternhaus als auch in der Kirchengemeinde auf wenig Verständnis gestoßen wäre. Stattdessen hätte sie wahrscheinlich deutlichen Widerstand zu spüren bekommen, auch wenn der nicht mit klaren Argumenten geäußert worden wäre. Faktisch hätte aber die Botschaft gelautet: "Deine Aktivitäten für Jesus und seine Gemeinde sind gut und sinnvoll. Für die anderen Aktivitäten, die du jetzt stattdessen erwägst, gilt das so nicht. Sie kommen nicht Jesus zugute und sind darum eher vertane Zeit. Sie sind bestenfalls zu dulden, aber eigentlich eher abzulehnen."

Wer wäre in der Lage, ihr im Blick auf einen solchen Schritt ein gutes Gewissen zu machen, ihr also gleichsam zu "erlauben," dass es neben der religiösen auch noch andere Sinn-Säulen geben darf und sogar soll? Dazu hat vermutlich nur jemand eine Chance, der selbst ihren Glauben teilt und der darin möglichst sogar eine gewisse "Definitionsmacht" hat. Damit läge es also in der Verantwortung der Gemeindeleiter, darauf zu achten, dass der Glaube und das Engagement in der Gemeinde nicht die einzige Sinn-Säule ihrer jugendlichen Mitarbeiter bildet.

Das setzt voraus, dass der Gemeindeleiter nicht in erster Linie fragt: "Was ist gut im Interesse der Gemeinde?" sondern: "Was ist gut im Interesse des Jugendlichen?" Im Interesse der Gemeinde würde es liegen, wenn sie selbst die einzige Sinn-Säule des Jugendlichen wäre. Das käme nicht nur dem Ausmaß zugute, in dem sich der Jugendliche engagiert. Es hätte zugleich den Effekt, der in der Geschäftswelt "Kundenbindung" genannt wird: seine einzige Sinn-Säule wird niemand so leicht aufgeben, der Jugendliche wird also sehr wahrscheinlich der Gemeinde erhalten bleiben. Im Interesse des Jugendlichen läge es dagegen, dass er mehrere unterschiedliche Sinn-Säulen entwickeln und pflegen kann und dass er infolgedessen sich der religiösen Sinn-Säule aus freien Stücken widmet und nicht aus Not, da er keine andere hat.

ELEMENTE AUS DER JÜDISCH-CHRISTLICHEN TRADITION

Die Verantwortung des Gemeindeleiters bezieht sich freilich nicht nur auf das Wohl der Gemeindeglieder, sondern auch auf die Inhalte der eigenen Glaubenstradition. Diese besteht (im jüdisch-christlichen Bereich) nicht nur aus Elementen, die - zumindest auf den ersten Blick - die Ausschließlichkeit der religiösen Sinn-Säule zu betonen scheinen (z.B.: "Ich bin der Herr, dein Gott, du sollst nicht andere Götter haben neben mir" oder "Wenn jemand zu mir kommt und hasst nicht Vater und Mutter, Frau und Kinder, Brüder und Schwestern, und dazu sich selbst, dann kann er nicht mein Jünger sein" (Lk 14:26)).

Demgegenüber wäre beispielsweise daran zu erinnern, dass im Alten Testament die Institution des Sabbat gerade voraussetzt, dass sechs Tage der Woche eben nicht Sabbat sind, sondern Alltag: "Sechs Tage sollst du arbeiten und alle deine Dinge tun." Die Intention des Sabbat wäre völlig missverstanden, wenn jemand die ganze Woche als den "Sabbat des Herrn" begehen wollte. Dem entspricht, dass Henning Luther[6] die Funktion der Religion beschrieben hat als "Unterbrechung des Alltags." Das ist das Gegenteil von der Vorstellung, dass Religion den Alltag ersetzen solle.

Der Sabbat in seinem Verhältnis zu den anderen Wochentagen könnte geradezu als ein biblisches Paradigma dienen für das Verhältnis einer herausragenden religiösen Sinn-Säule zu den anderen Sinn-Säulen neben der Religion. Ähnliches gilt für die zehn Gebote. Die Werte, die dadurch geschützt werden sollen, lassen sich ebenfalls als parallele Sinn-Säulen verstehen und darstellen, von denen zwar das erste Gebot als die höchste Säule zu zeichnen wäre, neben (!) der aber auf der sog. zweiten Tafel Werte wie Leben, Ehe oder Eigentum stehen.

Auch im Vaterunser steht neben den Bitten, die sich auf das Verhältnis zu Gott beziehen, die Bitte um das tägliche Brot. Im Kleinen Katechismus von Martin Luther wird bekanntlich das "tägliche Brot" wie folgt konkretisiert: "Alles, was not tut für Leib und Leben, wie Essen, Trinken, Kleider, Schuh, Haus, Hof, Acker, Vieh, Geld, Gut, fromme Eheleute, fromme Kinder, fromme Gehilfen, fromme und treue Oberherren, gute Regierung, gut Wetter, Friede, Gesundheit, Zucht, Ehre, gute Freunde, getreue Nachbarn und desgleichen."[7] Für das Vaterunser selbst wie für Luthers Erklärung werden alle diese Werte genannt nicht unter, sondern neben beispielsweise der Sündenvergebung. Wie diese sind auch sie es wert, danach zu streben und sogar darum zu beten.

Im Interesse des Wohls der Gemeindeglieder sowie im Interesse einer Prophylaxe radikalisierender Tendenzen ist zu wünschen, dass die Verantwortlichen die hier genannten Elemente der jüdisch-christlichen Tradition im Auge behalten und dazu beitragen, dass zu ihrem Recht kommen.

---

[6] Henning Luther, *Religion und Alltag. Bausteine zu einer Praktischen Theologie des Subjekts*, Stuttgart (Radius-Verlag) 1992, S. 215-217.

[7] *Der kleine Katechismus* Dr. Martin Luthers, Das dritte Hauptstück, hier zitiert in der Fassung im Evangelischen Gesangbuch, Ausgabe für die Evangelisch-Lutherischen Kirchen in Niedersachsen und für die Bremische Evangelische Kirche, Hannover (Lutherisches Verlagshaus) 1994, 806.3.

Geweldsteksten in het boek Jozua: Wat moeten we daarmee?
Een kritische lezing van Jozua 9-11

Jannica de Prenter

Abstract

The relation between ideology and rhetorically violent religious texts is a much-discussed topic. While Biblical Studies saw the rise of a number of approaches to Ideological and Rhetorical Criticism, a framework that relates ideological conceptions of reality to language and deconstructs in a systematic way how grammatical and lexical structures engender ideologies, is still lacking in Biblical Studies. Another important missing link is "cognition." Ideologies consist only in the minds of people and signify how people view the world. In her dissertation *Language, Ideology and Cognition* (Leuven 2016), Jannica de Prenter pioneered a new approach to the scholarly investigation of ideology and identity construction in biblical texts, in which she uses Critical Discourse Analysis (CDA) as an integrative and useful methodology for Biblical Studies. CDA is a relatively new and exciting approach that discloses how ideology, power, dominance and social inequality are expressed, enacted and reproduced in contemporary text and talk. Like any other CDA approach, this study focuses first and foremost on ideological language use, as expressed in positive self-presentation and negative othering.

INLEIDING: RELIGIE, MONOTHEÏSME EN GEWELD[1]

Onze samenleving wordt regelmatig opgeschud door religieus fundamentalisme. Niet langer zijn die aanslagen ver van ons bed, in het Midden-Oosten en Afrika, maar worden ook de VS en Europa opgeschrikt door bloedige aanslagen. We hoeven maar te denken aan de aanslagen op de *Twin Towers* en het *World Trade Center* in New York (2001), de bomexplosies in bussen, trams en treinen in Madrid (2004) en Londen (2005) en de aanslagen op 13 november 2015 op het *Stade de France* en het Bataclantheater in Parijs, die Frankrijk hulden in dagen van nationale rouw. En dan heel dichtbij hier in België: de aanslagen op het Joods Museum op 24 mei 2014, en de aanslagen op 22 maart 2016 in Zaventem en Maalbeek. Het zijn gebeurtenissen die vragen

[1] Deze bijdrage is gebaseerd op een leerhuis over geweld in het boek Jozua, aangeboden aan cursisten van het Bijbelhuis te Zevenkerken (mei 2019) en twee lezingen voor de pastorale dagen voor predikanten van de VPKB (juni/oktober 2019).

oproepen, niet in de laatste plaats omdat zij onherroepelijk religieus gefundeerd zijn.

Religie ligt dan ook vaak onder vuur, zowel in het politieke discours als in de academische wereld. De Nederlandse filosoof Hans Achterhuis schreef in november 2015 een zeer kritisch essay over religie en monotheïsme.[2] Volgens Achterhuis worden de drie Abrahamitische religies - het Jodendom, het christendom en de Islam - gekenmerkt door een intrinsiek gewelddadig karakter. Verwijzend naar het werk van Jan Assmann,[3] zoekt Achterhuis de oorzaak in de opkomst van het monotheïsme, waarin hij een "absoluut concept van waarheid" ontwaart waarbij vormen van andersheid verdrukt worden. Achterhuis raakt hiermee een belangrijk pijnpunt aan. In de heilige teksten van het Jodendom, het christendom en de Islam vinden we inderdaad geweldsteksten, die niet alleen verhalen vertellen over het geweld tegen de ander, maar waarbij dat geweld ook religieus gefundeerd wordt als een gebod van godswege en soms is het God zelf die meestrijdt in de oorlog.

Mijn doctorvader Pierre Van Hecke, professor Hebreeuws en Semitische talen aan de KU Leuven, schreef kort na het verschijnen van het essay van Achterhuis, een kritische reactie. Het monotheïsme is namelijk niet stil blijven staan en heeft zich verder door ontwikkeld. Wie zich bezig wil houden met de relatie tussen monotheïsme en geweld in de Bijbel, moet ook oog hebben voor de historisch-theologische ontwikkeling in de Bijbel. Het is juist van belang om deze geweldsteksten kritisch te blijven lezen.[4] Theologen en exegeten hebben dan ook een belangrijke bijdrage te leveren in het hedendaagse debat over religie en geweld. En daarbij is het belangrijk om niet alleen naar de Islam te wijzen en de zogenaamde "Jihad-teksten" in de Koran, maar ook kritisch te kijken naar gewelddadige Bijbelteksten en de doorwerking die zij hebben gehad in de geschiedenis.

---

[2] Hans Achterhuis, "Houwt in op hun nekken: monotheïsme en geweld", in *de Groene Amsterdammer*, no. 47: 1-17, 2015.

[3] Jan Assmann, *Herrschaft und Heil: Politische Theologie in Altägypten, Israel und Europa*. München: Hanser, 2000; ID., *Religion and Cultural Memory: Ten Studies* (vertaald door Rodney Livingstone). Stanford (CA): Stanford University Press, 2006; ID., *Monotheismus und die Sprache der Gewalt*. Wenen: Picus, 2006.

[4] Pierre van Hecke, "Bijbelse geweldsteksten blijven lezen", in *Tertio* 17: no. 836, 2016; voor kritische reflecties over de relatie tussen geweld en religie zie ook: Harm Goris en Frank G. Bosman (red.), *God tussen oorlog en vrede: kritische reflecties op de relatie tussen religie en geweld*, Nijmegen: Uitgeverij Valkhof, 2018.

KRITISCHE-DISCOURS ANALYSE: EEN NIEUWE BENADERING VAN BIJBELSE IDEOLOGIE

Het proefschrift *Language, Ideology and Cognition: a Critical Discourse Approach to the Concept of Divine Warfare in Joshua 9-11*, dat ik in 2016 mocht verdedigen, biedt een kritische lezing van Jozua 9-11 en is een aanzet tot een nieuwe hermeneutiek, die uitnodigt om op een andere manier te kijken naar het Bijbelse geweld tegen de ander. De titel zegt het eigenlijk al: in dit exegetische onderzoek, gaat het over Bijbelse geschiedschrijving en de vraag hoe taal, ideologie, en cognitie, daarbij door elkaar heen lopen, elkaar beïnvloeden en elkaar wederzijds oproepen. Hierbij werd *Critical Discourse Analysis* (ook bekend als CDA) geïntegreerd als een nieuwe methodiek. CDA is een stroming binnen de "Discours Analyse" die zeer verrijkend kan zijn voor het wetenschappelijke onderzoek naar Bijbelse ideologie, omdat juist de intrinsieke relatie tussen ideologie, taal en cognitie binnen CDA centraal staat.[5]

CDA-benaderingen bestaan grofweg uit de volgende stappen: [1] het niveau van de *uitleg*. Op dit niveau gaat het om de tekst als literatuur, of de tekst als "geheel," en staat in de analyse de interne cohesie en de structuur van de tekst centraal. [2] Het niveau van de "interpretatie" kijkt naar de ideologie achter de tekst. Hierbij gaat het om een gedetailleerde linguïstische analyse, die gericht is op de deconstructie van de ideologische betekenis van de tekst. [3] Het derde en laatste niveau is het niveau van de "kritiek." Daarbij gaat het om een kritische reflectie van de tekst, waarbij ook gereflecteerd wordt op de eigen rol als lezer.

In deze bijdrage zal vooral ingegaan worden op de eerste fase van CDA en kijken we naar Jozua 9-11 als literatuur. Het lezen van Bijbelteksten als literatuur is sterk beïnvloed door de *linguistic turn* in de Bijbelwetenschappen, waarbij niet langer de wordingsgeschiedenis van de tekst, maar veel eerder de structuur en eenheid van de tekst centraal staat. In de hierop volgende paragrafen, zal ik met name ingaan op de relatie tussen geschiedschrijving, ideologie en literatuur, en bekijken we Jozua 9-11 als een literaire eenheid. Daarbij zal aandacht besteed worden aan de plaats van het boek Jozua binnen de canon, de structuur van de tekst, en de sterke intertekstuele relatie met Deuteronomium 7 en 20. In deze analyse kunnen uiteraard niet alle facetten en details weergegeven worden die in het hierboven genoemde proefschrift aanwezig zijn. Voor een gedetailleerde analyse van de tekst op het niveau van de syntaxis, zal steeds verwezen worden naar het proefschrift zelf.

---

[5] CDA is niet een methodiek, maar eerder een stroming binnen de linguïstiek, die verschillende benaderingen omvat die allemaal op hun eigen wijze gericht zijn op het systematisch beschrijven hoe ideologie, macht en sociale ongelijkheid in taal wordt uitgedrukt. Voor een overzicht en introductie op CDA, zie Jannica de Prenter, *Language, Ideology and Cognition: A Critical Discourse Approach to the Concept of Divine Warfare in Joshua 9-11*. Leuven, 2016, pp. 57 vv.

BIJBELSE GESCHIEDSCHRIJVING: TUSSEN GESCHIEDENIS, IDEOLOGIE EN LITERATUUR

Traditioneel werden teksten als Jozua 9-11 gezien als "geschiedenis." Dat betekende dat men de veroveringsverhalen in Jozua als gebeurtenissen beschouwde die werkelijk plaatsgevonden hebben. Een dergelijke lezing is geheel in lijn met de klassieke historiografie in de 19^{e} eeuw. Leopold Von Ranke (1795-1886), die wel wordt beschouwd als de vader van de moderne geschiedeniswetenschap, beschreef geschiedenis als datgene "wie es eigentlich gewesen."[6] Geschiedschrijving, zo stelde Von Ranke, gaat om het zeer nauwkeurig reconstrueren van het verleden, op basis van tekstkritiek en bronnenonderzoek. Von Ranke had een grote invloed op de historisch-kritische Bijbelexegese, die in navolging van Von Ranke op zoek ging naar objectieve kennis. Zo stelde Hermann Gunkel, een van de leidende figuren in de *Religionsgeschichtlichte Schüle* en staand aan de wieg van de vormkritiek:

> *Only at a certain stage of civilization has objectivity so grown that the interest of transmitting national experiences to prosperity so increased that the writing of history becomes possible. History [...] claims to inform us of what actually happened.*[7]

Dit is uiteraard een zeer statische kijk op geschiedschrijving, die sterk bekritiseerd werd met de opkomst van de *Linguistic Turn* in de geschiedenisfilosofie. Belangrijke postmoderne schrijvers zoals Haydn White, Paul Veyne en Roland Barthes plaatsten grote vraagtekens bij de zogenaamde *noble dream* van de 19^{e}-eeuwse historiografie. Haydn White benadrukte dat zowel de antieke, middeleeuwse, als de moderne geschiedschrijving gekenmerkt wordt door een literaire en subjectieve constructie van het verleden.[8] Geschiedschrijving gaat niet alleen over wat er gebeurd is, maar ook over de betekenis daarvan.[9] Reeds in 1950, wist de Franse filosoof Maurice

---

[6] Leopold Von Ranke, *Geschichte der romanischen und germanischen Völker von 1494 bis 1514*. Leipzig: Duncker und Humblot, 1885: p. VII. Von Ranke reageerde hiermee op populaire verlichtings-historiografieën die aan het einde van de 19^{e} eeuw nog steeds circuleerden. In contrast met bijvoorbeeld de "World Histories" van Johann Christoph Gatterer en August Ludwig Schlözer, waarin geschiedenis werd beschouwd als een immanent proces van didactisch leren, zag Von Ranke geschiedschrijving als een proces van strikte tekstkritiek, zie: Philip Müller, "Understanding History: Hermeneutics and Source-Criticism in Historical Scholarship", in *Reading Primary Sources: The Interpretation of Texts from 19th and 20th Century History*, eds. Miriam Dobson & Benjamin Ziemann. 21-36. Londen: Routledge, 2009, p. 23; Felix Gilbert, "Historiography: What Ranke Meant", in *The American Scholar* 56, no. 3: 393-397, 1987, p. 394.

[7] Hermann Gunkel, *The Legends of Genesis*. Chicago (IL): Open Court Publishing, 1910, pp. 1,10.

[8] Haydn White, "An Old Question Raised Again: Is Historiography Art or Science? Response to Iggers", in *Rethinking History* 4: no. 3: 391-406, 2000, p. 392.

[9] *Ibid.*, pp. 396-397: "it is a delusion to think that historians wish only to tell the truth about the past. They also want - whether they know it or not [...] to endow the past with meaning."

Halbwachs aan te tonen dat geschiedenis ook te maken heeft met het "collectief geheugen" van een volk: geschiedschrijving is in deze zin te verstaan als een reeks selectieve herinneringen en na-vertellingen van gebeurtenissen, die funderend zijn geweest voor de identiteit en het zelfverstaan van een gemeenschap.[10]

Wanneer de *linguistic turn* ook in de Bijbelwetenschappen geïntroduceerd wordt,[11] betekent dit dat Bijbelse verhalen niet langer gezien werden als verhalen die beschrijven wat "werkelijk gebeurd is," maar veeleer als een narratieve vorm van geschiedschrijving, waarin historiciteit niet alleen vermengd is met "fictie" maar ook met "ideologie." Bijbelse geschiedschrijving kan daarom niet gezien worden als een neutrale interpretatie van het verleden, maar moet in dit licht veeleer beschouwd worden als de subjectieve herinnering van een gemeenschap.

HET BELANG VAN EEN KRITISCH-HERMENEUTISCHE BENADERING

De geweldsteksten in de Bijbel vragen om een kritisch-hermeneutische benadering. Wanneer oorlogsteksten als Jozua 9-11 op een naïeve wijze gelezen en toegepast worden op de dagelijkse praktijk, krijgt het boek Jozua al snel een explosieve betekenis. In de interpretatie-geschiedenis zien we dat gebeuren in een aantal typologische lezingen van het boek, die we niet alleen in de christelijke maar ook in de joodse traditie kunnen herkennen.

Typologische interpretaties van Jozua

Eén van de bekendste voorbeelden is de theologie van de kruisvaarders. In twee studies toonde de historicus Christoph T. Maier de centrale rol aan die de orde van de Dominicanen en Franciscanen hebben gespeeld in de verspreiding van kruistochtpropaganda.[12] Een belangrijke historische gebeurtenis is het Vierde Lateraans Concilie in 1215, waarop het besluit valt dat er in elk bisdom predikers moeten komen om de evangelisatie van het christendom te helpen ondersteunen. Vanaf de 13e eeuw ontstaan er allerhande hulpmiddelen, zoals handboeken en collecties modelpreken. Maier heeft zeer overtuigend aangetoond hoe de verspreiding van kruistochtpropaganda via deze handboeken en collecta, hand in hand ging met de opkomst van de Dominicaner en

---

[10] Maurice Halbwachs, *La Mémoire collective*, Paris: Presses Universitaires de France, 1950.

[11] Robert Alter, *The Art of Biblical Narrative*. New York (NY): Basic Books, 1981; ID., *The Pleasures of Reading in an Ideological Age*. New York (NY): Simon and Schuster, 1989; Robert Alter & Frank Kermode, *The Literary Guide to the Bible*. Cambridge (MA): Harvard University Press, 1987; John B. Gabel, Charles B. Wheeler, Anthony D. York & David Citino (eds.), *The Bible as Literature: An Introduction*. New York (NY): Oxford University Press, 2006.

[12] Christoph T. Maier, *Preaching the Crusades, Medicant Friars and the Cross in the Thirteenth Century*, Cambridge: Cambridge University Press, 1994; ID., *Crusade Propaganda and Ideology: Model-sermons for the Preaching of the Cross*, Cambridge: Cambridge University Press, 2000.

Franciscaner orde. Hij onderzocht daarbij met name de modelpreken van leidende figuren zoals Jacobus van Vitry, Gilbert van Tournai, Humbertus van Romans-sur-Isère, Bertrand de la Tour en Eudes van Châteuroux, die veelvuldig in handboeken terecht kwamen. In deze modelpreken worden de oorlogsverhalen uit Jozua veelvuldig geciteerd. Andere populaire citaten komen uit het boek Makkabeeën en de profetische literatuur. In de typologische lezing in deze modelpreken, worden de kruistochten niet alleen in lijn van de oudtestamentische oorlogen gezien, waar God zelf ten strijde trekt, maar worden ze ook in verband gebracht met de navolging van Christus. Een zeer belangrijk element was ook de symboliek van het kruis, en de nadruk op de kruistochten als boetvaardige pelgrimstocht, als weg naar bevrijding uit de zonde.

Een ander, want minder gekend voorbeeld, komt uit de tijd van het "Boer-Calvinisme" in Zuid-Afrika. In het artikel *The Dangers of Deuteronomy* beschrijft de Zuid-Afrikaanse exegeet Ferdinand E. Deist de dwarsverbanden tussen een typologische lezing van Deuteronomium 7 - één van de ban-teksten die ook doorwerkt in het boek Jozua - en de ideologie van het Zuid-Afrikaanse apartheidsregime.[13] Historische processen die de ontwikkeling van het apartheidsregime sterk hebben ingegeven waren de enorm snel groeiende urbanisatie van de Afrikaans sprekende bevolking tussen 1920 en 1950, maar ook de "Boerenoorlog" (1880-1881; 1899-1902), en de Eerste en de Tweede Wereldoorlog. De Reformatorische "Boerenkerk" was echter niet voorbereid op de sociale veranderingen die gepaard gingen met de groeiende urbanisatie en industrialisatie, die maakten dat de blanke kolonisten moesten leren samenleven met de Afrikaanse bevolking. Een gevoel van bedreiging door deze nieuwe omstandigheden leidde al snel tot het principe van "geen gelykstelling" tussen de blanke en de zwarte bevolking. De ontwikkeling van dit principe had echter ook alles te maken met het religieuze zelfverstaan van de Nederlandse kolonialisten, dat sterk bepaald werd door het "Boer-Calvinisme," waarin een zeer letterlijke lezing van de Schrift voorop stond.[14] De Boer-Calvinisten wantrouwden elke vorm van exegese en menselijke interpretatie. In het licht van een dergelijke fundamentalistische uitleg van de Schrift, identificeerden de

[13] Ferdinand E. Deist, "The Dangers of Deuteronomy: A Page from the Reception History of the Book", in *Studies in Deuteronomy in Honor of C.J. Labuschagne on the Occasion of his 65th Birthday,* eds. F. García Martínez, A. Hillhorst, J.T.A.G.M. van Ruiten & A.S. Van der Woude (SVTSup 53). 13-29. Leiden: Brill, 2014.

[14] Het Boer-Calvinisme is een mengvorm van de culturele filosofie van Abraham Kuyper en het "Princeton fundamentalisme," zie Deist, *The Dangers of Deuteronomy*, p. 18: "Boer Calvinism was a mixture of Kuyperian philosophy and Princetonian fundamentalism both of which had their foundation in common sense realism, and could perhaps best be described with Shepard's term neotraditionalism. While Kuyper insisted that political decisions as well as true scholarship should be founded on Christian insight on the Bible, the fundamentalists heavenly emphasized the plain sense of the Bible."

Boer-Calvinisten zichzelf volledig met Israël en de Bijbelse heilsgeschiedenis. Als sprekend voorbeeld, verwijst Deist naar de preek van ds. Kritzinger van 16 december 1936, waarin de volgende identificaties voorkomen:[15]

Van Palestina naar Egypte getrokken	Van Europa naar Afrika getrokken
Onderdrukt door vreemde heersers	Onderdrukt door Britse heersers
Gevlucht van Egypte naar Kanaän	Gevlucht van de Kaapkolonie naar het noorden
Omringd door de volken die talrijk en sterk zijn	Omringd door de zwarte bevolking, talrijk en sterk
Op miraculeuze wijze een nieuw land geschonken	Op miraculeuze wijze een nieuw land geschonken
Een verbond met God gesloten	Een verbond met God gesloten
Gedenkstenen opgericht	Cilliers monument/NDG Moederkerk opgericht
Geschiedenis van voorspoed van de vaderen	Geschiedenis van voorspoed van de vaderen

Het verbod op vermenging met de vreemde volkeren in Deut 7:1-6 werd door de Boer-Calvinisten letterlijk opgevat en toegepast op een geheel nieuwe context. Men beschouwde de oorspronkelijke Afrikaanse bevolking dan ook als Kanaänieten waarmee men zich niet mocht vermengen (Deut 7:3; Joz 23:12). Al snel volgde daaruit ook de conclusie dat een strenge scheiding tussen de blanke en de zwarte bevolking getrokken moest worden. Het idee van "apartheid" moest het reinheidsideaal van de Boer-Calvinisten waarborgen.[16] Zowel in het tijdschrift *Die Kerkbode* als in *Die Gereformeerde Vaandel* zijn preken en toespraken bewaard gebleven waar deze religieuze legitimatie terug te vinden is.

Norbert Lohfink heeft tenslotte gewezen op de typologische interpretatie van Jozua bij Palestijnse christenen en Nationaal-Zionistische ideologieën.[17] In deze interessante studie beschrijft Lohfink hoe Palestijnse christenen zich aanvankelijk zonder problemen identificeerden met het Bijbelse Israël dat onder Jozua het beloofde land in bezit had genomen. Dat de Joodse bevolking in de diaspora wilde terugkeren naar Palestina en aanspraak maakte op het land op basis van dezelfde Bijbelteksten, speelde geen rol in hun zelf-verstaan. Een

[15] Deist, *The Dangers of Deuteronomy*, pp. 16-17.
[16] *Ibid.*, pp. 26-27.
[17] Norbert Lohfink, "Landeroberung und Heimkehr: Hermeneutisches zum heutigen Umgang mit dem Josuabuch", in *Journal of Biblical Theology*, vol. 12: 3-24, 1997.

verschuiving vindt plaats met de oprichting van de staat Israël en de Arabisch-Israëlische oorlog. Niet langer is er een automatische identificatie, maar veeleer een breuk tussen het Bijbels getuigenis en de identiteit van de Palestijnse christenen. Meer en meer wezen Palestijnse christenen het boek Jozua dan ook af als "zionistisch."[18] Een parallelle ontwikkeling is te herkennen in seculiere Nationaal-Zionistische ideologieën waarin het boek Jozua werd omarmd als legitimatiegrond voor geweld tegen de Palestijnse bevolking. Ook in Zionistische ideologieën vond dikwijls een zeer naïeve identificatie plaats met de oorlogsteksten van het boek Jozua: zoals Jozua vocht tegen de Kanaänieten, zo moest men nu ook strijden tegen de Palestijnen. De invloed van een dergelijke identificatie zien we terug in de moordaanslag op Rabin. In de ogen van Yigal Amir vormden de Oslo akkoorden een bedreiging voor de staat Israël omdat zij ingaan tegen het verbod op het sluiten van verbonden met de vreemde volkeren (Deut 7:2: Ex 34:12).[19]

Bijbelse Hermeneutiek: een kritische dialoog met de tekst

De pijnlijke receptiegeschiedenis van het boek Jozua en het potentiële gevaar dat uitgaat van een naïeve lezing, laat zien hoe belangrijk het is dat we vandaag een kritische lezing ontwikkelen, waarbij wij als lezers in dialoog treden met de tekst. Niet voor niets spreekt Paul Ricœur in zijn *Interpretation Theory* over de dialectiek tussen uitleggen en verstaan.[20] Als lezers mogen we niet blijven staan bij een naïef verstaan van de tekst. Er moet ook een tweede beweging op gang komen waarbij het verstaan van de tekst ondersteund wordt door uitleg. Een fundamentalistische lezing, waarbij men elke menselijke interpretatie afwijst, is dus niet houdbaar. De Nederlandse exegeet Jan Fokkelman zegt het eigenlijk heel sprekend: "een tekst komt maar tot leven en begint maar te spreken vanaf het moment dat wij beginnen met luisteren."[21] Hoe goed we een tekst verstaan hangt dus af van hoe goed wij luisteren. Een ethisch aanvaardbare analyse van de tekst, beweegt zich tussen een analyse van de intenties en bedoelingen van de auteur en een analyse van de structuur van de tekst. Juist in deze beweging wordt een wereld van betekenis geëvoceerd.

---

[18] *Ibid.*, pp. 5-6, zie in het bijzonder p. 6: "Der Schock war so stark, daß die Normalreaktion der christlichen Gemeinden heute die ist: Wir wollen von diesem Buch nichts mehr wissen, es darf in unserem Gottesdienst nicht mehr gelesen werden. Weg mit dem zionistischen Alten Testament."

[19] *Ibid.*, pp. 6-7. Zie ook: Rannfrid I. Thelle, "The Biblical Conquest Account and its Modern Hermeneutical Challenges", in *Studia Theologica,* vol. 61: 61-81, 2007. Thelle verwijst niet alleen naar het Boer-Calvinisme en Zionistische lezingen van Jozua, maar ook op de typologische interpretatie van Jozua in Amerikaans-Puritanisme.

[20] Paul Ricœur, *Interpretation Theory: Discourse and the Surplus of Meaning.* Forth Worth (TX): Texas Christian University Press, 1976, pp. 75-80.

[21] Jan Fokkelman, *Reading Biblical Narrative: A Practical Guide.* Assen: Van Gorcum, 2000, p. 20.

Op het moment dat een auteur zijn werk afrondt, ontstaat er een afstand tussen spreker en geadresseerde.[22] De betekenis van de tekst ligt daarom niet alleen "achter" de tekst, in de intenties van de auteur, maar ook "voor" de tekst, in het interpreteren van deze wereld door de lezer.[23] Interpreteren heeft dan ook alles te maken met de dialoog tussen auteur en lezer. Zowel Gadamer als Ricœur hebben nagedacht over het dialogerende aspect van interpretatie. Gadamer benadrukt dat de vreemdheid van de tekst de lezer altijd iets te zeggen heeft. Voor Gadamer is het verstaan van een tekst enkel maar mogelijk wanneer de horizon van de interpreet en de horizon van de tekst elkaar ontmoeten. Gadamer noemt dat *horizontverschmelzung.*[24] De horizon van de interpreet wordt echter altijd bepaald door bepaalde vooronderstellingen. Wanneer de horizon van de tekst en de horizon van de interpreet elkaar werkelijk raken, wordt de horizon van de interpreet gecorrigeerd, en ontstaat er een nieuwe betekenis. Het is dan ook van groot belang dat de interpreet zich bewust is van het eigen *vorverständnis*. Voor Paul Ricœur is het belangrijkste doel van lezen dat de tekst wordt opgenomen in een "nieuw discours." In de act van het lezen wordt de oorspronkelijke context van het verhaal losgemaakt en wordt het verhaal opgenomen in een nieuwe context door de betekenis die de lezer geeft aan het verhaal. Paul Ricœur spreekt in dit verband over de "decontextualisering" van de tekst als noodzakelijke conditie voor de "recontextualisering" van de tekst.[25]

In de kritische Bijbelse hermeneutiek wordt dus benadrukt dat de betekenis van de tekst enkel maar bemiddeld wordt door de leesactiviteit van de interpreet. Bij de interpreet ligt dan ook de verantwoordelijkheid om in een kritische dialoog met de tekst te treden. Lezen is dus geen passieve bezigheid, maar veronderstelt een actieve dialoog met de tekst, waarbij het eigen verstaan bevraagd wordt door de betekenis van de tekst. Oorlogsteksten zoals Jozua 9-11 kunnen protest en zelfs weerzin oproepen bij de moderne lezer. Toch hebben deze teksten ons

---

[22] Paul Ricœur, "Qu'est-ce qu'un texte? Expliquer et comprendre", in P. Ricœur, *Du texte à l'action: Essais d'herméneutique,* Paris: Seuil, 1986, pp. 137-159. Het inzicht dat er met het opschrijven van het mondelinge woord een afstand ontstaat tussen de auteur en de tekst, werd al eerder door Gadamer geformuleerd, die dit proces aanduidt als *Selbstentfremdung*: de historisch contingente tekst wordt van de oorspronkelijke auteur losgemaakt en gelijktijdig gemaakt voor elk heden, zie Hans Georg Gadamer, *Wahrheit und Methode: Grundzüge einer philosophischen Hermeneutik.* Tübingen: Mohr Siebeck, 1965, pp. 368-369.

[23] Paul Ricœur, "La Fonction herméneutique de la distanciation", in P. Ricœur, *Du texte à l'action: Essais d'herméneutique,* Paris: Seuil, 1986, p. 114: "Si nous ne pouvons plus définir l'herméneutique par la recherche d'un autrui et de ses intentions psychologiques qui se dissimulent derrière le texte, et si nous ne voulons pas réduire l'interprétation au démontage des structures, qu'est-ce qui reste à interpréter? Je répondrai: interpréter, c'est expliciter la sorte d'être-au monde déployé devant le texte."

[24] Hans Georg Gadamer, *Wahrheit und Methode,* p. 361.

[25] Paul Ricœur, "La fonction herméneutique de la distanciation", p. 111: "Bref, le texte doit pouvoir, tant du point de vue sociologique que psychologique, se décontexualiser de manière à se laisser récontextualiser dans une nouvelle situation: ce que fait précisément l'acte de lire."

vandaag iets te zeggen. De oorlogsverhalen in Jozua gaan niet alleen over brutaal geweld, maar ook over het juiste menselijke gedrag in oorlogssituaties, de juiste relatie tussen JHWH en Israël en de gave van het land. Van fundamenteel belang in een kritisch-hermeneutische lezing van Bijbelteksten is structuuranalyse. In de structuur van de tekst, ligt immers de betekenis van de tekst vervat.

Vanuit dit gezichtspunt, moet Jozua 9-11 gezien worden als een tekstuele eenheid die bestaat uit verschillende genres zoals narratieve tekst, redevoeringen en lijsten van veroverde gebieden. Wie echter naar Jozua 9-11 als literatuur wil kijken, zal ook aandacht moeten hebben voor de plaats van het boek Jozua binnen de canon, want Jozua staat niet voor niets tussen Deuteronomium en Richteren in. Vooral met het boek Deuteronomium is er een bijzonder sterke intertekstuele relatie. Wie iets wil begrijpen van de oorlogsverhalen in Jozua, moet ook Deuteronomium lezen, met name de oorlogswetten in hoofdstukken 7 en 20.

HET BOEK JOZUA IN DE JOODSE CANON: ALGEHELE STRUCTUUR EN THEMATIEK

Het Bijbelboek Jozua, of *Yehoshua* in het Hebreeuws, vinden we in de Tenach, de Hebreeuwse Bijbel, bij de vroege profeten, de *Neveiim*. De joodse canon verduidelijkt daarmee dat het boek Jozua niet alleen handelt over heroïsche veroveringsverhalen, maar ook over een profetische geschiedenis.[26] Het boek Jozua staat niet voor niets tussen Deuteronomium en Richteren in. In Deut 31:1-8 lezen we immers dat Mozes Jozua aanwijst als zijn opvolger en in Ri 1:1-36 wordt teruggeblikt op de verdeling van het land. Wie het boek Jozua leest, moet dus eigenlijk ook het einde van Deuteronomium en het begin van Richteren lezen, om het boek Jozua te kunnen begrijpen.[27]

Deut 31:1-8 (NBV)	*Joz 1:1-10 (NBV)*
Bovendien heeft de Heer me gezegd dat ik de Jordaan niet mag oversteken [...] Jozua zal u daarbij aanvoeren, zoals de Heer heeft gezegd [...] Wees vastberaden en standvastig. Er is geen enkele reden om bang voor hen te zijn, want het is de Heer, uw God die met u meegaat. Hij zal niet van	Nu mijn dienaar Mozes is gestorven, moet jij je gereedmaken om met heel dit volk de Jordaan over te trekken [...] Zoals ik Mozes heb bijgestaan, zo zal ik ook jou bijstaan. Ik zal niet van je zijde wijken en je niet verlaten. Wees vastberaden en standvastig [...] Ik

[26] Karel A. Deurloo, *Jozua* (Verklaring van een Bijbelgedeelte), Kampen: Kok, 1981, p. 11.

[27] Piet van Midden, "Jozua", in J. Fokkelman & W. Weren (eds.), *De Bijbel literair: opbouw en gedachtegang van Bijbelse Geschriften en hun onderlinge relaties.* 133-135. Zoetermeer: Meinema, p. 133.

uw zijde wijken en u niet verlaten. [...] De Heer gaat voor je uit, hij zal je bijstaan en geen moment van je zijde wijken. Wees niet bang en laat je door niets ontmoedigen.

gebied je dus: wees vastberaden en standvastig, laat je door niets weerhouden of ontmoedigen, want waar je ook gaat, de Heer, je God, staat je bij.[28]

Deut 31:1-8 laat zich hier lezen als een voorafspiegeling van wat komen gaat in het boek Jozua.[29] De woordelijke parallellen, laten zien dat er sterke intertekstuele relaties bestaan tussen Deuteronomium en Jozua. Het overtrekken van de Jordaan markeert hier het aanbreken van een nieuw tijdperk na Mozes. Sterker nog: het overtrekken van de Jordaan functioneert als een inwijding voor het wonen in het beloofde land (vgl. Deut 12:10).[30]

Het boek Jozua wordt meestal ingedeeld in twee grote hoofddelen: een eerste deel dat gaat over de "gave van het land" (Joz 1:1-12:24) en een tweede deel dat gaat over de "verdeling van het land" (Joz 13:1-24:33). Het eerste gedeelte van Jozua, waarin de gave van het land wordt beschreven, bestaat uit verschillende genres: verslagen, anekdotes en verhalen over rituele inachtneming.[31] Piet van Midden heeft van Joz 1:1-12:24 de volgende structuurindeling gegeven:[32]

Joz 1:1-12:24	
	DE GAVE VAN HET LAND
1:1-18	Theologische inleiding
2:1-24	De spionnen in Jericho
3:1-5:1	De doortocht door de Jordaan
5:2-12	Besnijdenis en Pesach te Gilgal
5:13-6:27	De gave van Jericho
7:1-8:29	Verovering van Ai
8:30-35	Het altaar op de Ebal en de voorlezing van de Thora

[28] De Bijbelcitaten zijn genomen uit de Nieuwe Bijbelvertaling.

[29] Klaas Spronk, *Jozua: een praktische Bijbelverklaring*. Kampen: Kok, 1994, p. 13.

[30] Karel A. Deurloo, *Jozua*, p. 16. In zijn studie naar de wordingsgeschiedenis van het boek Jozua, heeft Michael van der Meer heel terecht verwoord dat het *kerygma* van het boek Jozua als volgt omschreven kan worden: "All Yahweh's promises have been fulfilled (Josh 21:43-45), i.e. that all the land promised by YHWH to the fathers has been given by him to Israel (Josh 21:43; 1:3-6) and that YHWH has granted rest to Israel now that all its enemies are subdued" (Josh 1:5; 10:8; 21:44), zie: Michaël N. van der Meer, *Formation & Reformulation: The Redaction of the Book of Joshua in Light of the Oldest Textual Witnesses* (SVT 102), Leiden: Brill, 2004, pp. 123-124.

[31] Daniel L. Hawk, *Joshua* (Berit Olam: Studies in Hebrew Narrative and Poetry), Collegeville (PA): Liturgical Press, 2000, p. 19.

[32] Piet van Midden, "Jozua", p. 134.

	DE OPGAVE TOT HET LAND
9:1-27	Het verbond met de Gibeonieten
10:1-43	De verovering van het Zuiden
11:1-15	De verovering van het Noorden
11:16-12:24	Overzicht van de veroverde gebieden en verslagen koningen

In het eerste hoofdstuk van Jozua komen de grote thema's van het boek naar voren. In plechtige en gewichtige toespraken wordt duidelijk gemaakt waar het boek over zal gaan: "nu mijn dienaar Mozes is gestorven", lezen we in vers 1:2, "moet jij je gereedmaken om met heel dit volk de Jordaan over te trekken. Ga naar het land dat ik het volk van Israël zal geven". Dit alles gebeurt na de dood van Mozes (Joz 1:1), de dienaar van de Heer. Hiermee wordt dus duidelijk dat er een nieuw tijdperk is aangebroken: de tijd van Jozua, de zoon van Nun. Jozua krijgt de opdracht om het volk Israël het beloofde land te doen beërven.

Met Jozua mag Gods belofte aan Mozes, eindelijk in vervulling gaan: "daarom ben ik afgedaald om hen uit de macht van de Egyptenaren te bevrijden, en om hen uit Egypte naar een mooi en uitgestrekt land te brengen, een land dat overvloeit van melk en honing, het gebied van de Kanaänieten, de Hethieten, Amorieten, Perizzieten, Hevieten en Jebusieten" (Ex 3:8). De naam *Yehoshua* betekent dan ook "moge de Heer redden."[33] Vanaf Exodus wordt Jozua de dienaar van Mozes genoemd, en is daarmee steeds ondergeschikt aan Gods wetgever. Pas wanneer Jozua sterft, wordt ook hij *ʿẹḇẹḏ ʾăḏōnāy* genoemd, dienstknecht van de Heer (Joz 24:29; Ri 2:8). Hierdoor vormen Joz 1:1 en 24:29 samen een inclusie, een spanningsboog, waarbinnen de andere hoofdstukken zijn ingeklemd.[34]

Joz 1:1 (NBV)

Na de dood van Mozes, de dienaar van de Heer, zei de Heer tegen Jozua, de zoon van Nun en de rechterhand van Mozes [...]

Joz 24:29 (NBV)

Korte tijd later stierf Jozua, de zoon van Nun, de dienaar van de Heer, op de leeftijd van honderdtien jaar.

Dat het boek Jozua sterk verbonden is met Exodus blijkt vooral uit het verhaal over de doortocht door de Jordaan (Joz 3:1-4:24). Naar analogie met het verhaal over Israëls doortocht door de Schelfzee, wordt hier het oversteken van de Jordaan verteld:

---

[33] J. Alberto Soggin, *Joshua: A Commentary* (The Old Testament Library), London: SCM Press, 1972, p. 1.

[34] Piet van Midden, "Jozua", p. 135.

Mozes		*Jozua*	
Ex 3:5	Schoenen uit, heilige grond	Joz 3-4	Doortocht door de Jordaan
Ex 4:24-26	Besnijdenis	Joz 5:2-9	Besnijdenis
Ex 12:1-28	Pesach	Joz 5:10-11	Pesach
Ex 13:7-14:31	Doortocht door de Schelfzee	Joz 5:12	Manna houdt op
Ex 16	Manna	Joz 5:13-15	Schoenen uit, heilige grond
Ex 19	Wetgeving op de Sinaï	Joz 8:30-35	Wetgeving op de Ebal

Centraal in Jozua 3-4 staat de ark, die de Jordaan oversteekt (Joz 3:11). Het gaat hier over een liturgische tekst, waarin JHWH plechtig oversteekt.[35] Hier zien we dat het boek Jozua niet losgemaakt kan worden van de thema's uit de Pentateuch. Deze twee bewegingen, de belofte van het land en het in het bezit nemen van het land, horen in het boek Jozua fundamenteel bij elkaar: zoals JHWH zijn volk in Exodus met uitgestrekte hand uit Egypte leidt, zo zal hij zijn volk in Jozua voorgaan in de strijd om Kanaän. Het in vervulling gaan van deze belofte is echter geen vanzelfsprekendheid, het gaat niet vanzelf.

De vervulling van de belofte is in het boek Jozua sterk verbonden met gehoorzaamheid aan de Wet. Daarom gaat het boek Jozua niet alleen over de gave van het land maar ook over de "opgave" tot het land: de gave van het land gebeurt enkel binnen de context van Israëls verbond met JHWH. Het boek begint en eindigt dan ook met de gehoorzaamheid aan de Wet als een preconditie voor het leven in het beloofde land.[36]

Joz 1:7-8 (NBV)

En houd je vóór alles vastberaden en standvastig aan de wet [...] Houd je daar altijd aan en wijk er op geen enkele manier van af [...] Leg dat wetboek geen moment ter zijde en verdiep je er dag en nacht in, opdat je je aan alles houdt wat erin geschreven staat.

Joz 23:6 (NBV)

Wees daarom zeer standvastig met betrekking tot de voorschriften van Mozes. Wijk daar op geen enkele manier van af.

[35] *Ibid.*, p. 137.
[36] *Ibid.*, p. 135.

Een ander belangrijk thema in het boek Jozua is de verhouding tussen Israël en de volken van het land, met wie geen verbond aangegaan mag worden. In Deuteronomium 7 belooft JHWH dat hij de vreemde volken uit het beloofde land zal drijven. Hiertegenover staat echter dat Israël, hen met de "ban," in het Hebreeuws *ḥęręm*, moet slaan. De veroveringsverhalen in Jozua 8, 10 en 11, zijn intertekstueel sterk verbonden met de Deuteronomistische oorlogswetten. Het thema van "de ban" komt in deze oorlogsverhalen dan ook sterk terug. Tot tweemaal toe worden die "ban-teksten" doorbroken in het boek Jozua: in het verhaal over Rachab in Jozua 2 en het verhaal van de Gibeonieten in Jozua 9.

Het verhaal van Rachab is sterk verbonden met het verhaal over Achan in Jozua 7. Beide hoofdstukken zijn te lezen als spiegelverhalen: Rachab en Achan zijn twee belangrijke personages die door de schrijvers van het boek Jozua tegenover elkaar gezet worden. Het Rachab-verhaal is de omkering van de Deuteronomistische bepalingen over de juiste verhouding met de volkeren van het beloofde land. Als personage, past Rachab dan ook niet in het Deuteronomistische schema, dat steevast benadrukt dat van de geboren Kanaäniet enkel afgodendienst te verwachten is (Deut 7:3-4; 20:17-18). Het tegendeel blijkt het geval te zijn: niet alleen lijkt Rachab de macht van JHWH te kennen (Joz 2:9-11), ze bewijst de gezonden spionnen ook liefde (*ḥęsęḏ*) en geeft hen een betrouwbaar teken (*ʾôṯ ʾęmęṯ*).

Achan is degene die Israël representeert: tot driemaal toe wordt hij verbonden aan de stam Juda. In Joz 7:1 wordt Achan immers benoemd als: "Achan, de zoon van Karmi, de zoon van Zavdi, de zoon van Zerach, uit de stam Juda." Hoewel Achan dus zeer duidelijk tot de in-groep behoort, is hij vooral beeld van het Israël dat in de fout gaat,[37] doordat Achan van 'de ban' neemt en daarmee ingaat tegen de strikte regel die Jozua na de verovering van Jericho had ingesteld, om niet van de "ban te nemen" (Joz 6:17). Het gevolg is dat Rachab de Kanaänitische gered wordt (Joz 7:25) en dat Achan, de Judeeër, in het ongeluk wordt gestort (Joz 7:25). Zo worden beide verhalen scherp tegenover elkaar gezet.

Jozua 2 en 6	*Jozua 7*
Jericho, de beruchte stad, wordt gegeven (Joz 2:9)	Ai is onneembaar (Joz 7:4-6).
Rachab, de prostituee, is trouw (Joz 2:15-16).	Achan, de Judeeër, is ontrouw (Joz 7:1).
Rachab redt (Joz 2:4-6).	Achan richt te gronde (Joz 7:21-22).

[37] *Ibid.*, p. 136.

Rachab en haar familie worden van de ban gered (Joz 6:23).	Achan en zijn familie worden door de ban getroffen (Joz 7:24-25).

Terwijl Rachab handelt uit liefde (*ḥęsęḏ*), handelt Achan uit begeerte (v. qal. *ḥāmaḏ*): de weg van Rachab leidt naar redding (Joz 6:17), terwijl de weg van Achan naar steniging leidt (Joz 7:25). Hier wordt duidelijk dat het in het boek Jozua met name om het juiste handelen gaat: wie handelt volgens de Thora zal leven. Het gaat fundamenteel over de keuzes die men maakt en het juiste handelen bepalen wie bij het volk van Israël hoort.[38] Een ander verhaal waar diezelfde omkering van Deuteronomium 7 ook terugkomt, is Jozua 9, het verhaal over het verbond met Gibeon. Dit verhaal gaat vooraf aan de veroveringsverhalen in Joz 10 en 11, waar de verovering van het Zuiden en Noorden van het beloofde land worden verhaald. De structuur is vergelijkbaar met de structuur van Jozua 6-8, want ook hier functioneert Jozua 9 als een spiegelverhaal ten opzichte van de verhaallijnen in Jozua 10 en 11.

DE STRUCTUUR VAN JOZUA 9-11

Als we naar de algehele structuur van Jozua 9-11 kijken,[39] dan zien we dat Jozua 9, 10 en 11 samen één groot macro-plot vormen, waarbij elk hoofdstuk de verhaallijn van het voorgaande weer oppakt en verderzet. De sterke verwevenheid van Jozua 9, 10 en 11 komt tot uitdrukking door drie *wayehi*-zinnen die achtergrondinformatie uitdrukken. Ze beginnen namelijk allemaal met het woordje *wayehi*: "en het gebeurde." De *wayehi*-zinnen drukken steeds de geruchten uit die de koningen van het midden-, de zuidelijke en noordelijke gebieden horen over Jozua en Israël.[40]

Joz 9:1-2	*Joz 10:1-2a*	*Joz 11:1-2a*
Toen (כשמע ויהי) de koningen ten westen van de Jordaan [...] van Israëls zegetocht hoorden	Toen (כשמע ויהי) Adoni-sedek, de koning van Jeruzalem hoorde	Toen (כשמע ויהי) Jabin, de koning van Hasor van Israëls zegetocht hoorde

[38] Daniel L. Hawk, *Joshua*, p. 32

[39] In mijn proefschrift maak ik een onderscheid tussen de microstructuur en de macrostructuur van de tekst. De microstructuur bestaat uit een kolommetrische weergave van de Hebreeuwse tekst, waarbij er een onderscheid wordt gemaakt tussen "narratieve tekst" en "directe rede." Een belangrijk onderdeel van de microstructuur is ook een gedetailleerde syntactische en narratieve analyse, waarbij voorgrond- en achtergrondinformatie, het gebruik van flashbacks, retrospectieve en anticiperende informatie in kaart wordt gebracht. Daarbij volg ik de tekst-linguïstische benadering van Alviero Niccacci, zie J. de Prenter, *Language, Ideology and Cognition,* pp. 107 vv.

[40] Piet van Midden, "Jozua", pp. 137-138; cf. Karel A. Deurloo, *Jozua,* p. 98; Klaas Spronk, *Jozua,* p. 86.

De *wayehi*-zin in Joz 9:1-2 zet de toon voor alle drie de plotlijnen en anticipeert de gezamenlijke aanval van de koningen in de hoofdstukken 10 en 11. Deze zin heeft dus de functie van een algemene introductie op het thema van Jozua 9-11. Daarna wordt de aandacht van de lezer gelijk verlegd naar de Gibeonieten die het verbond tussen de Kanaänitische koningen ontwrichten met hun plan om Israël te verleiden tot een verbond met hen. Dat is opmerkelijk, want het verhaal dat direct voorafgaat aan Jozua 9, is de verhaallijn over de verbondsvernieuwing op de berg Ebal, waar Jozua "alle woorden van de wet" (*kŏl-dib̲rê hattôrâ*) leest, inclusief zegening en vloek. Jozua 9 vormt zo een contrastverhaal met Joz 8:30-35. Ook de woorden uit Ex 34:11-12, die vorige verbondsvernieuwing, moeten daarbij geklonken hebben: "ik zal de Amorieten, de Kanaänieten, Hethieten, Perizzieten, Hevieten en Jebusieten voor je uitdrijven; wacht je ervoor een verbond te sluiten met de inwoners van het land, waarheen je op weg bent, want dat zou jullie ondergang zijn" (cf. Ex 23:31-32; Deut 7:1-2).

In het Achan-verhaal heeft de lezer gezien hoe de woede van JHWH brandt tegen Israël omdat Achan genomen heeft van "de ban." Als lezer zou je verwachten dat er opnieuw een verhaal volgt over straf en boetedoening. De lezer wordt hier echter mee misleid, want het verhaal beweegt zich in een andere richting. Vanaf vers 10:1 is het Adoni-Zedek die centraal staat. Hij reageert op de disloyale Gibeonieten door gezamenlijk met zijn noordelijke bondgenoten op te trekken en Gibeon te belegeren (Joz 10:3-5). De Gibeonieten die plechtig aan Jozua beloofd hadden dat hun lot "in zijn handen" (*weʿattâ hinnû*) ligt, dringen er nu bij Jozua op aan om "niet zijn hand weg te trekken" (*ʾal-tęręp̲ yād̲ęk̲ā mēʿab̲ād̲ęk̲ā*) en hen te redden van hun vijanden (Joz 9:25; 10:6). De gebeurtenissen in Jozua 10 en 11 worden dus in beweging gezet door de Gibeonieten die Jozua meetrekken in de strijd om de noordelijke en zuidelijke gebieden.

De literaire structuur in Joz 9:3-27

Als we kijken naar het verhaal van de Gibeonieten in Joz 9:3-27, dan kunnen we het verhaal indelen in twee grote narratieve eenheden. Deze verhaallijn wordt afgebakend ten opzichte van de inleiding in vv. 1-2 door een shift van *waw-x-qatal* naar *wayyiqtol*. De tweede breuk in de tekst gebeurt opnieuw door een *wayehi*-zin in vers 16 "toen zij hoorden." Beide narratieve eenheden kunnen verder onderverdeeld worden in kleinere eenheden op basis van stijlfiguren zoals inclusies en tijd- en plaatsaanduidingen.

Structuur van Joz 9:3-27		
Joz 9:3-5	Inleiding	De list van de Gibeonieten
Joz 9:6-15	Episode 1	Ondervraging & verdrag
Joz 9:16-21	Episode 2	Het oordeel van de leiders
Joz 9:22-25	Episode 3	Jozua bemiddelt
Joz 9:26-27	Afsluiting	De vloek en slavernij van Gibeon

De introductie in de verzen 3-5 zet de verdere gebeurtenissen in vers 6-15 in scène. Het *wayyiqtol*-zinnetje “toen handelden ook zij met een list” (*wayya ʿaśû ḡam-hēmmâ beʿŏrmâ*) is een belangrijke commentaarzin, die de misleidende dialoog van de Gibeonieten vanaf vers 9:6 anticipeert. Het Hebreeuwse woordje *bālę*, dat “oud” of “afgedragen” betekent, wordt door de vertelstem maar liefst vier keer gebruikt om de reistassen voor de ezels, de wijnzakken, de kleding en de sandalen van de Gibeonieten te beschrijven. Dit is een mooi voorbeeld van “prolepsis,” waarbij de lezer in tegenstelling tot een van de personages (Jozua en Israël in dit geval) meer informatie te zien krijgt. De volgende narratieve eenheid begint in vers 6 met het *wayyiqtol*-zinnetje “en ze gingen naar het kamp bij Gilgal” (*wayyēlḵû ʾęl-yᵉhôšūaʿ ʾęl-hammaḥᵃnę̄ haggilgāl*). Van nu af aan, speelt het verhaal zich dus niet langer in Gibeon, maar in Gilgal af. In vers 9:7 deelt de vertelstem opnieuw cruciale informatie met de lezer, door te vertellen dat de Gibeonieten Hevieten waren. Episode 2 begint met een belangrijke tijdsmarkering “en het gebeurde na drie dagen” (*wayehi miqṣê šelōšęṯ yāmîm*).

Na drie dagen wordt de list onthuld aan de Israëlieten. Het verhaal, zo lezen we in vers 17, verschuift na nog eens drie dagen naar het woongebied van de Gibeonieten, naar de steden Gibeon, Kefira, Beërot en Kirjat-Jearim. Episode 3 begint met het *wayyiqtol*-zinnetje “en Jozua liet hen bij zich roepen” (*wayyiqrā lāhęm yehôšūaʿ*), waarmee de dialoog tussen Jozua en de Gibeonieten wordt geïntroduceerd. Deze episode wordt afgebakend ten opzichte van het vorige tekstgedeelte door het vergelijkende achtergrondzinnetje “zoals de oudsten tot hen gezegd hadden” (*kaʾᵃšęr dibbᵉrû lāhęm hannᵉśîʾîm*). In Episode 2, in vers 19-21, heeft de verteller het oordeel van de oudsten al medegedeeld, namelijk dat het verbond niet geschonden kan worden en dat de Gibeonieten in leven zullen blijven. De dialoog tussen Jozua en de Gibeonieten in episode 3 wordt dus in een flashback verteld. Het verhaal eindigt in vv. 26-27 met het commentaar van de verteller. Beide verzen zijn een echo van vers 9:21. De dialogen tussen Jozua en Gibeon in de verzen 22-25, worden dus omlijst door het zinnetje dat zij “houthakkers en waterputters voor heel Israël” zullen zijn. Deze stijlvorm noemen we een inclusie.

De literaire structuur van Jozua 10-11

Jozua 10 en 11 zijn twee gespiegelde verhaallijnen, die op basis van de shifts in werkwoordsvormen in drie grote narratieve eenheden ingedeeld kunnen worden. Deze eenheden bestaan uit een belegeringsverhaal, een verslag met veldslagen en een samenvatting van de veroverde gebieden. Zoals in Jozua 9, kunnen Jozua 10-11 ook verder in kleine sequenties ingedeeld worden op basis van stijlfiguren, en tijds- en plaatsaanduidingen. Jozua 10 begint met een *wayehi*-zin die achtergrondinformatie introduceert: Adoni-Zedek hoort wat de lezer al weet: Jozua heeft Jericho en Ai veroverd en de Gibeonieten hebben met Jozua een verbond gesloten. De volgende breuk in de tekst komen we tegen in 10:28-29 (*x-qatal* > *wayyiqtol*). De verovering en de verwoesting van Makkeda in vers 10:28 is bewust in een flashback verteld, zodat de verhaallijn afgebakend wordt ten opzichte van het verslag met veldslagen vanaf vers 29.

	Jozua 10	*Jozua 11*
Verhaal	Slag bij Gibeon (10:1-27) 1. Proloog (10:1-6) 2. Overwinning (10:7-15) 3. Terechtstelling (10:16-27)	Slag bij Merom (11:1-9) 1. Proloog (11:1-5) 2. Overwinning (11:6-9)
Verslag met veldslagen	Verovering van het Zuiden (10:28-39)	Verovering van het Noorden (11:10-15)
Samenvatting	Veroverde gebieden (10:40-43)	Veroverde gebieden (11:16-23)

Joz 10:1-27 is een tekstuele eenheid. Dat blijkt vooral uit een aantal tijdsaanduidingen. De tocht naar Gibeon (10:7,9), de verovering bij Gibeon (10:10-15) en de executie van de koningen (10:17-27) vinden namelijk plaats op een en dezelfde dag. In vers 10:9 vermeldt de vertelstem dat Jozua en zijn leger "de hele nacht" (*kŏl-hallaylâ*) reisden om Gibeon te bereiken. Dat impliceert natuurlijk dat de aanval op de Amoritische koningen (10:10-11) vroeg in de morgen heeft plaatsgevonden. In 10:26-27 laat de vertelstem de lezer bovendien horen dat de terechtgestelde koningen aan de bomen bleven hangen totdat het "avond werd" (*ʿaḏ-hāʿārẹḇ*), en dat hun lichamen pas bij "zonsondergang" (*leʿēṯ bôʾ haššẹmẹš*) van de bomen werden gehaald. Ook deze tekstuele eenheid kan onderverdeeld worden in kleinere leeseenheden. Het verhaal begint met een proloog (10:1-6), dat het veroveringsverhaal in 10:7-15 in scène zet. De tweede episode begint in vers 7 met de *wayyiqtol*-zin "en Jozua trok op vanuit Gilgal" (*wayyaʿal yehôšūaʿ min-haggilgāl*). Het plot verschuift dus vanaf nu van Gilgal, naar de Ayyalon vallei, tussen Beth-Horon en Azekah (10:10,12).

Deze tweede episode wordt afgesloten met het *wayyiqtol*-zinnetje "en Jozua keerde terug naar Gilgal" (*wayyāšōḇ yehôšūaʿ haggilgālâ*). De beweging van Gilgal naar Gibeon, en weer terug van Gibeon naar Gilgal, omcirkelen dus, als een inclusie, deze tekstuele eenheid. De derde episode begint opnieuw met een *wayyiqtol*-zin: "en de koningen vluchtten en verscholen zich in een grot bij Makkeda." Opnieuw is dat een belangrijke plaatsaanduiding, die weergeeft dat het verhaal zich vanaf nu afspeelt in en rond Makkeda. De etiologische formule in vers 10:27 "tot deze dag" (*ʿad-ʿęṣęm hayyôm hazzę*), functioneert als de afsluiting van de verhaallijn.

Vanaf vers 28, hebben we te maken met een heel ander genre. De verzen 10:28-39 vormen samen een lijst met veldslagen, die gekenmerkt wordt door een iteratieve stijlfiguur. Verschillende formules keren keer op keer terug, waardoor er parallellen en echo's ontstaan tussen de veroveringen van de verschillende steden.[41] In vers 40 komen we opnieuw een breuk tegen in de tekst (*x-qatal* > *wayyiqtol*). De stijl van de verzen 40-43 echoot de iteratieve verhaalstijl. Deze verzen hebben echter een andere functie: terwijl de verzen 28-39 een militaire campagne beschrijven, gaat het in de verzen 40-43 om een samenvatting van de veroverde gebieden.

Jozua 9-11: een drieluik

Uit de analyse hierboven, blijkt wel dat het verhaal van de Gibeonieten in Jozua 9, de oorlogsverhalen in Jozua 10 en 11 voorbereiden. De verhaallijn in Jozua 11 is gespiegeld aan Jozua 10, en bestaat uit dezelfde genres. Het veroveringsverhaal in 11:1-9 bestaat uit twee kleine episodes. De eerste episode (11:1-5), functioneert net als in Jozua 10, als een proloog op de veldslag. Ook nu gaat het om het horen van de geruchten over Jozua en Israël, en vormen de koningen van het Zuiden een coalitie om tegen Jozua op te trekken. Vanaf vers 6 verschuift de aandacht echter naar Jozua en zijn leger, die vanuit Gilgal (10:43) naar de bronnen van Merom reizen (11:7). Opvallend is dat ook hier een inclusie het verhaal omcirkelt. De opdracht om "hun paarden de pezen door te

[41] Voor een uitgebreid overzicht van de iteratieve formules, zie: de Prenter, *Language, Ideology and Cognition,* pp. 135-138. Het iteratieve genre kenmerkt zich door de volgende drie karakteristieken: [1] de vertelstijl is niet lineair of chronologisch, maar eerder geografisch; [2] de gebeurtenissen in het verhaal gaan over een relatief lange periode, maar worden in een dusdanig snel tempo verteld, dat er een zeer groot contrast ontstaat tussen de "verteltijd" en de "vertelde tijd"; [3] het iteratieve genre wordt gestructureerd door een aantal conventionele en stereotiepe formules die zeer frequent terugkeren, maar op een variabele wijze herhaald worden zodat er echo's ontstaan tussen de verschillende tekstgedeelten. De iteratieve vertelstijl komt zeer frequent voor in Assyrische en Egyptische oorlogsannalen, zie: K. Lawson Younger, *Ancient Conquest Accounts: A Study in Ancient Near Eastern and Biblical History Writing* (JSOTSup 98). Sheffield: JSOT Press, 1990; James K. Hoffmeier, "The Structure of Joshua 1-11 and the Annals of Thutmose III", in *Faith, Tradition and History: Old Testament Historiography in its Near Eastern Context,* eds. A.R. Millard, James K. Hoffmeier & David W. Baker. 165-179. Winona Lake (IN): Eisenbrauns, 1994.

snijden en hun strijdwagens te verbranden" (11:6), komt als een echo terug als de vertelstem in vers 9 zegt: "en hij liet hun paarden de pezen doorsnijden en hun strijdwagens verbranden." Net als in Jozua 10, volgt ook hier na het narratieve gedeelte een lijst met verslagen die geschreven zijn in een iteratieve stijl (11:10-15) en een samenvatting van veroverde gebieden (11:16-23). Jozua 9, 10 en 11 kunnen dus gezien worden als een drieluik, waarbij elke verhaallijn de volgende in gang zet en oproept.

HET LUIK VAN DE INTERTEKSTUALITEIT: DE RELATIE MET DEUTERONOMIUM 7 EN 20

De veroveringsverhalen in Jozua 10-11 hebben een sterke intertekstuele relatie met de oorlogswetten in Deuteronomium 7 en 20. In deze wetten vinden we het gebod om de volken van het land volledig met de ban te slaan, wanneer Israël voet zet in het beloofde land. Wie de oorlogsverhalen in Jozua 10 en 11 leest in dialoog met de oorlogswetten in Deuteronomium, merkt al snel hoe zeer de schrijvers van Jozua beïnvloed zijn geweest door de Deuteronomistische traditie.[42]

Deut 7:1-2	Straks zal de Heer, uw God, u naar het land brengen dat u in bezit zult nemen en veel volken voor u op de vlucht jagen: de Hethieten, de Girgasieten, de Amorieten, de Kanaänieten, de Perizzieten, de Hevieten en de Jebusieten - zeven volken die groter en machtiger zijn dan u. Wanneer de Heer, uw God, u de overlevering op hen schenkt, moet u hen doden. U mag geen vredesverdrag met hen sluiten en hen niet sparen.
Deut 20:16-18	Maar daarbinnen, in de steden van het land dat de Heer, uw God, u als grondgebied zal geven, mag u geen mens in leven laten. Alle Hethieten, Amorieten, Kanaänieten, Perizzieten, Hevieten en Jubusieten moet u doden, zoals de Heer, uw God, u heeft opgedragen, om te voorkomen dat u de gruwelijke dingen die zij voor hun goden doen van hen overneemt, waardoor u tegen de Heer, uw God, zou zondigen.

Een belangrijke term is het Hebreeuwse *hęḥęrīm.* Dit werkwoord is afgeleid van het naamwoord *ḥēręm,* dat meestal met "de ban" wordt vertaald, en in Jozua functioneert als een zeer belangrijk sleutelwoord. Ook de NBV kiest voor deze

[42] In het Jozua-onderzoek gaat men er dan ook vanuit dat het boek Jozua verschillende Deuteronomistische redacties heeft ondergaan. Voor een goed overzicht, zie Michaël N. van der Meer, *Formation & Reformulation,* pp. 115-153.

gangbare vertaling, die echter niet de complexiteit van dit concept omvat. Semantisch onderzoek naar het Hebreeuwse *ḥērẹm*-concept heeft aangetoond dat *ḥērẹm* ook alles met de notie van taboe te maken heeft. In deze context betekent het in ieder geval "volledig vernietigen." Dat wordt nog eens onderstreept door de werkwoordsvormen die in Deuteronomium 7 en 20 gebruikt worden. In het Hebreeuws staat er namelijk in beide teksten: *haḥarēm taḥarîm*. Hebraïsten noemen dit ook wel een "paranomastische infinitief" constructie (infinitief abs. + *yiqtol*), die gebruikt wordt om iets met klem te benadrukken. Hier is daarom beter om te vertalen "u zult hen zeker wijden aan de vernietiging." De iteratieve lijst met veldslagen in Joz 10:28-39 is zeer sterk beïnvloed door deze oorlogswetten. Steeds opnieuw wordt daar benadrukt dat Jozua alle inwoners met de ban sloeg en niemand van hen in leven liet; het zijn bijna letterlijke citaten uit Deut 7:2 en 20:16-17. In Jozua 11 valt de invloed op van twee andere teksten uit Deuteronomium. De verovering in Joz 11:10-12 verloopt namelijk volgens het model in Deut 13:16: een stad waarvan de inwoners zich toewijden aan afgodendienst, zal als een brandoffer (*kālîl*) voor de Heer zijn. Alle inwoners worden dan ook aan de vernietiging gewijd, en Hazor wordt in de as gelegd (vgl. Ai, Joz 8:19).

Deut 13:16-17	Dan moet u de inwoners van die stad ter dood brengen. De hele stad, iedereen die er woont, en alle dieren moeten onvoorwaardelijk aan de Heer worden gewijd en gedood worden, en alle goederen van de stad moeten op het plein bijeengebracht worden. Daarna moet u de stad en de goederen in brand steken, als een brandoffer voor de Heer, uw God.
Joz 11:10-12	Op zijn terugtocht ging Jozua naar Hazor [...] en dus nam Jozua haar in en doodde hij de koning. Hij doodde bovendien alle inwoners. De Israëlieten brachten iedereen die er woonde om, geen mens uitgezonderd. Jozua liet Hazor in vlammen opgaan.

Dat niet alle steden verbrand werden, wordt al gelijk duidelijk in de verzen 13-14 die hier gelijk op volgen. De vertelstem lijkt hier beïnvloed te zijn door Deut 3:6-7, waar vijandige steden niet volledig verwoest worden. Volgens deze traditie mocht Israël de buit voor zichzelf nemen en de steden opnieuw bewonen.

Deut 3:6	We doodden alle inwoners, zoals we eerder hadden gedaan bij Sichon, de koning van Chesbon. In elke stad doodden we de mannen, vrouwen en kinderen. Het vee en de goederen van de steden maakten we echter voor onszelf buit.

Joz 11:13-14	Alle andere nog bestaande steden werden door de Israëlieten niet verbrand. Van deze steden maakten ze de goederen en het vee voor zichzelf buit, ze doodden echter alle mensen. Ze roeiden de inwoners zonder uitzondering uit.

De meeste exegeten gaan ervan uit dat deze oorlogswetten in Deuteronomium nooit op deze manier, zoals in Jozua verteld, hebben plaatsgevonden, maar dat ze als een utopische hervertelling gezien moeten worden, die op gang is gekomen tijdens de opkomst van de Assyrische hegemonie en de val van Juda. Het verlies van land lijkt dus de context te zijn, waarbinnen deze wetten geschreven zijn.[43] De oorlogswetgeving is daarnaast sterk verbonden met het tweede gebod van de decaloog (Deut 5:7: "vereer geen andere goden naast mij"). We zien dat vooral terug in Deut 20:18: "om te voorkomen dat u de gruwelijke dingen die zij voor hun goden doen van hen overneemt, waardoor u tegen de Heer, uw God, zou zondigen." In deze zin, lijkt de oorlogswetgeving een utopische realiteit te zijn, waarbij het land als het ware leeg gemaakt wordt, zodat Israël niet in de verleiding zou komen om andere goden te dienen. De *ḥērẹm*-geboden in Deut 7:1-2; 20:16-18 functioneren hier als symbool voor Israëls unieke relatie met YHWH. Toen de Deuteronomistische redactielagen in de exilische periode tot stand kwamen, leefden de Kanaänieten niet meer binnen de grenzen van het toenmalige Israël. De Kanaänieten zijn dan ook te zien als een fictieve-symbolische entiteit; het ging de Deuteronomistische auteurs om het "nieuwe Israël" dat alle banden verbrak met haar geschiedenis van afgodendienst.[44] In Deuteronomium zelf, komt echter een theologische reflectie op gang. Want in de verzen 10-11 lezen we dat Israël eerst vrededienst moet aanbieden aan de inwoners van het land:

---

[43] Zie Norbert Lohfink, "Die Schichten des Pentateuch und der Krieg", in *Studien zum Pentateuch,* ed. Norbert Lohfink (Stuttgarter Biblische Aufsatzbände 4). 255-315. Stuttgart: Katholisches Bibelwerk, 1988, pp. 270vv; Rüdiger Schmitt, *Der "Heilige Krieg" im Pentateuch und in deuteronomistischen Geschichtswerk: Studien zur Forschungs-, Rezeptions- und Religionsgeschichte von Krieg und Bann im Alten Testament* (AOAT 381). Münster: Ugarit Verlag, 2011, pp. 54vv. Sinds Martin Noth wordt het Deuteronomistische perspectief van een volledige vernietiging van de vijandelijke bevolking (Deut 7:1-2; 20:16-18) toegeschreven aan een Deuteronomistische redactielaag (DtrH). Norbert Lohfink schreef deze theologie echter toe aan een Landnahmelaag (DtrL) binnen het Deuteronomistisch geschiedswerk, die op gang zou zijn gekomen tijdens de periode van koning Josia.

[44] Eckhart Otto, *Krieg und Frieden in der hebräischen Bibel und im Alten Orient: Aspekte für eine Friedensordnung in der Moderne* (Theologie und Frieden 18). Stuttgart: Kohlhammer, 1999, pp. 105-106; Patrick D. Miller, "The Story of the First Commandment: The Book of Joshua", in *The Way of the Lord: Essays in Old Testament Theology,* ed. Patrick D. Miller (FAT 39). 80-90. Tübingen: Mohr Siebeck, 2004, pp. 85-86: "The ban therefore is rooted totally in the First Commandment, and the book of Joshua confronts the reader with the threat to the First Commandment that is perceived to be found in easy alliances with those who do not serve the Lord."

Deut 20:10-11	Voordat u een stad aanvalt, moet u eerst een vredesregeling aanbieden. Als men op het voorstel ingaat en de poorten voor u opent, moeten alle inwoners van de stad tot herendienst worden gedwongen.

In het onderzoek naar Jozua, vermoedt men dat deze verzen van latere origine zijn, en dat ze in de post-exilische tijd, dus na de Babylonische ballingschap, zijn toegevoegd aan Deuteronomium 20.[45] Het Gibeonverhaal in Jozua 9, lijkt gemodelleerd te zijn naar deze twee verzen uit Deuteronomium. In Deut 20:15 wordt verduidelijkt dat deze wetgeving toepasbaar is op "de steden die op grote afstand van u liggen," de steden dus die buiten de grenzen van Israël liggen. De Gibeonieten zullen dan ook benadrukken dat ze "uit een ver land" zijn gekomen, en dat ze een "vredesverdrag willen sluiten" (Joz 9:6).

CONCLUSIE EN VERVOLG

Een kritische-hermeneutische benadering van Bijbelteksten is gebaseerd op een dialogerende leeshouding, waarbij de betekenis ligt in de dialoog tussen zender en ontvanger. Betekenis ontstaat daar waar het verstaan van de lezer door het perspectief van de tekst bevraagd wordt. Lezen vanuit een kritische-hermeneutiek houdt een actieve dialoog met de tekst in, waarbij het eigen 'voorverstaan' en de associaties en vragen die de tekst oproept, als het ware tussen haakjes worden gezet. De betekenis van de tekst ligt verborgen in de structuur van de tekst. Daarom is structuuranalyse een cruciaal onderdeel van een kritisch-hermeneutische benadering van Bijbelteksten. Een narratieve analyse van Jozua 9-11 laat zien dat deze tekst beschouwd moet worden als een drieluik. Het verhaal over het verbond met Gibeon in Jozua 9, zet de verhaallijnen in Jozua 10 en 11 in gang. Het zijn de Gibeonieten die door hun slimme misleiding, Jozua en Israël meetrekken in een strijd om de noordelijke en zuidelijke gebieden. Het intertekstuele luik laat zien dat met name de 'banteksten' in Jozua zeer sterk beïnvloed zijn door de oorlogswetten in Deuteronomium 7 en 20. In het Jozua-onderzoek gaat men er dan ook vanuit dat het boek Jozua verschillende Deuteronomistische redacties heeft ondergaan. In deze Deuteronomistische lagen van het boek Jozua, komen we een ideaaltype

---

[45] In de exilische revisie van de Deuteronomistische geschiedschrijving vindt dus een verschuiving plaats naar een incomplete verovering, waarbij de stam *ḥrm* bewust vermeden wordt. Deze redactielaag zou Rudolf Smend definiëren als de nomistische redactie van het Deuteronomistisch geschiedswerk (DtrN), zie: Rudolf Smend, "Das Gesetz und die Völker: Ein Beitrag zur deuteronomistischen Redaktionsgeschichte", in *Probleme biblischer Theologie: Gerhard von Rad zum 70. Geburtstag,* ed. Hans Walter Wolff. 494-509. München: Kaiser, 1971; ID., "Das uneroberte Land", in *Das Land Israel in biblischer Zeit: Jerusalem-Symposium 1981 der Hebräischen Universität und der Georg-August Universität,* ed. Georg Strecker (Göttinger Theologische Arbeiten 25). 91-102. Göttingen: VandenHoeck und Ruprecht, 1983.

van oorlog tegen, waarbij het gaat over de juiste relatie met JHWH en elke vorm van afgodendienst wordt afgezworen. Deze theologie ontstaat tijdens de Assyrische hegemonie. Ervaringen van het verlies van land fungeren hierbij als de achterliggende context, van waaruit deze teksten geschreven zijn. In de volgende bijdrage zal met name ingegaan worden op de ideologische structuren van deze "land-ideologie," en staat de relatie tussen taal en ideologie centraal. Aan de hand van een aantal voorbeelden in Jozua 9-11 zal aangetoond worden hoe ideologie in bepaalde taalstructuren herkend kan worden.

Brothers of the Rose Cross, the sum total of Renaissance and Reformation. Description of a cultural phenomenon from the early 17th century on the basis of the Chymic Wedding of Christian Rosenkreutz

Johan Temmerman

Abstract

In this article we describe the cultural phenomenon of the Brotherhood of the Rose Cross. The basis is a number of texts that made a lot of fuss during the 17th century. The context was the Lutheran church, in which the realization arose that the Reformation had not succeeded, because Luther and friends only wanted to reform the church and society, while they didn't had any attention for the individual. The Reformation was not finished, now they wanted to reform the person spiritually. This is what the authors wanted to achieve with their manifests and ritual text around Christian Rosenkreutz. We were convinced that this literary phenomenon points at a deeper pattern of the Christian tradition, namely the incentive for self-development.

INTRODUCTION

Much has been said and written about the Brothers of the Rose Cross. Do we have anything to add? We often connect Rosicrucianism with esotericism, sometimes with Freemasonry and thus, in an orthodox Christian context, with pejorative terms such as "mysterious," "heretical" and so on. It is not productive approaching cultural phenomena with such labels. On the other hand, what may be considered orthodox today may be perceived as heterodox tomorrow, and what will be described as mysterious and heretical tomorrow, is the norm in some circles today. From a cultural-historical point of view, I will characterise the Brothers of the Rose Cross as the result of a number of trends that emerged during the Renaissance, complemented by the Lutheran-Evangelical reform of the 16th century. The Renaissance brought with it a number of oriental philosophical reflections of reality, such as hermetism. At the same time, a broad interest developed in the Jewish mystical tradition of the Kabbalah, which was given a Christian outlook. The experimental method of alchemy, which together with the renewed interest in man and nature resulted in a natural philosophical interest and the transformation of man, also has its roots in the Renaissance. The Lutheran Reformation, on the other hand, was firmly rooted in the orthodox Christian faith. Especially the Patristics and Augustine set the tone. The Reformation's return to an original Christianity was accompanied by a fierce revival of apocalyptic thinking. This authentic early Christian symbolic language opened the door to new interpretations of time and tradition. The coherence of all these elements was noted in a story by a young writer: Johann Valentin Andreae (1586-1654). The text was published in 1616 as the third publication on the figure of Christian Rosenkreutz, entitled *Chymische Hochzeit Christiani Rosencreutz Anno 1459.*[1]

WHO WAS THE AUTHOR?

The father of Johann Valentin Andreae was a Lutheran minister who was also called John. He served three congregations and ended his career as "evangelical abbot" in Köningsbronn.[2] The Andreae family had deep Lutheran roots, as grandfather Jacob had contributed to the compilation of the *Konkordienformel* in 1577, the last collection of confessions for the Lutheran Churches in Germany.[3] His son John, too, initially maintained a good orthodox line, with an open cultural spirit. The latter led him astray, for son Johann Valentin writes that during the last three years of his life - he died at a young age - his father was misled by "deceptive arts," by which he meant the false alchemy of making gold.[4] The later author of the *Chymische Hochzeit (Chymic Wedding)* developed a glowing hate from this debacle: father Andreae is said to have squandered all of the family's assets in a few years - to deceitful alchemists. But at the same time, his interest in "true" alchemy was stirred, which made him a servant of the Christian faith. Mother Andreae, on the other hand, was strict and righteous, disciplined, and truly concerned with the fate of the poor and sick. According to son Johann Valentin, they complemented each other well and after her husband's untimely death, his mother was left to raise seven children on her own. She took up a position in the pharmacy of Frederick I, Duke of

---

[1] We make use of the English and Dutch translation: in Dutch published by Pentagon publishers in 2016: Johann Valentin Andreae, *De Chymische Bruiloft van Christian Rosencreutz. Een christelijke inwijdingsweg. Met commentaar van Bastiaan Baan*, Amsterdam: Uitgeverij Pentagon, 2016; English translation, Johann Valentin Andreae and Bastiaan Baan, *The Chymical Wedding of Christian Rosencreutz. A Commentary on a Christian Path of Initiation*, Edinburgh: Floris Books, 2016.

[2] Johannes Andreae (1554-1601) stood in Hagelloch (1576-1578), Mössingen (1578-1582), Herrenberg as superintendent (1582-1591) and finally in Königsbronn (1591-1601). J.W. Montgomery (1973), *Cross and Crucible. Johann Valentin Andreae (1586-1654), Phoenix of the Theologians*, The Hague: Martinus Nijhoff, 25.

[3] Jacob Andreae (1528-1590) was born in Waibingen and studied in Tübingen. He was known as an orthodox theologian who strove to maintain unity among the many Lutheran ideologies. He had a fierce polemic with the Calvinist brothers.

[4] Montgomery's voluminous study of Johann Valentin Andreae covers all the author's texts, including family histories. J.W. Montgomery, *Cross and Crucible*, 26ev.

Wurttemberg.[5] In the 17th century, pharmacology was still very close to the experimental method of alchemy. Father Andreae had a weak health and therefore let two Silesian medical students live with the family. They were taught both the traditional approach of Galenus and the newer experimental method of Paracelsus. So Johann Valentin came into contact with Paracelsus' ideas as early as his teenage years. But his father died at the age of 47 due to waterfall (probably *leptospirosis*). After his father's death, mother Maria moved with her seven children to Tübingen, where grandfather Andreae had worked as a theology professor. Johann Valentin studied well and received his diploma in 1603. The young theologian was very interested in all kinds of literary genres and also wrote extensively. In the first years after his studies, he produced some comedies in the Shakespearean style, historical works, as well as polemics with the very popular astrology of those days. But even more important is the work that holds our attention and wanted to introduce a Christian alchemy, *Chymic Wedding*, written in 1605. So this is an early work by Johann Valentin Andreae. We have to take into account Andreae's later assessment of his early work.

A LIDIBRIUM WITHOUT VACUUM

Quite a few modern readers dismiss the *Chymic Wedding* and the Rosicrucian manifestos as a joke or a "fantasy." Not infrequently reference is made to the remark Andreae himself made in his 1619 publication *Turris Babel.* In it he writes about *lidibrio illi Rosencruciano opposita*. Some point out that the term *lidibrium* has a dramatic quality and that a positive connotation of "fantasy" is meant by Andreae. In any case, the writing was not meant as a joke.[6] With this writing Johann Valentin Andreae showed that he had sufficient maturity as a writer to write a biography. He explicitly opted for a Christian contemplation, reformatory to be precise. But the *Chymic Wedding*, although written in 1605, was not published until 1616. The publication followed two manifestos on the Brotherhood of the Rose Cross, of which no one knew who the author was. The reverberation was enormous. But why did the text remain unpublished?

---

[5] Montgomery mentions that Johann Valentin Andreae cherished a great veneration for his mother. He especially praised her social engagement and he continued her work. She provided those in need with the necessary medicines that she produced in the pharmacy. The family consisted of three girls and four boys. The four boys studied together in Tübingen and all four became preachers.

[6] It is very difficult to make a semantic distinction and to definitively decide on the value of the entry. Today there is a very negative view of the world of ideas that came from the Renaissance. Terms such as hermetism and alchemy are invariably charged negatively. Gnosticism, esotericism and even initiation also sound like curses to the ears of the academic elite. Montgomery also wonders if Andreae considered the term *lidibrium* in both senses, i.e. in the dramatic sense with respect to the *Hochzeit* (the work has quite a theatrical slant) and negative as a fantasy with respect to the Rosicrucian manifestos. He distanced himself from the Brothers of the Rosary towards the end of his life. Montgomery, *Cross and Crucible*, 37.

Johann Valentin Andreae got into trouble. He fraternised with students in Tübingen who maintained relationships with prostitutes. It resulted in a condemnation of the circle of friends, what forced the young theologians to give up on the ministry of preacher. Another version is that a lot of wrangling took place in Tübingen, mainly because of the positions in and around the university that were claimed by Lutheran families of standing. That is why Johann Valentin would have been targeted. He himself writes that the safe and quiet existence of a theologian suddenly became that of a tramp. The young theologian went to Strasbourg, where he found shelter with an acquaintance of his father's and grandfather's. Afterwards he went on to Heidelberg and Frankfurt. After a few more stops, he returned to Tübingen in 1608. There he tutored two boys from a noble family, educated himself in numerous crafts such as watchmaker, instrument maker and carpenter. It was during this period that Johann Valentin Andreae came into contact with Tobias Hess, who was much criticized for his unorthodox views, especially in relation to medicine. At the funeral of Hess in 1614, Andreae delivered a eulogy in which he gave him the title *Hercules Christian.* But four years earlier the plague had broken out in Tübingen and Andreae left again on a journey. This time he brushed up on his knowledge of French and travelled through Switzerland and France. He briefly visited Paris and Lyon. He stayed a little longer in Geneva and said that he was very much impressed by the city. Back in Tübingen, he gave private lessons again and resumed his writing. He wrote a remarkable work, *Christiani Cosmoxeni*, first published by a friend without his knowledge in 1612. He describes the Christian as a "pilgrim and attendant," someone whose fixed connections are through God and who considers Christ as his companion. After that, Andreae travelled to Italy, including Rome. When he returned from this journey, he decides to present himself again at the *Tübinger Stift* and to prepare himself for the ministry of preacher. He read up extensively on Luther and the Church Fathers and passed his pastoral exam. In 1614 Johann Valentin Andreae was ordained as minister of the Lutheran Church and appointed auxiliary minister in Vaihingen. In the same year the first manifesto of the Brotherhood of the Rose Cross was published, the so-called *Fama Fraternitatis*.

PREACHER WITH BOOK AND CROSS

In Vaihingen Andreae got married quite quickly. In total, the couple would have nine children, four of whom were born in the first congregation where Andreae served. It is not very accurate to distinguish between the young theologian who writes the *Chymische Hochzeit*, together with the manifestos of the Brotherhood, and the later preacher. One then makes a distinction between youthful fantasy and mature theology. Montgomery, who wrote the most comprehensive study on Johann Valentin Andreae, also reports that this distinction makes no sense. We are particularly interested in the *Chymische*

Hochzeit, in which the young theologian is occupied with the latest developments in spiritual life and applies them to an orthodox Christian vision. We have to allow for a time when there was no clear distinction between the sciences. Experimental matters were then quickly regarded as new achievements, only to disappear again a few years later. What Andreae did with the *Chymische Hochzeit* was to use the alchemical knowledge of his day to proclaim the Christian message. This was a novelty at the time and showed quite a bit of guts. The least one can say of Johann Valentin Andreae is that he was a very creative writer.[7] His most famous work, besides the *Chymische Hochzeit*, was the utopia *Christianopolis*. In it he sketches the ideal image of social Protestantism: a union of knowledge and justice centred around faith in Jesus Christ.[8] The remarkable thing is that the work was dedicated to a fellow superintendent Johann Arndt (1555-1621), who, although an Orthodox Lutheran, sought spiritual affiliation with Catholic mystics such as Thomas a Kempis and Bernard of Clairvaux, earning him considerable criticism. In the foreword to this utopia Andreae sketches his theological positioning very clearly. He writes that "in our time," just as in the days "of our unsurpassed hero and pastor Martin Luther," the "light of a pure religion has risen, from which the state structure has been shaped and the brilliance of the sciences has returned."[9] But evil strikes all over again. Andreae here undoubtedly refers to the outbreak of the Thirty Years' War, "but not everyone allows himself to be deceived by the impostor, especially those who carry a higher light in them." After that he also mentions the Brotherhood of the Rosicrucians, at the cradle of which he himself had stood years before.

> *Of these states, after serious commentary by the theologians, a striking testimony was given in the lidibrium - as I interpret it - of a certain brotherhood. It first promises unusual and great things, meeting the tastes of the curious, things that people always wish for. It also expresses the pious hope for an improvement of the corrupt conditions and forbids the imitation of Christi.*[10]

He goes on to say that there was a lot of commotion and that people were noisily defending themselves. Also, some saw "in the exhortations to a Christian way of life the work of heretics and fanatical sects, while others felt

---

7 Montgomery also mentions a comedy written in 1616 called *Turbo.* It would count as a forerunner of Goethe's Faust, but within confessional Lutheranism, and tell the story of a Promethean figure who eventually attains personal enlightenment. Montgomery, *Cross and Crucible*, 61.

8 The work originally written in Latin, entitled *Republicae Christianopolitanae Descriptio*, was translated into Dutch by Elka Bussler: Johann Valentin Andreae, *Reis naar Christianopolis*, Uitgeverij De Woudezel, 2005.

9 J.V. Andreae, *Trip to Christianopolis*, 12-13.

10 J.V. Andreae, *Journey to Christianopolis*, 16.

deeply touched by them." Finally, he reports an extremely sensible response from someone he greatly appreciates. He responded to the *Fama Fraternitatis* that, "If it seems right to us, why don't we even try to do something instead of focusing our expectations on them? Nothing bothers us, he said, if we want to follow Christ, to improve our lives."[11]

This is where the core of the Brotherhood and especially the manifestos come to the surface: why do you not do something about it yourself, instead of focusing your hope on others? It is this combination of a sincere faith in God and self-awareness that is considered a ripe fruit of Lutheranism. As far as Andreae's faith is concerned, the author himself gives a clear expression in his *Christianopolis*. When he describes the religion in the city, the pilgrim enters an inner prayer hall, where he finds a confession of faith written in letters of gold. Then Andreae mentions twelve articles which are very similar to the original Nicene-Constantinopolitan creed.[12] The articles are somewhat more philosophical - the first articles on the Trinity begin, for example, with *credimus toto corde* ("we believe with all our hearts") - but deviate in no way from the traditional dogmas of faith. Montgomery speaks of "the best of orthodox objectivism and of pietistic subjectivism."[13] This is a combination that in a sense looks back to the foundations of the Reformation, to Martin Luther himself. But there is also originality in the creed of *Christianopolis*. When Andreae talks about the work of the Holy Spirit, indicating the connection with nature, an alchemical or natural philosophical adherence is clearly noticeable. He writes in the eighth article of the confession:

> *We believe wholeheartedly in the Holy Spirit, our comforter and teacher, by whom we are sanctified, brought to life and equipped after we have lost the freedom to do good, by whom we are spiritually elevated above nature, armed against nature and reconciled to nature, by whom we are set on fire, by whom we are united and divided again into language groups, by whom we see and hear events of the past, the present and the future in their own way, and by whom we gain insight into God's Word.*[14]

An original idea is that the Holy Spirit causes us to reconcile ourselves with nature and place ourselves in a new relationship with it when we are born again. Nature is restored, as it were, in Christ, which makes a new relationship between the spiritual and the natural reality possible. This is also the theme of the *Chymic Wedding*. The Christian is a pilgrim who wanders through this material world and is on his way to a wedding. In this way Andreae introduces

---

[11] J.V. Andreae, *Trip to Christianopolis*, 17.
[12] J.V. Andreae, *Trip to Christianopolis*, 58-62.
[13] Montgomery, *Cross and Crucible*, 127.
[14] J.V. Andreae, *Trip to Christianopolis*, 60-61.

the theme of *unio mystica*, the unification with Christ in the marriage relationship, which is characteristic of medieval mysticism (cf. Teresa of Avila). In the theology of Andreae, the two Christian themes of pilgrimage and wedding keep each other in balance. What connects the two is imitation, the concrete reversal of life in order to imitate Christ. This is aptly dealt with in another work from 1619, called *Civis Christianus*. Once again, the Christian is engaged in a seemingly endless wandering of the earth. But when he approached and entered the city of God externally in *Christianopolis*, the complete reality met him internally or spiritually in the *Civis*. Montgomery translates the first two chapters of this work in his dissertation on Johann Valentin Andreae. I am paraphrasing this translation. The author tells that he sees the God-man, dressed in a white robe and with a book and a cross in his hand to confirm the rule of sacred theory and practice. Furthermore, he saw that the man of God was facing the world and the world was facing him. Then he spoke softly:

> *My son and brother, you've finally come to the point where you carry out what I've been teaching you for so long. Countless people are trying to get to know me, few are doing it. There are many Christians, but few Christ bearers. Many carry the Gospel, few carry the cross. The world convinces itself that it's enough to know my will with reason.*[15]

This speech ends with an embrace and the signs of a bond of trust, so that later, when they meet again and he hears the man of God speaking, he follows him. If he is tested by him, he will be patient. From now on, pilgrims and people of God continue to live in close union.

THEOLOGY OR ESOTERICISM, CHURCH OR SECRET SOCIETY?

When dealing with cultural phenomena such as the Brotherhood of the Rose Cross, we have to go through a plethora of preconceptions and coloured biases again and again in search of facts and trends. Most of the sciences that study opinions and philosophies gained a solid foundation in the 19th century. Even our conception of history and its division into decisive periods, including naming, is a consequence of the emancipation brought about by the Enlightenment and thus the development of the free sciences. Similarly, "esotericism" has only existed in the French-speaking region since 1828. "Esotericism" was used to refer to religious experiences which, in the aftermath of the Enlightenment, detached themselves from their Christian roots and criticised institutionalised religion. During the 19th and 20th centuries, esotericism grew into a Western subculture beyond Christianity, taking its roots

---

[15] Montgomery, *Cross and Crucible*, 135-136.

back to the Renaissance.[16] Traces of early esotericism can be found in ancient times with Pythagoras and Plato, in the Jewish-Hellenistic context of Alexandria with its hermetism, gnosticism, mysticism and neoplatonism. In the Middle Ages people mainly referred to the classical mystics and the Jewish kabbalah. During the Renaissance, attention to hidden and rejected knowledge was given its full cultural breadth and it reluctantly embarked on an academic career. It is the Orthodox Pietistic sphere where the Brotherhood of the Rose Cross gathers quite a lot of publicity with its attempt to fathom and unite faith and knowledge in depth. The forging to form a harmonious alloy was called alchemy. In a negative sense one speaks of magic and occultism. Positively, it sounds like hidden truths and archetypal tendencies.[17]

Since the original Brotherhood of the Rose Cross never existed, as an association to which one could sign up and possibly join, and published only two manifestos and a story of which only the authorship of the latter is known, but the impact was inversely proportional, the phenomenon became an icon of its time and context. Hanegraaff shows at length that the idea of a comprehensive philosophy is ingrained in early Catholic theology and gained importance in the centuries before Trento. The idea that pagan ideas were adopted in Christian theology was completely alien to Orthodox Protestantism in the 16th century. This changed during the turbulent 16th century and it was the innovative method of alchemy that gave the impetus. Now also on the Protestant side one could look for a unity model between God and creation, man and nature. Hanegraaff writes that it is mainly in Lutheran circles that this alchemical connection worked and was responsible for the most interesting and innovative facets of what we today call "western esotericism."[18] No one doubts that the figure of Paracelsus (1493-1541) is of decisive importance in these developments. It almost went so far to link his name to a new religion, with Philippus Theophrastus von Hohenheim - for that was the name of the Swiss theologian, astrologer and alchemist - as a divinely inspired prophet. He was also called the "German Trismegistus," after the mythological Hermes Trismegistus who was the supposed father of hermetic philosophy, which gave his doctrine an all-encompassing touch. All these components determined the environment in the 17th century, looking for a new model to understand and possibly adjust for the better. We already saw that Johann Valentin Andreae thrived in these circles and borrowed his ideas to produce texts. Making the

---

[16] See for a thorough and smooth overview: Kocku von Stuckrad, *Western Esotericism. A Letter History of Secret Knowledge*, London: Equinox Publishing Ltd, 2005.

[17] Wouter J. Hanegraaff, *Esotericism and the Academy* is the standard work par excellence for a clear and in-depth analysis of *esoteric* traditions. *Rejected Knowledge in Western Culture*, Cambridge: Cambridge University Press, 2012.

[18] Hanegraaff, *Esotericism and the Academy*, 194-195. It is remarkable that this is almost exclusively noticeable in Lutheran circles and is completely absent in Calvinistic contexts. According to Hanegraaff, this issue has not yet been sufficiently investigated.

world known was the responsibility of others. After the publication of the manifestos, numerous candidates emerged who called themselves "Rosicrucians." They wrote and thought in the same tradition and also found a way to enlarge the myth and the secret. If the Brotherhood of the Rose Cross is an exponent of its time and context, the *Chymic Wedding* of Johann Valentin Andreae is the perfect example to gauge the spirituality of this movement in the 17th century. That is why we first look at the "esoteric" slant of Andreae and then deal with the text of the wedding.

CHRISTIAN ALCHEMY

It is important to note that we are now leaving the path of the traditional and popular ideas that arose around this movement. As mentioned earlier, a number of writings arose in the 17th century which use and propagate the name Christian Rosenkreutz as a person who considers universal wisdom and knowledge, of a religious and (natural) philosophical nature, to be one and the same, thereby opening up a new perspective for humankind. The writings originated in a circle of friends around the University of Tübingen. After the publication of the manifestos, controversy immediately ensues. Some prominent defenders also make themselves heard, such as Michael Maier, alchemist and personal physicist of Rudolf II, as well as the English physician and natural philosopher Robert Fludd (1574-1637). They publish works under the Rosicrucian flag. A growing mystical movement is also emerging in pietistic circles, prompted by the works of Jacob Boehme, Valentin Wiegel and Abraham von Franckenberg. These two directions, centred around natural philosophy, alchemy and mysticism, lead to the first concrete foundation of a Brotherhood named after Christian Rosenkreutz. We are at the beginning of the 18th century by then. These societies are closely linked to the first freemasonry lodges that united in London in 1717. They practice ancient mystery cults and study mystical and gnostic texts. These societies mushroomed in the 18th century, not least because of the tight situation in which spiritual life ended up in the West, wedged between absolutist Christianity and rationalist enlightenment. In the 19th century the Rosicrucian groups came into being as they still exist in some cases today. One usually speaks of modern occultism or esoteric movements.[19]

This was completely different in the 17th century in the Tubinger Circle around Johann Valentin Andreae. It is undeniably true that Andreae incorporated

---

[19] In 1865 the *Societas Rosicruciana* was founded in Anglia, in 1888 the *Hermetic Order of the Golden Dawn* and the *Ordo Templi Orientis*, which included Egyptian degrees of freemasonry. In 1924 Jan Leene (alias Jan van Rijckenborgh (1896-1968) founded the *Lectorium Rosicrucianum* in Haarlem. Finally, the order *Antiquus Mysticus Ordo Rosae Crucis (*AMORC), founded in 1915 by Harvey Spencer Lewis (1883-1936), is also active in the Netherlands.

countless elements from natural philosophy and hermetism, together with Paracelsus' alchemical views, into his thinking. But it is equally correct to say that he Christianized these elements. The *Fama Fraternitatis* and the *Confessio of the Brotherhood of the Rose Cross* take over, for example, the correspondence between the micro- and the macrocosmos or between the small and the large, which in hermetic philosophy is expressed by Hermes Trismegistus on the *Tabula Emeraldina* with "so above, so below." Andreae also uses this in his *Chymic Wedding*, but when the connection between the heavenly and the earthly is forged in hermetics from within man, Andreae clearly points to Christ who, from the outside as God's redemption in the world, works this reconciliation. So he uses a natural philosophical principle in a revelation-theological framework. Another example of the mixing of theological and natural philosophical ideas with a Christian element is the apocalyptic. The Brotherhood announced in the manifestos an imminent change - of which a supernova had appeared as a sign in the sky in 1604 - and hoped to bring about an authentic Christian change. The tense relations in Europe at the time, with the Thirty Years' War approaching, permitted this compelling appeal and stimulated a radical "conversion." [20] Once again, data and trends have been used to proclaim the authentic Christian message. The same can be said of the alchemical method and symbolism in the *Chymic Wedding*.

To clarify, we have to make a clear distinction between roughly four kinds of alchemy: two physical and two spiritual forms. On the physical side, there are the mixers and experimental attempts to perhaps, without too much consultation, make a fluke, i.e. transform a worthless alloy into gold. From this the basic image, the alchemist as a charlatan emerged. But there was also the forerunner of the chemist: this was someone who first carefully analysed and executed a number of processes via a mapped out plan. The theory behind this alchemy was based on the ancient philosophy of nature. It was assumed that everything in nature is composed of four elements (earth, air, fire and water), which are mixed and opposite. The opposites were symbolized by sulphur and mercury, pointing to the active male and passive female principle in nature. They form the essence of the existing universe and the alchemists assumed that by finding, combining and extracting them one could prepare the philosopher's stone or the elixir of life. This theory, which lasted well into the Renaissance, was complemented by Paracelsus with salt as a binding agent between sulphur and mercury, the underlining of the micro- and macrocosm and an alchemical

[20] For a detailed treatment of the political and social context of the Rosicrucian manifestos, see: Frances A. Yates, *De verlichting van het rozenkruis,* Rotterdam: Uitgeverij Synthese b.v., 2012. In the back as an appendix the two manifestos, the *Fama Fraternitatis* and the *Confessio Fraternitatis R.C.*, are included in Dutch translation by P. van der Kooij. The original was published in 1971 under the title *The Rosicrucian Enlightenment.*

approach to medicine.[21] Spiritual alchemy is, on the one hand, an anthropocentric approach to reality, in which the two opposing basic elements symbolise the internal struggle. A religious-chemical technique can bring about a "union" or reconciliation of both (a marriage), after which the philosopher's stone consists of transforming the unsatisfactory and negative determinants of existence into positive energy. In Christian alchemy, the philosopher's stone is Christ - the stone rejected by the builders - which brings about alchemical death and makes the resurrection with him possible. Forms of Christian alchemy were already present in medieval culture, according to Montgomery, and continued to live on in the Reformation. Even Martin Luther, who didn't like scriptural arguments very much, could taste the symbolism of this alchemy. [22] In the *Fama Fraternitatis* and the *Confessio* the authors fulminate against the fake alchemists who indulge in attempts to make gold. The writer(s) of the manifestos of the Rosicrucian were probably among the interested parties of Christian alchemy. These introductory remarks should suffice to take a closer look at the work of Johann Valentin Andreae on the *Chymic Hochzeit Christiani Rosenkreutz anno 1459* as an exponent of this Christian (Lutheran) alchemy.

A Christian Way of Initiation

Anyone who starts reading the *Chymnical Wedding of Christian Rosenkreutz anno 1459* will soon wonder what in God's name this text means. The symbolism and double meanings, alchemical jargon and wisdom of life follow each other in rapid succession. It goes without saying that the text dates from a different era. But even then it is impossible to understand all events and details as a coherent whole. Countless readers have given as many interpretations. Rudolf Steiner (1861-1925), Carl Gustav Jung (1875-1961) and even the great Goethe (1749-1832) were inspired by the text, not to mention the many societies and "followers." As far as I am concerned, it is an alchemical fairy tale with a Christian message. It is impossible to repeat everything, but in an attempt to gain some insight into the work and, from there, into the cultural phenomenon known as the Brotherhood of the Rose Cross, the following brief content suffices.

The story is written in the "I" form, Christian Rosenkreutz is speaking. The whole is divided into seven days. On day one, he receives an invitation to a wedding. He is unsure if it is meant for him. On day two he leaves as a pilgrim for the castle where the wedding will take place. After a few trials, he arrives in

---

[21] See for a thorough overview of alchemy and Paracelsus, which is considered by many to be the forerunner of homeopathy: Paracelsus, *The Hermetic and Alchemical Writings of Paracelsus* (edited with a biographical preface, elucidatory notes, a copious hermetic vocabulary and index by Arthur Edward Waite), Mansfield: Martino Publishing, 2009.

[22] Montgomery, *Cross and Crucible*, 12-20 and 243-246.

a room that is already well stocked. Some tests took place and the participants got the reassurance that they could leave the next morning if they were not satisfied. The third day of the story begins and the dare is set up. Those who remained in the room may still witness the weighing. Almost everyone falls through the basket. Then one also weighs the stayers who wanted to leave - although this was not the intention - and to his great surprise Christian Rosenkreutz is found heavy enough. He is even referred to as “It’s him!” To everyone’s surprise, those who were too light were not condemned, but released because 'the gentleness of the King would become known everywhere.” The remaining ones are placed under the care of a damsel. She appears to bear the name *Alchemia*. On day four they attend a performance of a play and are introduced to the King. He makes them drink “the drink of silence.” Afterwards they witness an executioner brutally beheading three royal couples. The executioner also suffers the same fate afterwards and Christiaan Rosenkreutz realises that this is a very bloody wedding. On the fifth day he gets up earlier than the others and wanders through the castle, enters a vaulted tomb and beholds the dead body of Venus. That day the coffins are carried outside and the initiates go to “the tower Olympus.” To this end, they sail in seven ships, hear the sirens singing their praises of love on the high seas and reach the tower. On the sixth day they perform the alchemical work and create the Phoenix. From his blood they awaken a royal couple to life. On the seventh day they leave again and this time they sail with twelve ships until they drop anchor near the entrance gate. There awaits them the royal couple of the wedding, the couple they have created. The King says to Christian Rosenkreutz that he is his son, but because he has seen Venus, he must be a gatekeeper as a punishment. Christian Rosenkreutz reconciles with his fate.

The wisdom that is used in the story is explicitly Christian, such as the virtue of humility and charity. Also living in unity with the environment (nature) and carrying reconciliation as the highest good is evangelical. Just as the manifestos make clear that the Brotherhood of the Rose Cross wants to operate within a Christian frame of mind - Jesus is my everything - references to biblical insights often resound in the *Chymic Wedding.* What J.V. Andreae did is use the imagery of his time to illustrate his struggle with election and sin. He therefore arrives at a narrative articulation of the Lutheran faith principle *simil justus et peccator* (the believer is both justified and sinner). Whether the problems surrounding his appointment as pastor have anything to do with the text can no longer be determined, but a deep awareness of the inadequacy of Christian Rosenkreutz is clear. The natural philosophical[23] and hermetic interest is also remarkable.[24]

---

[23] On the seventh day, Christian Rosenkreutz is presented with a golden coin after the inclusion in the order of the golden stone, with AR on one side. NAT. MI. (*Ars Naturae Ministra - art is the*

Integrating these elements - alchemy, natural philosophy and hermetism - into a Christian (Lutheran) faith is the basis of the *Chymic Wedding*. With this, J.V. Andreae creatively indicates that the changing world view since the Renaissance and Reformation is completely in line with Christian thought and action. Together with his friends and colleagues, he saw and experienced how the dynamic world view that characterized the early Reformation threatened to come to a standstill in a rigid confessional battle. This battle made it possible to mobilize armies with which "Christian" countries fought each other. Andreae seems to say: faith is more than war. Moreover, the true Christian faith - which presupposes a practice - rules out war. Reconciliation and enmity are explicitly addressed in the *Chymic Wedding*, which makes Christian Rosenkreutz in the story someone who is initiated into these Christian core values or "mysteries." In those days, European civilisation was once again pregnant with war, this time on a Christian basis. The Thirty Years' War was just around the corner.

HISTORICAL POSITIONING

The contemporary historian of the Reformation par excellence, Diarmaid MacCulloh, sketches the beginning of the 17th century with the run-up to the Thirty Years' War as animated by "a bizarrely excited mood." Typical of this atmosphere were the publications of the Brotherhood of the Rose Cross, which were nothing more than the products of "an inventive Lutheran minister from Württemberg." [25] MacCulloh thus follows the excellent study of Frances Yates. She had shown that the Brotherhood of the Rose Cross was a symptom of the feverish atmosphere that led to the Thirty Years' War. She sought and found numerous references to the role of Frederick, Elector of the Palatinate, who was seen as a kind of Messiah for the new Protestant Europe. [26] Yates exposes a clear historical foundation of the Rosicrucian myth, something that earlier historians failed to do because the phenomenon was never taken seriously, given its great attraction throughout the centuries to "naive and confused types" (MacCulloh). The tense expectations for a new "liberated" Europe, free from

---

servant of nature) and on the other side TEM. NA. F. (*Temporis Natura Filia - nature is the daughter of time*). Andreae, *The Chymic Wedding of Christian Rosencreutz anno 1459*, 167.

[24] On the fourth day, the damsel leads Christian Rosicrucian to the well on which the inscription reads: *'Hermes the prince has now, after so much calamity for mankind, become divine decision and aided by the art of medicine. Drink out of me who can, wash myself who is allowed, blur me who dares: so, drink brothers and live!* J.V. Andreae, *The Chymic Wedding of Christian Rosencreutz anno 1459*, 97-98.

[25] Diarmaid MacCulloh, *Reformatie. Het Europese huis gedeeld 1470-1700*, Utrecht / Antwerp: Spectrum-Standard Publishing, 2005, 494-495. The original work was published in 2003 under de title *Reformation. The European house shared 1470-1700.*

[26] We already referred to this work in footnote 20 and complemented this remark with the statement that such expectations were commonplace at the end of the tumultuous 16th century. The English Queen Elisabeth I (1533-1603) was also sketched as an Astraea (mythological figure representing the last immortal among humans).

Roman coercion, undoubtedly played a role and was possibly the reason why the manifestos were published in 1614 and 1615. As we reported, the lyrics had been written before. This certainly applies to the *Chymic Wedding*, noted in 1605. In order to interpret the tense expectations, Yates takes the marriage of Frederick V of the Palatine to Princess Elisabeth of England, daughter of James I of England as a starting point. The latter belonged to House of Stuart. The succession of James I therefore made Elisabeth I the last monarch of the House of Tudor. James was raised strictly Reformed. In Denmark they found 14-year-old Princess Anna. They had seven children, three of whom survived into adulthood. Princess Elisabeth was the second child. Of greater importance is that James was literate and also wrote himself. It is because of him that the first official English translation of the Bible, *The Authorised King James Version,* was published in 1611. A year later, in 1612, a young German prince of the Palatinate came to visit. Frederik and Elisabeth fell in love and married a year later. The marriage will last through everything. Elisabeth was also interested in art and culture. Traditions were honoured. Thus it was necessary for the future son-in-law of the King of England to be included in the Order of the Garter as Elector of the Palatinate. This was an Elizabethan tradition with a lot of ceremony and liturgy. Knights of the Order swear allegiance to the prince and promise to fight evil. Their emblem is a white banner with the red cross of St. George.[27] The marriage between Frederick V and Elisabeth Stuart was also a strengthening of the forces against the Counter-Reformation and the Catholic domination of the Habsburgs. After all, Frederik was the grandson of William of Orange. In 1613 the new queen arrives and she will reign there with her husband until 1619. Then they had to flee. Meanwhile, they stimulated the development of knowledge and science, theatre and also the religious reformation. Especially the University of Heidelberg got their support. In that atmosphere quite a few people thought that a new era had dawned, a world with an enlightened culture, harmony and human developments. However, this new dawn would soon be over. The beginning was the Bohemian tragedy. As early as 1419 riots broke out in Prague during a procession of supporters of the Bohemian predecessor of the Reformation Jan Hus (1370-1415), in which seven members of the city council were thrown out of the window and killed. This lynching was an expression of long-standing dissatisfaction and inequality, with Catholic clergy and nobility dominating the poorer peasant population. When the Habsburgs in Bohemia tightened their thumb screws once more in the 17th century, Protestants felt discriminated against. They were not allowed to hold public office and their writings were censored. When Archduke Ferdinand, of fiercely Catholic persuasion, took up the throne, Protestant nobles refused to accept him. During a meeting in the Prague Town Hall in 1618, three more of Ferdinand's officials were thrown through the window. This second

[27] Yates, *De verlichting van het rozenkruis,* 19.

"defenestration" proved to be the beginning of the Thirty Years' War. The struggle between Catholics and Protestants erupted everywhere in Europe. According to recent estimates, no less than forty percent of the population in the German-speaking regions died prematurely as a result of war, famine or disease.[28] The hoped-for new world was not enlightened at all. It had never been so dark before. It will only clear up when, in October of 1648, Catholics and Protestants met in two different Westphalian cities and signed a peace treaty. By then the original spirit of the Brotherhood of the Rose Cross is already gone. Others take over the name and give it a different interpretation.

CONCLUSION

We strongly believe that there was more to it than some lofty fantasies of a creative aspiring preacher. Even the only work by Johann Valentin Andreae, the *Chymic Wedding*, in which Christian Rosenkreutz himself speaks, is the reflection of a broader cultural phenomenon in the 17th century. We saw the roots of the idea of a Brotherhood of the Rose Cross in the fertile soil of the Renaissance and the Reformation. It is a combination of individual self-esteem and faith in the divine man Jesus. As a result, a way of life was sought that remained true to the gospel. Overly coercive confessional institutions took the Reformation hostage, which had begun so promisingly. On top of this, the new sciences - still very often in an experimental phase - showed their possibilities, so that connections were also sought in theological circles. What was I supposed to do? What did God have in store?

We also saw that the search for the experience of an authentic faith awakened the typically Christian apocalyptic feeling of life. In order to interpret this tendency historically, we refer to the high expectations from the Reformation that circulated in the Protestant countries. The relations between England and Germany strengthened the hope for a reformed Europe. This was politically translated by the establishment of the Protestant Union in 1608, with the Palatinate and Württemberg, among others, taking the lead. But also literary and cultural aspects were taken into account. A certain Simon Studion (1543-1605), German poet, historian and Latin teacher, wrote a very strange apocalyptic-prophetic book entitled *Naometria*. The work covers 2000 pages, full of numerology applied to the dimensions of the Temple of Solomon as described in the Bible. He also developed complex formulas to link events from the Bible to European history and predict future events from there. Simon Studion suggests in his voluminous book that there is a secret alliance between the Huguenot Henry of Navarre in France, Frederick Duke of Württemberg and James I of England. He also incorporates other conspiracy theories about

[28] MacCulloh, *Reformatie*, 489.

political events in Europe.[29] I am not convinced of the direct link between a *Militia Evangelica* or any other Protestant Union and the Brotherhood of the Rose Cross. First of all, the groundwork of the *Chymic Wedding* has a much more of an individual or political undertone and, secondly, the manifestos are completely devoid of conspiracy theories or other wild speculations. They sound high handed and so the environment in which they were created had certainly taken note of Simon Studion's work - but Paracelsus had more of an influence.

On the other hand, we have established a clear Lutheran basis. The evangelical meaning - even the piety ideal of the *Devotio Moderna* and their imitation of Christ - breathes from the work of J.V. Andreae. Finally, we would like to mention the British philosopher and mathematician, also advisor to Queen Elisabeth I, John Dee (1527-1608). This is where his *Monas Hieroglyphica* caught the attention. Through the composition and meditation of a universal symbol or hieroglyph, John Dee wanted to encourage the large and the small to be seen as a corresponding unity. At the same time, he wanted to include all branches of the then young sciences and their derivatives such as astrology and alchemy in this unity. The short and powerful piece of work attracted a lot of attention and was widely discussed. The *Chymic Wedding* begins with this symbol because it is given in addition to the invitation Christian Rosenkreutz receives to attend the wedding.

Consequently, there was a lot going on in those days and we hope to have lifted a few tips from the veil that lays over the Brotherhood of the Rose Cross.

---

[29] Yates also reports a meeting in Luneburg in 1586 of some Protestant monarchs who founded a *Militia Evangelica*, against the Catholic covenant that attempted to prevent Henry of Navarre from ascending the throne. Yates, *De verlichting van het rozenkruis,* 48.

Waarheid en werkelijkheid.
Kathaars dualisme: een antwoord op vragen van vandaag?

Mieke Felix

Abstract

The last Western Cathar known to us died in 1321 at the stake in Villerouge-Termenès. Perhaps some orphaned groups were left behind in Italy and Bosnia, but then the curtain fell on what had once been the most notorious heresy of the Middle Ages. Only from the 20th century onwards, Catharism may rejoice in a fair interest of historians and theologians. Their research has ensured that we can largely reconstruct the religion of the "good Christians. " It is striking how surprisingly modern it is in its essence. A number of problems that contemporary believers struggle with do not even seem to exist for these man and women from the Middle Ages. And that has everything to do with that special form of dualism that was the basis of their conviction. Faith is not science, indeed. And maybe truth and reality don't coincide?

VOOR DE ONBEKENDE BEZOEKER

Aarzelend, zelfs een beetje schichtig, stapt hij de kerk binnen. Hij ziet me zitten en blijft abrupt staan. Ik leg hem uit dat de kerk eigenlijk enkel open is voor blokkende studenten, maar dat hij desalniettemin - vermits de studenten het vandaag hebben laten afweten - rustig even kan rondkijken. En als hij vragen heeft, voeg ik eraan toe, zal ik proberen die zo goed mogelijk te beantwoorden. Zijn gezicht klaart op. Ja, hij heeft een vraag. Een heel belangrijke: "Bestaat God?"

Ik kijk hem aan. Hij meent het. Ik stel mij voor dat het een vraag is die hem 's nachts uit zijn slaap houdt. Voor ik iets kan zeggen, brandt hij los. Over de Big Bang en of dat dan geen overtuigend argument is voor het niet-bestaan van God, want er was blijkbaar geen Schepper nodig om het heelal te laten ontstaan. "Misschien hoeft God geen Schepper te zijn," probeer ik voorzichtig. Hij kijkt mij verbluft aan: "Maar dat kan toch niet?"

Het was het begin van een vreemd gesprek toen, in die lege kerk. Er kwam nog heel wat meer aan bod, stuk voor stuk essentiële vragen. Vragen waar je zomaar geen antwoord op kan geven. Vragen die geen zinnig mens vandaag de dag nog luidop uitspreekt. Dat hebben we immers achter ons gelaten, *been there, done that.* Of niet?

Het was duidelijk dat mijn onbekende bezoeker heel wat gelezen had over de nieuwste wetenschappelijke ontwikkelingen en dat hij er niet in slaagde die kennis te verzoenen met zijn geloof in God, of wat daarvan overbleef. Ik had hem misschien iets moeten vertellen over de rooms-katholieke priester en natuurkundige Georges Lemaître (1894-1966), die er indertijd van werd beschuldigd dat hij via zijn hypothese van de oerknal wilde aantonen dat er een *creatio ex nihilo* aan de basis lag van het heelal, waarmee hij dus de facto ook het bestaan van een goddelijke Schepper wilde bewijzen. Lemaître zelf heeft dat altijd ontkend: "Il ne pourra jamais être question de réduire l'Être suprême au rang d'un hypothèse scientifique."[1]

De onnodige hypothese

God kan geen hypothese zijn, zegt Lemaître. Nochtans is het precies dat wat de Franse wiskundige en astronoom Pierre-Simon de Laplace (1749-1827) zou geantwoord hebben aan Napoleon wanneer die hem vroeg waarom hij het in zijn boek *Exposition du système du monde* (1796) geen enkele keer over God had: "Citoyen premier Consul, je n'ai pas eu besoin de cette hypothèse."[2]

Ook vandaag de dag hoor je het nog steeds: het bestaan van God is een onbewijsbare, zelfs volstrekt overbodige hypothese. Het debat hierover loopt echter meestal uit op het belachelijk maken van elkaars standpunt. In het beste geval kijkt men meewarig toe hoe de (on)gelovige tegenstander verstrikt raakt in zijn/haar eigen drogredeneringen en men verlaat het slagveld nog meer overtuigd dan voorheen van het eigen gelijk en van de domheid van de ander.

Nochtans zou het wellicht het makkelijkste zijn om, zoals Lemaître voorstelde, uit te gaan van twee gescheiden werelden.[3] Religie kan zich niet uitspreken over wetenschappelijke verworvenheden en de positieve wetenschappen van hun kant kunnen niets zinnigs zeggen over geloof in God, spiritualiteit of transcendentie. Dan hoef je dus niet meer te discussiëren, want beide partijen hebben het over iets anders. Maar daar kunnen we ons heel moeilijk bij neerleggen. Het leidt zelfs tot existentiële twijfel. Wat moet en kan ik nog geloven? Kan ik alleen door de ontdekkingen van de wetenschap iets te weten komen over de werkelijkheid? Is mijn wereldbeeld een verzinsel?

---

1 Geciteerd door Alexander van Biezen, *Tussen geloof en wetenschap. Georges Lemaître, paus Pius XII en de oerknaltheorie*, KU Leuven, 2014, p. 24.

2 Volgens een aantal commentatoren zou Laplace dit helemaal niet hebben gezegd. Het blijft nochtans één van zijn beroemdste uitspraken (!). Zie: https://fr.wikipedia.org/wiki/Pierre-Simon_de_Laplace).

3 Dit is het zogenaamde onafhankelijkheids- of verschilmodel (cf. A. van Biezen, o.c., p. 27-28 en 32) dat ook, naar Stephen Jay Gould, het NOMA-principe genoemd. Cf. Johan Temmerman, *Geloof en wetenschap*, Garant, Antwerpen 2019, p. 35-38.

Het is trouwens opvallend hoe men, uitgaande van hetzelfde gegeven, soms tot tegengestelde conclusies komt. Volgens de een is het nu voor eens en voor altijd aangetoond: er is geen God - er was enkel een oerknal, waarna het allemaal is beginnen te gebeuren. Voor anderen is net dàt feit een argument voor het mogelijk bestaan van een onbekende kracht achter de dingen, een kracht die we dan voor het gemak God zouden kunnen noemen. Zo zegt Heino Falcke, de astrofysicus die als eerste erin slaagde een foto te maken van een zwart gat, het volgende:

> *Op een gegeven moment kom je inderdaad uit bij een punt waarop je moet kiezen: hou ik op met vragen, of kom ik met een geloofsuitspraak? Mijn nulhypothese is: in den beginne was er God. Ik weet: dat is een geloofsuitspraak, ik kan niet bewijzen dat ze waar is. Maar vertrekken ook wiskundigen niet van axioma's: grondstellingen die ze voor waar aannemen, maar niet kunnen bewijzen?*[4]

God is dus niet zozeer een hypothese, dan wel - misschien - een axioma. En dient een axioma niet om verder op te bouwen, om in de toekomst tot onbetwijfelbare resultaten te komen? Hoort God dan toch thuis in de wetenschappelijke bewijsvoering?

Wat er ook van zij, een aantal problemen blijven onopgelost. Een eerste punt. Hoe kunnen we, ervan uitgaande dat we het hebben over dit universum, zeggen dat er (minstens) twee manieren zijn om erover te spreken? Is er een andere bron van kennis mogelijk dan het steeds verder doorgedreven onderzoek naar de wereld waarin wij leven, naar onze enige werkelijkheid? Er staan ons hoogstwaarschijnlijk nog verrassingen te wachten, maar tot nu toe heeft de wetenschap een indrukwekkend parcours gereden. Wanneer het religieuze discours er niet in slaagt extra verklaringen te bieden, waarom zouden we het dan nog hanteren? Volstaat het werkelijk om, zoals Wittgenstein doet, het over "verschillende taalspelen" te hebben?[5]

HOE DURF JE?

Een tweede vraag lijkt mij minstens zo belangrijk. Wanneer mensen het over God hebben, dan bedoelen ze niet enkel diegene die op de startknop heeft gedrukt, maar ook - en misschien zelfs in de eerste plaats - iemand die zich om hen bekommert. In Bijbel en Koran spreekt het vanzelf dat God kan ingrijpen in de menselijke geschiedenis. Hij is de ultieme Wetgever; wanneer wij willen weten hoe wij moeten handelen moeten wij Zijn verordeningen naleven. Hij

4 Hilde Van den Eynde, "Het begin van alles zullen we nooit vinden", gesprek met Heino Falcke in *De Standaard,* 17-18 augustus 2019, p. 18.
5 Cf. Johan Temmerman, *Geloof en wetenschap, o.c.*, p. 37.

volgt ons van dichtbij op, Hij weet wat wij denken en doen. Hij kan ons vergiffenis schenken, of Hij kan ons straffen. Hij is de volmaakte Goedheid zelve - maar evenzeer de Almacht en de Alwetendheid. Velen hebben op de onmogelijkheid van deze combinatie gewezen. Hoe kan iemand goed zijn én tegelijkertijd almachtig en alwetend, terwijl hij overduidelijk blind is voor het gruwelijke lijden dat zoveel mensen moeten doorstaan?

"Stel dat het toch waar is - en je staat na je dood voor de hemelpoort, wat zou je dan zeggen aan God?" vroeg Gay Burne enkele jaren geleden in een interview op de Ierse televisie aan Stephen Fry. Dit was het antwoord dat hij kreeg:

> *I would say: "How dare you? How dare you create a world in which there is such misery that is not our fault? It's not right, it's utterly, utterly evil. Why should I respect a capricious, mean-minded, stupid God who creates a world that is so full of injustice and pain?" That's what I would say.* [6]

"En denk je dat je dan nog binnen mag?" vraagt de interviewer. "Ik zou niet eens willen. Niet op zijn voorwaarden," repliceert Fry. Al is dat natuurlijk het probleem. Het heeft geen zin je te verzetten tegen iemand die almachtig is, je trekt toch altijd aan het kortste eind. Misschien doe je dan maar beter alsof, in de hoop dat hij, ondanks zijn alwetendheid, niet ziet dat je liegt. Op die manier gezien is God inderdaad kwaadaardiger en gevaarlijker dan de ergste dictator.

In 1984 gaf Hans Jonas,[7] naar aanleiding van een prijs die hij had ontvangen, een lezing voor de evangelisch-theologische faculteit van de universiteit van Tübingen. Hij voelde zich gedwongen, *mit Furcht und Zittern,* zoals hij zelf schrijft, om een thema te kiezen dat hem ten diepste aangreep: hoe kunnen wij na Auschwitz nog over God spreken? Hij overloopt in zijn lezing verschillende mogelijke oplossingen voor de theodicee, of de *Hiobsfrage*, zoals hij het noemt. Al van meet af aan maakt hij duidelijk dat we het concept van de *Herr der Geschichte* achter ons zullen moeten laten, de "oude theologische categorieën schieten hier tekort."[8]

> *Nur von einem gänzlich unverstehbaren Gott kan gesagt werden, das er zugleich absolut gut und absolut allmächtig ist und doch die Welt düldet*

---

6 *The Meaning of Life with Gay Burne*, RTÉ (Raidió Teilifís Éireann), 01-02-2015.

7 Hans Jonas (1903-1993) studeerde o.m. bij Heidegger, Husserl & Bultmann; hij promoveerde in 1928 op een proefschrift over Augustinus (*Augustin und das Problem der Freiheit)*; emigreerde na 1933 achtereenvolgens naar Engeland, Palestina en Canada; in 1955 aangesteld als hoogleraar in New York. Tot zijn bekendste werk behoren *The Gnostic Religion* (1963) & *Das Prinzip Verantwortung* (1979).

8 Hans Jonas, *Der Gottesbegriff nach Auschwitz. Eine jüdische Stimme,* Suhrkamp Taschenbuch Verlag 1987, p. 14.

> *wie sie ist. Allgemeiner gesagt, die drei Attribute in Frage - absolute Güte, absolute Macht und Verstehbarkeit - stehen in einem solchen Verhältnis, daß jede Verbindung von zweien von ihren das dritte ausschließt.*[9]

Een God, die naam waardig, moet voor ons, mensen, begrijpelijk blijven. Het heeft geen pas om terug te vallen op de "ondoorgrondelijkheid" van Zijn besluiten, of op een niet te vatten idee van predestinatie. Ook de *deus absconditus*, de twee-goden-leer van het gnosticisme of de platoonse gedachte dat God het volmaakte ideaal is waarvan wij hier op aarde slechts flauwe afschaduwingen kunnen waarnemen, worden door Hans Jonas afgewezen. God is evenmin onveranderlijk, maar evolueert in de tijd. Hij is om ons bekommerd, leeft en lijdt met ons mee. Het kan dus onmogelijk om een almachtige God gaan, besluit hij. Almacht is als dusdanig trouwens een zinloos begrip.

> *Absolute, totale Macht bedeutet Macht, die durch nichts begrenzt ist, nicht einmal durch die Existenz von etwas anderm überhaupt, etwas außer ihr selbst und von ihr Verschiedenem. Denn die bloße Existenz eines solchen anderen würde schon eine Begrenzung darstellen, und die eine Macht müßte dies andere vernichten um ihre Absolutheit zu bewahren. Absolute Macht hat dann in ihrer Einsamkeit keinen Gegenstand, auf den sie wirken können. Als gegenstandslose Macht aber ist sie machtlose Macht, die sich gleich aufhebt. "All" ist hier gleich "Null."*[10]

Opnieuw stelt zich de vraag of we hiermee genoegen kunnen nemen. Waarom vasthouden aan het concept van God wanneer niets van zijn grootsheid bewaard kan blijven? Het idee van een lijdende God is zeker voor christenen geen vreemde gedachte, maar in het concept van de Drievuldigheid heeft men ook zijn almacht en transcendentie proberen veilig te stellen. Op een of andere manier verwachten we van God toch dat Hij ons ontstijgt. En dat lijkt onmogelijk wanneer er geen schepping meer is, geen hemel en geen hel, geen troost voor onze verlatenheid. Waar blijft God dan? Wat is God dan nog? Een woord, niet meer dan een woord?

EEN MYTHOLOGISCH UNIVERSUM

Dat brengt mij bij een derde punt: Gods woord. De mensheid beschikt over heilige geschriften die het Woord van God bevatten. Er is ons geleerd dat we die nauwgezet dienen te bestuderen, willen we te weten komen wie God is, wat Hij van ons verwacht en wat wij van Hem kunnen verwachten. Het probleem is natuurlijk dat die geschriften niet alleen elkaar, maar heel vaak ook zichzelf

9 *Ibidem*, p. 37
10 *Ibidem*, p. 38, 44, 34-35.

tegenspreken. Bovendien zijn heel wat van die teksten incompatibel met de wetenschappelijke bevindingen, niet alleen over het ontstaan van de wereld, maar ook over het voorkomen van mirakels en goddelijke visioenen. "Waarom zit daar raadselachtig in het midden van onze culturele erfenis dat kolossale, vormloze, tactloze boek, en kan men er niet omheen?"[11] om het nu maar even enkel over de Bijbel te hebben.

Er ontstaat een dubbel besef. Aan de ene kant is er de overtuiging dat de Bijbel literatuur is, zoals de *Odyssee* of de *Aeneis,* de tragedies van *Antigone* of *Hamlet,* Kafka's *Het Proces* of *Het evangelie volgens Jezus Christus* van Saramago. Maar wanneer je een poging onderneemt om de Bijbel dan maar enkel als zodanig te behandelen, bots je op een onzichtbare barrière tussen mensen. Het gegeven dat de Bijbel gezien wordt als een geloofsboek, brengt sommigen ertoe het er dan maar helemaal niet meer over te hebben, terwijl anderen vanuit een diep respect terugdeinzen voor elke vorm van analyse of interpretatie die hun geloof zou kunnen aantasten. Het is angst, zoals Northrop Frye laat opmerken, angst dat je zal overtuigd worden van het tegendeel van wat je tot dan toe voor waar hield.[12] We kunnen niet anders dan concluderen dat de Bijbel niet zomaar "gewoon" literatuur kan zijn. Toch niet hier, in onze wereld, waar de weliswaar leeggelopen kerken nog steeds het landschap bepalen.

Een andere belangwekkende stelling van Frye is dat de mens leeft in een "mythologisch universum," dat voor een deel bestaat uit onbewuste aannames, geworteld is in overlevering, in wat we als kind hebben geleerd en in verbeelding. Het is belangrijk dat hij hier het woord "mythologie" gebruikt en niet gewoon "verhaal." "De mythe is het linguïstische medium van het *kerygma*, of de verkondiging. Elke poging tot "ontmythologiseren" van de Bijbel, komt neer op een volledige vernietiging ervan," schrijft hij.[13]

"Mythe": het gevaarlijke woord is gevallen. Lezen we niet elke dag in de krant dat er alweer een "mythe" is ontkracht? Mythes zijn immers, volgens de meesten onder ons, niet meer of niet minder dan leugens, *fake news* of pseudo-wetenschappelijke veronderstellingen. Dus, zegt men, als het klopt dat de Bijbel een mythe is, dan betekent dat het einde van het geloof.

Weinigen schijnen te beseffen dat een dergelijke uitspraak gebaseerd is op een modern misverstand, de overtuiging namelijk dat een geloofsboek enkel kan functioneren wanneer het letterlijk begrepen wordt, in de betekenis dan van

11 Northrop Frye, *De Grote Code. De bijbel en de literatuur*, SUN, Nijmegen, 1986, p. 28 [vertaling van: *The Great Code. The Bible and Literature,* New York, 1981]
12 Northrop Frye, *De Grote Code, o.c.*, p. 30-31.
13 *Ibidem*, p. 71.

"waargebeurd." Moderne mensen geloven enkel in feiten, dus alles wat niet bewezen kan worden, is een leugen. Los van het gegeven dat je niet hoeft te geloven in wat je zeker weet, is het bij dat soort uitspraken duidelijk dat men niet beseft hoe er in premoderne tijden omgegaan werd met de Bijbel. Altijd al heeft men heel bewust geïnterpreteerd en waren symbolische, allegorische en morele duidingen evident. "Vergezocht," zeggen wij nu. Of: "Zo kom je met alles weg." Dat wij ook, nog steeds, wanneer we een tekst lezen, met iemand in gesprek gaan, het nieuws volgen, een film bekijken, naar muziek luisteren of een schilderij bewonderen, in de eerste plaats aan het interpreteren slaan, lijkt ons te ontgaan. Willen we iets kunnen begrijpen, dan moeten we het naar ons toe trekken. Met alles wat we zijn en weten, proberen we het nieuwe gegeven een plaats te geven in ons leven, in dat wat we zijn en weten. Dat heet interpretatie.

Voor ik verder ga, om hierna de kern van mijn betoog aan te vatten, wil ik even terugkoppelen. Ik heb pogen aan te tonen dat wij vandaag de dag worden geconfronteerd met drie grote problemen wanneer we het over het geloof in God hebben. Een eerste vraag is cognitief van aard: voegt religie iets toe aan mijn kennis van de werkelijkheid? Het tweede punt betrof de *theodicee*, een ethische kwestie: hoe kan het geloof in een goede God gerijmd worden met het bestaan van het kwaad en van het lijden? En in een derde vraag ging het over de Bijbel. Wanneer ik die niet meer kan lezen als een weergave van feitelijkheden, wat heb ik er dan nog aan?

In wat hierna volgt, zal ik die drie vragen opnieuw behandelen, maar in omgekeerde volgorde. Eerst dus iets over de Bijbel en hoe je daarmee kan omgaan.

IN HET BEGIN WAS HET WOORD

Om een tekst te kunnen interpreteren, moet je hem natuurlijk eerst lezen. Je moet hem tot je laten doordringen en proberen te begrijpen wat er staat. Dat is de eerste fase. Daarna komen de vragen, zeker wanneer er "struikelblokken"[14] in de tekst voorkomen - en dat is met Bijbelse teksten nogal eens het geval. Wij hebben dan de neiging om meteen "achter" de tekst te gaan kijken. Hoe heeft de auteur dat bedoeld? Kunnen we deze uitdrukking beter begrijpen wanneer we de culturele context bekijken waarin de tekst is ontstaan? Is er sprake van intertekstualiteit? Of is er bij het kopiëren een fout in de tekst geslopen? Wat zeggen andere handschriften? Dankzij de historisch-kritische exegese heeft men

---

14 Ik gebruik hier de term die door Origenes (185-254) wordt gehanteerd, wanneer hij duidelijk wil maken dat niet alles in de Schrift letterlijk kan worden begrepen. Cf. Origenes, *De basis. Onderzoek naar de fundamenten van geloof en wereld* [Vertaald, ingeleid & toegelicht door Freerk Jan H. Berghuis], Damon, Budel 2009, p. 347 (IV, 2.9).

heel wat van dat soort vragen kunnen beantwoorden, maar het heeft het lezen van de Bijbel er niet bepaald eenvoudiger op gemaakt. Het gaat zelfs zover dat je je bij sommige perikopen moet afvragen of de punten en komma's wel op de juiste plaats staan, zoals in de proloog van het Johannesevangelie. Ik beperk me in wat volgt tot de eerste vijf verzen hiervan, waarbij ik mij laat inspireren door de vertaling die nieuwtestamenticus M.C. de Boer voorstelt.[15]

> *1 In het begin was het Woord, en het Woord was bij God, en God was het Woord. 2 Dit was in het begin bij God. 3 Alle dingen zijn door Hem geworden, en zonder Hem is niets geworden, wat geworden is. 4 In Hem was leven, en het leven was het licht van mensen, 5 en het licht schijnt in de duisternis, en de duisternis heeft het niet gegrepen.*

In de meeste moderne Bijbelvertalingen vind je een lichtjes afwijkende versie terug. Vers 3 wordt er weergegeven als: "Alles is erdoor ontstaan en zonder dit is niets ontstaan van wat bestaat."[16] Daar is een simpele verklaring voor: deze vertalingen zijn gebaseerd op de *textus receptus* die al sinds de 4[e] eeuw wordt gevolgd.[17] De Boer gebruikt in zijn lezing poëtische argumenten om uit te leggen dat we het al die tijd waarschijnlijk bij het verkeerde eind hadden. Die vijf verzen zijn een hymne waarvan je de ingenieuze structuur en het ritme verbreekt door de punt net daar te plaatsen. Bovendien verandert er daardoor ook iets aan de betekenis.

Met deze interpunctie kan het tweede couplet als geheel ook soteriologisch worden opgevat. De regel "Alle dingen zijn door Hem geworden" in vers 3 gaat dan niet over de rol van het Woord in de schepping maar over het heil dat door Hem is bewerkstelligd. "Alle dingen," voornamelijk het leven en het licht, twee soteriologische begrippen die het hele evangelie doortrekken, "zijn door Hem geworden (...)" De scheppingstaal van Genesis wordt ingezet om het heilswerk van Christus, van het Woord, te duiden als een nieuwe schepping.[18]

---

15 Em. prof. dr. M.C. De Boer betoogt in zijn afscheidsrede voor de Vrije Universiteit Amsterdam (15-02-2013) dat de "oorspronkelijke proloog" niet meer omvat dan Joh 1:1-5. M.C. De Boer, *'Alle dingen zijn door Hem geworden': de oorspronkelijke proloog van het evangelie van Johannes* (https://research.vu.nl).

16 Nieuwe Bijbelvertaling (2004). Al wordt hier in een voetnoot aan toegevoegd dat een andere vertaling mogelijk is. Enkel de Willibrordvertaling uit 1995 volgt de alternatieve lezing die ook door prof. de Boer wordt voorgesteld.

17 Het is mogelijk dat deze interpunctie (waar ook de nummering van de verzen op is gebaseerd) er is gekomen omdat men wilde ingaan tegen bepaalde ketterijen van het gnostische type, die stelden dat de wereld niet door God maar door een demiurg is 'geschapen'. Vandaar de sterke en ietwat overbodige nadruk op het gegeven dat God alles heeft geschapen en dat er "buiten Hem om, niets van wat bestaat, kan bestaan". Cf. Raymond E. Brown, *An Introduction to the Gospel of John,* Doubleday, New York 2003, p. 175.

18 M.C. de Boer, *o.c.* p. 11.

In de *Bibliothèque municipale* van Lyon wordt een 13e eeuwse bijbel bewaard die naar alle waarschijnlijkheid heeft toebehoord aan kathaarse predikers.[19] Daar begint de proloog van Johannes als volgt: "In principio erat verbum, et verbum erat apud Deum, et Deus era la Paraula. Aiso era el comenzament amb Deu. Totas causas so faitas per lui e senes lui es fait nient. So qu'es fait en lui era vida (...)." De Latijnse aanhef lijkt een citaat uit de *Vulgata*, maar in vers 3 wijkt de vertaling daarvan af.[20] En er is meer. In een andere Occitaanse Bijbel, uit ongeveer dezelfde periode en te situeren in een waldenzische context, wordt eveneens de "alternatieve interpunctie" toegepast, al klinkt vers 3 er toch enigszins anders: "e alcuna cosa es non est fayta senza lui"[21] of: "geen enkel ding is zonder Hem (het Woord) gemaakt." Ik kan hier niet verder ingaan op de belangwekkende vraag hoe het kan dat middeleeuwse "ketters" wisten dat de *textus receptus* berustte op een foute overlevering.[22] Wat ons hier vooral aanbelangt is welke betekenis katharen hechtten aan deze woorden. Hoe lazen zij de tekst - of met andere woorden: hoe interpreteerden zij die? Het is opvallend dat hun waldenzische tijdgenoten het *nihil* begrepen als "geen enkel ding," terwijl het voor henzelf blijkbaar belangrijk was dat hier het woord *nient* werd gebruikt, "niets." Is er dan een verschil tussen "geen enkel ding" en "niets?"

Om dat onderscheid beter te kunnen duiden, maak ik gebruik van de Latijnse versie, met ook hier het punt op de niet gebruikelijke plaats: "Et sine ipso factum est nihil. Quod factum est in ipso vita erat." Wanneer we het niet langer hebben over *nihil quod factum est* (niets van wat gemaakt is), kan *nihil* gezien worden als een zelfstandig naamwoord. In het Frans vertaalt men dan met *(le) néant*. Blijkbaar werd het Occitaanse woord dat we hierboven aanhaalden, *nient*, ook op die manier begrepen.

We zagen al dat een andere interpunctie bijna per definitie naar een andere betekenis leidt. De kathaarse interpretatie gaat nog een stapje verder, zo

---

19 De zogenaamde *Bible de Lyon* (MS *Palais des Arts* 36), een manuscript uit de 2de helft van de 13de eeuw, omvat de vertaling in het Occitaans van de boeken van het Nieuwe Testament, weliswaar niet in de gebruikelijke volgorde. Aan het eind van het boek is een kathaars rituaal opgenomen (handleiding voor het toedienen van het *consolament*). De integrale tekst is uitgegeven door Léon Clédat (1887) en kan geraadpleegd worden op de website van Jean Duvernoy. http://jean.duvernoy.free.fr/

20 Ook de *Vulgata* volgt de *textus receptus*: "omnia per ipsum facta sunt et sine ipso factum est nihil quod factum est".

21 Cf. Michel Roquebert, *La religion cathare. Le Bien, le Mal et le Salut dans l'hérésie médiévale*, Perrin, 2001, p. 236.

22 Over welke bronnen beschikten ze? Over een *Vetus Latina* geschrift ('la vieille languedocienne'), waarin de alternatieve interpunctie werd toegepast (Cf. Anne Brenon, *Le vrai visage..., o.c.*, p. 54)? Of, wat de katharen betreft, kenden zij een Griekse versie van het evangelie die hen via contacten met Oost-Europese Bogomielen had bereikt? Of gingen hun antecedenten verder terug dan de 4de eeuw, zoals ze trouwens zelf beweerden?

vernemen we uit een aantal bronnen, die elkaar op dit punt niet tegenspreken. Het is in deze context onmogelijk om die allemaal te behandelen,[23] maar enkele voorbeelden kunnen al veel duidelijk maken.

ZONDER DE LIEFDE BEN IK NIETS

Een belangrijke bron is het *Liber contra manicheos* (1222-1223) dat toegeschreven wordt aan Durand de Huesca.[24] Deze auteur citeert hierin uitgebreid uit een anoniem kathaars traktaat dat hij stap voor stap poogt te weerleggen. In hoofdstuk XII wordt hier onder meer verwezen naar Joh 1:3-4: "Wanneer Johannes in het evangelie zegt *omnia per ipsum facta sunt et sine ipso factum est nihil*, bedoelt hij daarmee enkel het goede en het spirituele, want daarna voegt hij er immers aan toe: *Quod factum est in ipso vita erat.*" De kathaarse auteur stelt het "alles" dat door God geschapen is gelijk aan het spirituele en het goede. De spirituele en goede God schept enkel wat op Hem gelijkt. Met al het andere, dat wat niet spiritueel en niet goed is, heeft Hij niets te maken. Sterker: eigenlijk bestaat dat andere niet, want het is niets. In het volgende hoofdstuk wordt dit gegeven verder verduidelijkt:

> *Wanneer alle kwade geesten en slechte mensen en alle dingen die we in deze wereld kunnen zien, niets zijn omdat ze zonder liefde zijn, dan zijn ze dus niet door God gemaakt. God heeft ze immers niet gemaakt, omdat zonder Hem het Niets is gemaakt (sine ipso factum est nihil). En volgens het getuigenis van de Apostel "ben ik niets, wanneer ik de liefde niet heb" (1 Kor 13:2) Si non habuero caritatem, nihil sum.*

Hieruit blijkt duidelijk dat voor de kathaarse auteur de ethische dimensie niet los kan gezien worden van de zijnsvraag.

> *Si Saint-Paul dit: "Sans la charité, je ne suis rien" - au sens d'un néant de valeur - cela signifie que si je n'ai pas en moi l'amour de mon prochain, je ne vaux pas grand-chose. C'est une réflexion d'ordre moral. S'il dit en revanche: "Sans la charité je suis néant," cela signifie que si je n'ai pas en moi cette parcelle de substance divine qu'est la charité - car la charité est la substance même de Dieu, et mon âme est une émanation*

---

23 Ik behandel deze kwestie uitgebreid in mijn masterthesis (KU Leuven, 2013). Cf. Mieke Felix, *Katharen en het vierde evangelie,* Studiecentrum Als Catars [Kathaarse Kronieken 25], 2014, p. 22-38.

24 Christine Thouzellier, *Une somme anti-cathare. Le Liber contra Manicheos de Durand de Huesca,* [Spicilegium Sacrum Lovaniense 32], Leuven 1964. Eerder al had Christine Thouzellier de kathaarse fragmenten afzonderlijk gepubliceerd: *Un traité cathare inédit du début du XIIIe siècle, d'après le 'Liber contra Manicheos' de Durand de Huesca*, Louvain-Paris 1961 [Revue d'histoire ecclésiastique 31].Voor de citaten heb ik gebruik gemaakt van de vertaling in: Walter L. Wakefield & Austin P. Evans, *Heresies of the High Middle Ages*, Columbia University Press, New York 1991, p. 496-510.

> *de cette substance - je suis, sans âme, réduit à corps de chair périssable, c'est à dire à un pur néant - au sens de néant d'être. C'est une vision métaphysique des choses.*[25]

We kennen nog een tweede kathaars traktaat, dat door Antoine Dondaine toegeschreven is aan Giovanni de Lugio, die vanaf ca. 1250 de leiding op zich had genomen van de kathaarse gemeenschap in Desenzano. Naar alle waarschijnlijkheid gaat het hier echter niet om het oorspronkelijke werk, maar om een compilatie die door een leerling zou zijn samengesteld.[26] Dit *Liber de Duobus Principiis*[27] is hoe dan ook een van de belangrijkste bronnen die we bezitten over de kathaarse religie.

In Boek II legt de auteur hieruit dat het niet betwijfeld kan worden dat, wanneer in de Bijbel het woord *omnia* valt, daar niet steeds hetzelfde mee wordt bedoeld. "Alles wat God geschapen heeft is goed, niets moet worden verworpen," schrijft Paulus in zijn eerste brief aan Timoteüs (4:4). In de Romeinenbrief heet het dat "voor wie God liefhebben, alles bijdraagt aan het goede" (8:28). Bij Prediker lezen we dat "God aan alles wat er is de goede plaats in de tijd heeft gegeven" (3:11). Daarna volgt een andere reeks citaten: "IJdelheid der ijdelheden, alles is ijdelheid" (Pred 1:2); "verkoop alles wat je bezit" (Mt 19:21); "nu moet u alles wat slecht is opgeven: woede en drift, vloeken en schelden" (Kol 3:8). Het is toch evident, voegt onze auteur hieraan toe, dat het hier niet over hetzelfde "alles" kan gaan.

Bij de tweede groep gaat het om kwaadaardige, ijdele en vergankelijke zaken, die niet te vergelijken zijn met die uit de eerstgenoemde reeks, die goede, zuivere, begerenswaardige en in eeuwigheid durende zaken omvat. Vooral ook omdat ze niet samen voorkomen en onmogelijk onder dezelfde algemene hoofding kunnen geplaatst worden - omdat ze elkaar vernietigen en bevechten - kunnen ze simpelweg niet uit dezelfde oorzaak voortkomen.[28]

Ook hier zien we de verbinding tussen het zijn van de dingen ("ijdel en vergankelijk" versus "eeuwig") en het ethische aspect ("goed en zuiver" tegenover "kwaadaardig"). Het is ook voor deze auteur vanzelfsprekend dat enkel de eerste reeks door God kan geschapen zijn, voor de tweede reeks moeten we op zoek gaan naar een andere oorzaak.

---

25 Michel Roquebert, *La religion cathare, o.c,* p. 233-234.
26 Zie: Mieke Felix, *Katharen en het vierde evangelie, o.c.* p. 31-32.
27 Het manuscript (*Conventi soppressi* I II 44).van het *Liber de Duobus Principiis* wordt bewaard in de *Biblioteca Nazionale* van Firenze. Antoine Dondaine publiceerde de tekst voor het eerst in 1939. Ik raadpleegde de uitgave van Christine Thouzellier, *Livre des deux principes,* [Sources Chrétiennes 198], Éditions du Cerf, Paris 1973.
28 *Livre des deux principes, o.c.,* 35, 44-51, p. 284-285 (mijn vertaling).

ALLES IS NIETS

In 1247 verschijnen vier franciscanen voor de inquisitierechtbank van Bernart de Caux en Jean de Saint-Pierre in Toulouse. Zij hebben iets te melden over iemand die zij kennen en worden daarover afzonderlijk ondervraagd. Zo krijgen we in stukken en brokken een verslag van het gesprek dat broeder Guilhem had met Peire Garsia, blijkbaar een familielid van hem.[29] De drie andere broeders hebben het gesprek afgeluisterd en zeggen onder meer dat Peire beweerde dat het niet kan dat God, "diegene die aan het kruis hing," aan de basis ligt van de zichtbare werkelijkheid. "Hij is immers goed en niets van wat we rondom ons zien is goed, dus dat kan Hij niet geschapen hebben."[30] "En wat doe je dan met het woord van Paulus, namelijk dat "in Hem alles geschapen is, het zichtbare en het onzichtbare" (Kol 1:16)?", vraagt Guilhem. "Het gaat hier om wat zichtbaar is voor het hart, maar onzichtbaar voor de ogen," antwoordt Peire.[31]

De geschiedenis van het Occitaanse katharisme eindigt in 1321, met de brandstapel van Guilhem Bélibaste, de laatste kathaarse *bon ome*.[32] Op dat ogenblik is er al sinds het begin van de eeuw een heropleving gaande, meer dan 50 jaar na de val van Montségur. Hiervoor zijn de broers Peire en Guilhem Autier verantwoordelijk. Rond 1295 waren zij naar Lombardije vertrokken, waar nog katharen verbleven, om hun noviciaat aan te vatten. Vanaf 1300 zijn ze terug in het land als kathaarse predikers. Met succes, want al snel blijkt er behoefte te zijn aan meer *bons omes*. Bélibaste wordt een van hen.

Onze kennis over die laatste periode is vooral gebaseerd op de ondervragingen voor de inquisitie onder leiding van Jacques Fournier (1280-1342), cisterciënzer, bisschop van Pamiers en later paus onder de naam Benedictus XII.[33] Voor deze rechtbank verschijnt in 1320 Arnaut Teisseire uit Lordat. Die verklaart dat hij ooit een belangwekkend gesprek had met zijn schoonvader, niemand minder dan Peire Autier, tien jaar eerder op de brandstapel gestorven

---

29 De protocollen van deze ondervraging zijn bewaard in het *fonds Doat* en in 1900 gepubliceerd door C. Douais, *Documents pour servir à l'histoire de l'Inquisition dans le Languedoc,* Vol II, p. 90-114.

30 *Quia Ipse erat optimus, et nichil istorum visibilium est bonum. Ergo nichil horum fecit.* (Douais, *o.c.*, p. 92)

31 *Dixit enim Petrus quod sic debebat exponi: visibilia corde, et invisibilia oculis carnalibus* (Douais, *o.c.*, p. 92)

32 *Bon homme*, of 'goede man', één van de mogelijke benamingen voor hen die het *consolament* hadden ontvangen. Zij worden door de inquisitie ook wel *(hereticus) perfectus* genoemd, in de betekenis van 'voltooide ketter'.

33 De protocollen hiervan zijn bewaard in de bibliotheek van het Vaticaan (Ms. Vat. 4030) en door Jean Duvernoy gepubliceerd in 1965, onder de titel *Le registre d'inquisition de Jacques Fournier* (herziene uitgave bij Privat, Toulouse 1972). De vertaling in het Frans volgt in 1978 en wordt later opnieuw uitgebracht in de *Bibliothèque des introuvables* (Tchou, Paris 2004).

in Toulouse. Dat gesprek ging over de proloog van Johannes en verliep als volgt:

> *Hij vroeg mij: "Arnaut, wat betekenen de woorden: 'Alles is door Hem gemaakt en zonder Hem is niets gemaakt'?" Ik antwoordde dat daarmee bedoeld wordt dat God alle dingen had geschapen en dat er niets buiten Hem om is geschapen. Hij zei dat ik het fout had en dat het betekende dat alles door Hem is gemaakt, maar ook dat alles zonder Hem is gemaakt. Ik antwoordde: "Hoe kun je dat nu zeggen? Jij kent geen Latijn, je uitleg is in tegenspraak met het evangelie (...)" Hij herhaalde dat je die woorden zo moest begrijpen, namelijk dat "zonder Hem het niets is gemaakt," wat betekent, zoals hij daarnet had uitgelegd, dat "alle dingen buiten Hem om zijn gemaakt."*[34]

Ik betwijfel of je uit de weergave van dit gesprek moet besluiten dat Arnaut Teisseire, niet beslagen in theologische finesses, zijn schoonvader verkeerd heeft begrepen, of dat het, na meer dan tien jaar, in zijn hoofd een rommeltje was geworden. Hoe absurd het ook klinkt, deze alles-is-niets gedachte vat wel degelijk de kern van het kathaarse geloof samen en is bovendien gebaseerd op een strikte logica.

Ten eerste is het letterlijk ondenkbaar dat God, het pure Zijn, iets zou creëren dat de ontkenning is van zijn eigen wezen. Deze wereld is onderhevig aan verval, alles wat wij met onze zintuigen kunnen waarnemen is er slechts voor even. Je kunt je dus afvragen of het wel echt bestaat. Het ware Zijn is eeuwig, spiritueel van aard en onzichtbaar voor de ogen. Dat wat wij kunnen zien is slechts schijn, dus ten gronde niets: "niet-zijn."

Een tweede axioma is dat God goed is. Dat is een vanzelfsprekendheid, want anders zou Hij God niet zijn. De werkelijkheid waarin wij leven kan dus niet van goddelijke oorsprong zijn, want het is een wereld waarin levende wezens elkaar letterlijk opvreten, die geregeerd wordt door leugen, machtswellust en wreedheid. En dan is er nog het onverklaarbare, zinloze lijden dat teweeggebracht wordt door rampen en ziektes. Het antwoord dat al het kwaad dat ons overkomt, een straf is voor onze zonden, kunnen katharen niet aanvaarden. Al was het maar omdat ze niet geloven dat de zondeval een menselijk vergrijp was.[35]

---

34 *Le registre d'inquisition..., o.c.* (Paris 2004), II p. 603 (mijn vertaling).

35 De "Val" is lang daarvóór gebeurd, toen er nog geen wereld bestond. Katharen baseren zich op een mythe die ook al door Origenes was gekend [Cf. Idem, *De basis*, *o.c.*, p. 133-137 (I, 5.4)] en later onder meer bewerkt is door Vondel *(Lucifer)* en Milton *(Paradise Lost)*. Enkele van de eerste schepselen, spirituele wezens of engelen, komen in opstand tegen God en worden uit de hemel verbannen. In de kathaarse versie is het door deze Val dat de materie ontstaat en dus ook de wereld. De menselijke ziel (ook een spiritueel wezen) zit gevangen in zijn of haar lichaam en

Katharen waren zeker niet de eersten die over deze zaken nadachten, maar zij waren in hun tijd wel de enigen die er verregaande, "ketterse," conclusies uit trokken. Als het waar is dat God het pure Zijn is, dan mogen we er ook van uitgaan dat dit Zijn de goedheid zelf is. Welnu, goedheid verricht geen kwaad en wenst het zelfs niet. Sterker: Hij kàn het niet wensen, want zijn wezen is goedheid en niets anders. Als het bovendien waar is dat God almachtig is, dan betekent dat dat Hij almachtig is in het Zijn, waarvan we gezien hebben dat het samenvalt met de goedheid. Dat heeft niet enkel als gevolg dat het kwaad niets is,[36] want niet door God gemaakt, maar ook dat de wereld - de materie, de zichtbare werkelijkheid, de zogenaamde "schepping" - in wezen niets is. Gods almacht strekt zich uit in het Zijn, deze wereld van niet-zijn valt buiten zijn bereik. *Ergo*: het is onmogelijk dat God deze wereld heeft geschapen.

EEN ATHEÏSTISCHE LEEGTE

Vanuit ons standpunt, levend in deze wereld die wij als onze enige realiteit ervaren, bestaat God niet, want het ware Zijn is ons vreemd. Uit de kathaarse logica kunnen we concluderen dat God dan misschien weliswaar niet bestaat (want totaal vreemd aan onze werkelijkheid), maar dat Hij wel ís. Een Zijn dat wij niet kunnen kennen, een goedheid die wij niet begrijpen - gaat het dan toch om de *deus absconditus*, de verborgen God, die voor ons niets kan betekenen, vermits wij Hem op geen enkele manier kunnen ervaren? En wat moeten we met dat monolithische blok van goedheid dat zich ergens in een andere dimensie bevindt - in een voor ons ontoegankelijke ruimte? Geldt voor die volmaakte goedheid trouwens niet wat Hans Jonas over de almacht schreef? Goedheid die zich niet tegen het kwaad dient te verzetten, die niet de vorm van mededogen, empathie of solidariteit kan aannemen, is toch evenzeer een leeg begrip als almacht die geen weerstand ondervindt? Nadat hij in het begin van zijn lezing een zelfbedachte "mythe" heeft verteld om zijn godsbeeld te kunnen duiden, komt Jonas op de laatste bladzijden van zijn tekst hierop terug. Zijn mythe is geïnspireerd op de kabbala, legt hij uit - en daarvan wil hij een centraal concept verduidelijken, de *tsimtsoem*.

> *Zimzum bedeutet Kontraktion, Rückzug, Selbsteinschränkung. Um Raum zu machen für die Welt musste der En-Sof des Anfangs, der Unendliche, sich in sich selbst zusammenziehen und so außer sich die Leere, das Nichts entstehen lassen, in dem und aus dem er die Welt schaffen konnte. Ohne diese Rücknahme in sich selbst könnte es kein anderes außerhalb Gottes geben (...)*[37]

---

snakt naar bevrijding. Cf. Jean Duvernoy, *La religion des cathares,* Privat, Toulouse 1976, p. 57-76.

36 Zoals ook Augustinus al zei: "Peccatum nihil est".

37 Hans Jonas, *Der Gottesbegriff nach Auschwitz, o.c.*, p 46.

Los van het gegeven dat God hier toch nog als de schepper wordt beschouwd, is het opvallend hoe groot de gelijkenis is met het kathaarse beeld. De wereld is ontstaan in een Niets buiten God om, in een "atheïstische leegte." Het gaat hier uiteraard om een mythe, net als het zelfbedachte verhaal waarmee Jonas zijn lezing is begonnen. Het lijkt erop dat de enige manier waarop je kan spreken over deze totaal Andere die God is, de taal van de mythe is. Een taal die niet wil bewijzen of onderzoeken, maar die probeert te begrijpen - en die stamelend beseft dat ze het niet kan verwoorden, maar het toch probeert. Een taal die op zoek gaat naar de waarheid die de werkelijkheid ontstijgt. Maar hadden we niet gehoord dat, wanneer we er niet over kunnen spreken, we er maar beter over zwijgen? Of dat de grenzen van onze taal de grenzen van onze wereld zijn?

In 1930 hield Wittgenstein in Cambridge een lezing over ethiek.[38] Hij maakt meteen duidelijk dat dat eigenlijk een onmogelijke zaak is. Hij kan het enkel uitdrukken met een metafoor, zegt hij: "Wanneer iemand een boek over ethiek zou schrijven, dat wérkelijk een boek over ethiek zou zijn, dan zou dit boek, met één knal, alle andere boeken ter wereld vernietigen."[39] Van meet af aan plaatst hij ethiek in dezelfde ruimte als esthetiek, om daar enkele bladzijden verder ook religie aan toe te voegen.[40] Het lijkt trouwens alsof wij over dat soort zaken enkel in de vorm van gelijkenissen of allegorieën kunnen spreken, zegt hij, maar dat klopt niet, dat is misbruik van de taal: "Ein Gleichnis muß ein Gleichnis *für etwas* sein." Bij dit soort onderwerpen kan je de vergelijking echter niet weglaten en terugvallen op het blote feit, want zo'n achterliggend feit blijkt er niet te zijn. Het is dus onzin om in deze gevallen over "gelijkenissen" te spreken. Aan het eind van zijn betoog benadrukt Wittgenstein dat hij daarmee niet bedoelt dat deze onderwerpen als zodanig onzin zijn. Het is alleen zo dat wij, wanneer wij erover proberen te spreken, tegen de wanden van een kooi aanrennen, de kooi van onze werkelijkheid.

> *Soweit die Ethik aus dem Wunsch hervorgeht, etwas über den letztlichen Sinn des Lebens, das absolut Gute, das absolut Wertvolle zu sagen, kann sie keine Wissenschaft sein. (...) Doch est ist ein Zeugnis eines Drangs im menschlichen Bewußtsein, das ich für mein Teil nicht anders als hochachten kann und um keinen Preis lächerlich machen würde.*[41]

Ook waarheid is in wezen een ethisch begrip: een eerlijk mens probeert de waarheid te spreken. Meestal gebruiken wij die term in het kader van onze

---

38 Wittgenstein bracht zijn lezing in het Engels. Op basis van notities en een uitgewerkt typoscript verscheen er ook een Duitstalige uitgave. Ludwig Wittgenstein, *Vortrag über Ethik und andere kleine Schriften* [herausgegeben und übersetzt von Joachim Schulte], Suhrkamp, Frankfurt am Main 2012.

39 Wittgenstein, *Vortrag über Ethik, o.c.*, p. 13 (mijn vertaling).

40 Wittgenstein, *Vortrag über Ethik, o.c.*, p. 10 & 16

41 *Ibidem*, p. 19.

werkelijkheid. Iemand die de waarheid spreekt zal zo correct mogelijk de feiten weergeven of proberen te achterhalen wat er werkelijk is gebeurd. Maar we blijven er ons van bewust dat het mogelijk is dat bepaalde details ons ontsnappen, dat we ons misschien vergissen. Het enige wat we kunnen doen is eerlijk blijven, zeggen wat we weten en waarover we twijfelen. Onze waarheidsliefde kan ons inderdaad helpen in het onderzoek naar de werkelijkheid. Zo ga je de geschiedenis niet censureren of je vervalst geen resultaten van een wetenschappelijk onderzoek. Maar wanneer we proberen te spreken over datgene waar we eigenlijk niet kunnen over spreken en we dat doen in de vorm van een gelijkenis die geen gelijkenis is - een mythe, of een gedicht - liegen we dan? Wat kunnen we anders dan wanhopig tegen die wanden van de kooi blijven aanrennen? Daarbuiten in het onkenbare bevindt zich datgene dat we zouden willen kunnen begrijpen, maar niet kunnen aanraken.

VRIENDEN VAN GOD

Ondanks alles wat we denken te weten, blijft God ons vreemd. We hebben dan misschien, op kathaarse wijze, zijn goedheid en almacht kunnen vrijwaren, maar wij zitten in de kooi en Hij bevindt zich daarbuiten. Wat hebben we aan zijn liefde wanneer Hij ons die niet kan tonen? Voor katharen was het duidelijk dat deze wereld een vergissing is. Wij horen hier niet thuis. Onze ziel zit gevangen in ons lichaam en verlangt naar haar "wederhelft" die bij God is gebleven. Maar de grens is gesloten. Onze eindige, vergankelijke werkelijkheid is volledig losgekoppeld van het oneindige en volmaakte. Deze wereld is de hel en daar kun je niet uit ontsnappen.

Eerdere onderzoekers hebben zich vaak afgevraagd of katharen wel christenen waren, want zij geloofden immers niet in de verlossing door het kruis. Velen onder hen dachten zelfs dat Jezus slechts in schijn een mens was geweest. Daar staat tegenover dat zij voortdurend verwijzen naar het Nieuwe Testament[42] en dat Christus hun grote voorbeeld is. Hoe het mogelijk is dat het licht in de duisternis kon schijnen en de duisternis, ondanks verwoede pogingen, er niet in slaagde het licht te doven, verduidelijken zij aan de hand van mythes.[43] En zij beseffen, beter dan hun geleerde tijdgenoten, dat de taal van het geloof niet de taal van de wetenschap is.

In 1215 grijpt het 4[e] Concilie van Lateranen plaats. In een van de bullen ervan duikt voor het eerst de term *transsubstantiatie* op. De gedachte is niet nieuw, al in de 11e eeuw discussieert men erover of het kan dat tijdens de consecratie

42 Ook naar het Oude Testament wordt vaak verwezen, echter vooral naar de Psalmen, Wijsheidsboeken en Profeten.
43 Eén van die mythes gaat terug op een vroegchristelijk apocrief, de *Visio Isaiae*.

brood en wijn, zonder dat wij het merken, van substantie veranderen. Aan het begin van de 13e eeuw wordt de knoop doorgehakt: ja, het is een feit, dit gebeurt echt, in deze werkelijkheid. In een van de kathaarse ritualen[44] die ons zijn overgeleverd, treffen we een commentaar aan op de woorden die Jezus spreekt tijdens het Laatste Avondmaal:

> *Tijdens de maaltijd nam Jezus een brood - dit wil zeggen: de spirituele voorschriften van de Wet en de Profeten - en zegende het - d.w.z.: hij prees en bevestigde ze - brak het - d.w.z.: hij verklaarde de spirituele betekenis ervan - gaf het aan zijn leerlingen - d.w.z.: dat hij hen opdroeg ze na te leven - en zei: "Neem" - d.w.z.: respecteer ze - "en eet" - d.w.z.: predik ze aan anderen.*[45]

Christus is het woord dat in het begin bij God was. Hij redt ons niet door zijn gruwelijke kruisdood, maar door zijn boodschap. De letterlijke betekenis die door de Kerk werd voorgehouden heeft als bedoeling het wonder (brood en wijn worden vlees en bloed) binnen te halen in onze werkelijkheid. Ook katharen grijpen terug naar een letterlijke interpretatie, die van de proloog van Johannes. God is tot bij ons gekomen als een woord. Een woord moet uitgesproken worden. Christus was dat woord en hij heeft ons opgedragen het verder te vertellen, dat wil zeggen hem uit te delen. Dat woord is waarheid. Het is God, die dus toch, ook al kan dat eigenlijk niet, onder ons verblijft.

Hans Jonas vroeg zich af waarom God zweeg tijdens de Shoah, waarom Hij niet ingreep. Alleen mensen hebben het geprobeerd, zegt Jonas. "Die Wunder, die geschahen, kamen von Menschen allein."[46] Dank zij hen druppelde de goedheid binnen in onze werkelijkheid. We weten niet hoe dat mogelijk is, want we leven in een goddeloze leegte. En toch.

Die gedachte is ook katharen niet vreemd. Wanneer je het woord verder wil verspreiden, dien je een opleiding te volgen en daarna het *consolament* te ontvangen, het spirituele doopsel dat van jou een christen maakt, of een goed mens, een vriend van God. Je leven zal zwaar zijn, al was het maar omdat je nooit, onder geen beding mag liegen.[47] Maar zonder jou zullen de anderen het niet redden.

---

44 Het *Rituel Latin*, terug te vinden aan het eind van het eerder genoemde *Liber de Duobus Principiis*, cf. nt. 27.

45 Cf. Christine Thouzellier (éd), *Rituel Cathare*, [Sources Chrétiennes 236], Éditions du Cerf, Paris 1977, p. 208-209.

46 Hans Jonas, *Der Gottesbegriff... o.c.*, p. 41.

47 Er waren nog heel wat meer zware vereisten, waarvan het merendeel te maken heeft met het (letterlijk) naleven van de christelijke wet, zoals die in de Bergrede wordt verwoord (Mt 5-7).

"Weet je wat ik niet begrijp," zegt mijn onbekende bezoeker aan het eind van ons gesprek, "dat een atheïst die als een goed mens geleefd heeft, na zijn dood naar de hel wordt gestuurd. Dat kan ik niet geloven." "Ik ook niet," zeg ik. Mijn gedachten vliegen weg. Ik denk aan het vriendinnetje uit mijn jeugd van wie ik wist dat ze niet gedoopt was en aan dat moment dat ik plots besefte dat zij dus later eigenlijk naar de hel zou gaan - terwijl ik zeker wist dat dat niet waar kon zijn. Ik denk aan de zesendertig rechtvaardigen die volgens de joodse traditie de wereld in stand houden. Zij kennen elkaar niet, weten het van zichzelf niet - dus zo vroom zijn ze wellicht niet - maar zonder hen zouden wij niets van goedheid weten. En ik denk aan Georges Brassens, *ce mécréant de Dieu,*[48] voor wie het er geen zesendertig moesten zijn, drie was genoeg: de man uit Auvergne, de gastvrouw, de vreemdeling.

> *Elle est à toi, cette chanson, toi, l'étranger, qui, sans façon, d'un air malheureux, m'as souri, lorsque les gendarmes m'ont pris. Toi qui n'as pas applaudi quand les croquantes et les croquants, tous les gens bien intentionnés, riaient de me voir emmené. Ce n'était rien qu'un peu de miel, mais il m'avait chauffé le corps et dans mon âme il brûle encore, à la manière d'un grand soleil. Toi, l'étranger, quand tu mourras, quand le croque-mort t'emportera, qu'il te conduise, à travers ciel, au Père éternel.*[49]

De bezoeker vertrekt. Ik grendel de poort af en doof de lichten. Het wordt heel donker in de kerk. Maar ik zie een vaag schijnsel over een van de ramen glijden. Of heb ik me dat verbeeld?

---

48 Naar het boek van Jean-Claude Lamy, *Brassens, le mécréant de Dieu*, Albin Michel, Paris 2004.

49 Georges Brassens, *Chanson pour l'Auvergnat,* 1954.

Revisiter l'œuvre de Jacques Chopineau

Jeanine Mukaminega

Abstract

My participation in various meetings on the pressing renewal of the Christian communities in Europe brought me back to the theological thought of Jacques Chopineau. I felt a need to return to his legacy, the work he bequeathed to us. By rereading two of his outstanding writings, this article intends to highlight the main lines of the theology of the depths of Jacques Chopineau. Its writings, once well understood and adapted to local questions, can feed the reflections of renewal in progress. The theology of Jacques Chopineau has the distinction of going beyond contingencies to address the man in search of life meaning. It can meet the challenge of transmitting the biblical message in a technological and valuing profit culture.

> *Il y a là une allégorie; car ces femmes sont deux alliances. L'une, celle du mont Sinaï, fait naître pour l'esclavage: c'est Hagar or Hagar, est le mont Sinaï en Arabie - et elle correspond à la Jérusalem de maintenant, car elle est dans l'esclavage avec ses enfants. Mais la Jérusalem d'en haut est libre, et c'est elle qui est notre mère. (Gal 4:24-26)*

Ce récit comporte un sens plus profond: les deux femmes représentent deux alliances, l'une de ces alliances représentée par Hagar est celle du mont Sinaï; et elle donne naissance à des esclaves. Agar, c'est le mont Sinaï en Arabie; elle correspond à l'actuelle ville de Jérusalem qui est esclave avec tous ses enfants. Mais la Jérusalem céleste est libre et c'est elle notre mère (Gal 24-26).[1]

INTRODUCTION

Bien qu'il nous ait quittés il y a déjà quatre ans, ces derniers mois différents signaux m'ont amenée à revisiter la pensée théologique de celui qui fut un de mes maîtres, Jacques Chopineau. C'est surtout le défi de pratiquer un enseignement biblique[2] à la fois réflexif, décalé et orienté vers la rencontre avec l'homme biblique et sa spiritualité qui m'a ramenée à ce penseur de la profondeur. La relecture de Jacques Chopineau me semble en effet féconde et

---

[1] cf. site de l'Alliance biblique Française: https://lire.la-bible.net/lecture/galates/4/24-26/?_open=true

[2] Pour les travaux qui questionnent l'enseignement biblique, cf. par exemple, P. Gisel, *La théologie*, PUF, Paris, 2007, p. 62-69.

inspirante sur plusieurs plans quant aux problématiques actuelles des théologies bibliques.[3] Ses démarches permettent de:

1) Nous instruire des approches sapientiales millénaires, mais encore inspirantes, pour aborder les textes au sens littéral problématique: réapprendre l'art de détourner l'émotivité vers la clarté de ce qui se joue comme expérience humaine dans les récits, les codes et la poésie bibliques.
2) Renouer avec la spiritualité de nos textes, car notre civilisation est paradoxalement consommatrice de technologies très avancées et de spiritualités archaïques.
3) Redécouvrir la diversité biblique et revitaliser la solidarité entre les peuples à l'heure d'une civilisation valorisant le profit.
4) Réhabiliter la théologie biblique afin qu'elle rejoigne la place publique qui est le lieu des questionnements de notre monde. En effet, des récits illustrant l'actualité biblique sont nombreux. Pour ne citer qu'un cas, le symbolisme de l'orgueilleuse *Babel,* la grande ville cosmopolite avec ses constructions imposantes, ses multiples langues et l'interrogation profonde sur l'humain dont elle est porteuse est plus actuelle que jamais.
5) Offrir une vision qui nuance le scientisme dominant sans renier ou minimiser la curiosité scientifique authentique, ses résultats et ses apports incontestés.

JACQUES CHOPINEAU EN BREF

Jacques Chopineau était une encyclopédie vivante.[4] Il connaissait plus de 12 langues dont certaines très anciennes, qui lui donnaient accès aux plus importants écrits sacrés de l'humanité dans leur langue originale (sanskrit, hébreu, chinois, arabe, grec, araméen, syriaque, ...). Exégète vétérotestamentaire maîtrisant toutes les avancées de cette discipline, il était aussi fin connaisseur des philosophes, de la littérature gréco-latine et de l'exégèse antique des pères de l'Église et des rabbins des anciennes *yeshivot.* Il a également longuement médité et commenté le message évangélique. En somme, il a traqué la sagesse sur tous les chemins des hommes. Mais ce qui est singulier chez lui, c'est que tous ces savoirs étaient unifiés en une vision large de l'humain dans son rapport au monde et à la divinité. A la différence de ses

---

[3] La diversité des récits, la disparité des réceptions et des visées herméneutiques induisent un pluriel quand il s'agit de la "Bible."

[4] Selon J.-J. Grasner, en Mésopotamie ancienne, le savoir conduit à la vérité et serait une prérogative divine qui ne peut passer aux érudits que par la révélation des dieux. Ainsi le savant entretient un rapport de piété particulier avec les dieux. Cf. J.-J. Glassner, *Des dieux, des scribes et des savants, circulation des idées et transmission des écrits en Mésopotamie,* éd. de l'EHESS 2005/3 p. 483-506, https://www.cairn.info/revue-annales-2005-3-page-483.htm, consulté le 01/06/2019. Le savoir a le statut de tabou, de mystère, de secret. Il peut être rendu par trois termes en Akkadien: veiller, protéger (ce qui est protégé), séparer (ce qui est séparé) et couvrir (ce qui est voilé).

pairs exégètes, il n'entrait pas dans la compétition pour proposer de nouvelles théories d'explication du texte.

A l'écart du monde effréné, il recherchait les traces de l'universalité et privilégiait tout ce qui pouvait faciliter la rencontre du lecteur avec l'univers spirituel du texte. Pour lui, l'essentiel est la prise de conscience de la vie au présent et la pénétration du regard de ce qui nous entoure. Homme solitaire, libre et humble, il n'entrait dans aucun système. A sa retraite, il s'est installé dans un village au fin fond du Brabant wallon belge, à Genappe, qu'il n'a quitté que peu de temps avant son dernier voyage. Là, selon ses propres mots, il s'est mis à parcourir le monde *à travers Internet.*

Fait nouveau, il s'est mis à composer des romans qui se présentent comme des paraboles à deux pôles, l'homme et le monde:[5] l'homme en chemin, dans *Le pèlerin de Babylone* et l'état de notre monde, dans *Les Amis de l'Aquarius,* en deux tomes. A travers un nombre restreint d'écrits brefs mais denses, il a touché à un grand nombre de thèmes en rapport avec la théologie commune: l'humain, le divin, les institutions ecclésiastiques et politiques,[6] la société, la religion, les savoirs, les traditions et leur mode de transmission. Tout cela dans une pensée globale qui ne fragmente pas la réalité. Ne pouvant pas présenter tout ce qu'il a laissé à tout assoiffé des profondeurs, je vais revisiter le théologien bibliste en reprenant quelques extraits tirés de deux ouvrages: *Le Promeneur et la Boussole*[7] et la collection de ses articles et contributions, rassemblés à l'occasion de sa retraite dans *Analecta Bruxellensia.*[8]

JACQUES CHOPINEAU, UN LECTEUR DE LA BIBLE

Jacques Chopineau s'inscrit résolument dans une lecture canonique passant d'un Testament à l'autre. Néanmoins, dans le paysage des théologiens biblistes, il apparaît atypique. Il connaissait des *chapitres* entiers de sa Bible hébraïque par cœur et ce, en hébreu. S'inspirant sans doute des traditions juives, pour lui, avant d'être un écrit, la Bible est d'abord récitation ou lecture à haute voix, *miqra.* Cette position lui permettait de suivre le fil des échos ou assonances à travers le *TaNaK.* Peu de biblistes connaissent si bien les textes, sauf peut être

---

[5] J. Chopineau, *Le Pèlerin de Babylone,* éd. E.M.E. & Inter Communications, Bruxelles, 2009. Dans ce roman d'allure initiatique, la quête des origines, terre ancestrale, se confond avec la quête de la sagesse. C'est sur ce chemin qu'on rencontre l'amour: *Les Amis de l'Aquarius* , éd. Je Publie (E-Book), 2009. Le thème du roman est une parabole sur le sauvetage du bateau humain en péril, par un petit groupe d'hommes et de femmes en pleine conscience des enjeux du destin humain. Le roman a recours à une sémantique empruntée à l'univers astrotechnologique.

[6] Sa parole engagée se vérifie particulièrement dans ses réflexions sur la constitution de l'Europe qui sont instructives. cf. une série d'articles sur le site prolib.net. https://prolib.net/pierre_bailleux/chroniques/201.050518.europe.chop.htm consulté le 01/02/2020.

[7] J. Chopineau, *Le promeneur et la boussole,* éd. Improcep, Amstelveen, 1986.

[8] J. Chopineau, *Quand le texte devient parole,* Analecta Bruxellensia No 6, Bruxelles, 2001.

dans l'univers des talmudistes où le Nouveau Testament n'est guère médité. Bien entendu, une telle connaissance a dû être motivée par de fortes convictions, palpables à travers son œuvre. Ces convictions se greffent sur un certain nombre de présupposés sur "ce qu'est la Bible et ce qu'est l'acte de lire."

Ce qu'est la Bible

- Pour Jacques Chopineau, les textes recèlent une sagesse conduisant à la réception d'une Parole non ordinaire: "Quand le texte devient Parole."
- La Bible est un condensé d'un ancien savoir ressenti comme une "révélation" d'un ailleurs et qui est confié aux textes de manière non directement accessible au commun des mortels. D'où son statut de texte sacré.
- Il a conscience que la Bible est une source étrangère à sa propre culture. Il doit d'abord conquérir l'univers du peuple qui l'a produite avant de s'y plonger. Avec son art de questionner les mots, il a repéré toute une série de traces qui l'aident à saisir l'univers conceptuel du monde sémitique. Cela lui évite les confusions: le jour commence le soir; l'histoire (*toldot*) n'est pas derrière mais devant, l'année commence au printemps, ... Ainsi, il prend soin de ne pas amalgamer les visions des peuples qui conditionnent leur mode d'être au monde. Au lieu de vouloir tout assimiler, il s'enrichit de la diversité. Il est très prudent quand il a recours aux concepts venus de notre vision occidentale du Réel.
- L'Écriture est un puits profond plein d'une eau pure, une forêt remplie d'échos dont chacun ne reconnaît que l'écho qu'il entend ou encore, elle est comme une femme, familière et pourtant inaccessible (*Le Promeneur*, p. 21). A cette vision du texte correspond une vision de la lecture.

Ce qu'est l'acte de lire

- Pour lui, lire est comme gravir un escalier. De marche en marche, on accède à l'essentiel. Aussi conseille-t-il une connaissance littérale des textes avant d'accéder à d'autres dimensions par des lectures symbolique, parabolique, prophétique et mystique.
- Quant à la question des méthodes, aucune méthode scientifique ne peut dire comment un texte produit un sens, une saveur. Il compare les méthodes rationnelles à une lumière qui est réfléchie par la surface sans pénétrer l'intérieur de ce qu'elle éclaire. Mais dans le même temps, il reconnaît la validité et la nécessité des préoccupations rationnelles, notamment méthodologiques (*Le promeneur* p. 96).[9] La lecture relève du statut qu'on assigne au texte et chaque texte peut avoir des statuts différents en fonction du lecteur et du contexte de lecture (*Profil de libertés; lire la Bible: un texte démontable*?). En effet, c'est la lecture qui produit le sens mais chaque lecture

[9] Le débat historique porte sur: le nom, les lieux, le personnage, l'état de la langue, l'idéologie et le contexte ou la situation historique qui transparaît dans le récit. On s'intéresse aussi à l'utilisation par d'autres textes et au genre littéraire (p. 141).

est située, d'où l'indispensable attention aux questions historiques et contextuelles.
- Le texte ne produit pas de sens, le sens est variable, il dépend d'un certain nombre de caractéristiques du lecteur[10] : son savoir, sa question, sa sagesse, sa passion et le moment présent. D'où la nécessaire lecture biblique en parallèle avec le monde humain. Un monde où trônent plusieurs divinités (puissances ou pouvoirs). Dans les pages 35-48 de son *Promeneur et la boussole*, il revient sur la signification concrète ou réinterprétation actualisée des divinités bibliques Baal, Ashera, Mamon & César, contre lesquelles il met en garde son lecteur. Dans ce petit livre, Jacques Chopineau s'adonne à une critique sociale réaliste et pénétrante, digne d'un Jérémie biblique.
- En définitive, la lecture est avant tout personnelle. Selon ses mots: "La moindre lecture, si elle est personnelle, a plus de prix que la répétition de la plus savante et la plus informée des lectures. Ce qui a déjà été dit par d'autres, ne peut constituer 'ma' lecture" (cf. Midraches). Jacques Chopineau propose donc une lecture biblique qu'il estime susceptible d'enrichir notre capacité de voir et de comprendre la réalité à travers laquelle nous cheminons.

Le présent article ne reprend que quelques unes de ses lectures (AT et NT). Le propos vise à épingler ce qui semble fidèle à la manière unique de notre auteur d'entrer en contact avec le monde du texte et rejoint les quatre problématiques mentionnées plus haut.

RELECTURE DU LIVRE DE JONAS[11]

Jacques Chopineau a lu le livre de Jonas à l'occasion de sa thèse de doctorat d'Etat, défendue à Strasbourg en 1969. Il a ensuite publié des fragments retravaillés de cette étude reconnue comme texte majeur de son œuvre. Ici, seules quelques lignes directrices avec le sens et la saveur qu'il propose d'en tirer sont retenues. Il assume le fait que les textes soient réécrits comme déjà établi par l'exégèse historico-critique. Son génie consiste à combiner deux préoccupations portées par des traditions historiquement éloignées et culturellement distinctes, la préoccupation historique portée par les études bibliques dès le 17ème siècle et la préoccupation midrachique portée par le rabbinisme des premiers siècles. Les deux sont convoquées pour soutenir son postulat de base: toute lecture biblique devrait s'organiser autour d'une question centrale, celle de la raison de la relecture-réécriture du texte dont nous avons hérité. Autrement dit, sur la nécessité d'une nouvelle création pour une situation nouvelle. Car pour lui, trouver les outils mis en œuvre pour cette écriture nouvelle (préoccupation qui domine l'exégèse moderne), ce n'est pas encore

---

[10] Il n'est pas le seul à avoir perçu le rôle du lecteur dans l'activité herméneutique. C'est une vision de plus en plus partagée par les exégètes. Cf. par exemple, D. Marguerat éd., *La Bible en récits, l'exégèse biblique à l'heure du lecteur,* éd. Labor et Fides, 2003.
[11] Cf. *3 articles dans Analecta 6, op. cit.* p. 114 -172.

trouver le motif de cette création qu'il considère comme essentiel. Ainsi le livre de Jonas qu'il situe vers la fin de l'époque perse, est une réponse à la situation historique de *l'ensemble de la communauté israélite du moment.*

Déjà en 1969, il écrivait:

> *Le Sitz im Leben d'un texte biblique ne peut se réduire - au moins dans le cas d'un texte biblique d'époque perse - à un "contexte de situation" localisé. La vie de la communauté israélite (ses questions, ses craintes, ses espérances) déborde toutes les autres déterminations culturelles (formelles, littéraires), locales (judéennes, diasporiques) ou traditionnelles (les prêtres, les lévites, les sages). Une réalité nouvelle (le monde étranger où la communauté se trouve engloutie) est le champ des questions. Les anciennes écritures constituent le champ des réponses. C'est cela qui donne naissance à une littérature"nouvelle" pour laquelle le terme de midrache*[12] *peut être utilisé (...) une intervention créatrice qui remet en situation les anciennes écritures judéennes.*[13]

Comme souligné plus haut, dans sa lecture, Jacques Chopineau manie habilement plusieurs clés de lecture dont deux sont particulièrement sollicitées dans le cas du livre de Jonas:

La première clé est la reconnaissance du symbolisme où il décrypte le nom de la ville נִינְוֵה et la double homonymie (même prononciation mais sens différents) du nom du prophète et du livre יוֹנָה.

- Il commence par brosser les grandes lignes de l'exégèse en quête d'une compréhension de ce livre énigmatique. Il rappelle que le nom Ninive נִינְוֵה est écrit en idéogramme akkadien où, dans les années 50, André Parrot avait déjà signalé la présence d'une représentation du poisson.[14]
- Le nom du prophète est également lié à ce que Osée (7:11-12), prophète de l'époque de la montée de l'empire assyrien, donne comme qualification d'Ephraïm, colombe naïve et sans cœur (sotte). En 2R 14:25, le prophète Jonas est fils d'Amitay. Or, ce texte évoque l'agrandissement des frontières qui se réalisent sous Jéroboam II (782 - 753). Et plus tard, Ninive sera la capitale de

---

[12] Par *midrache*, il entend une nouvelle approche qui exprime une lecture plurielle, non-technique et non-dogmatique. S'inspirant du *Midrash* rabbinique, il entend proposer une nouvelle approche de lecture actuelle et créatrice de la Bible chrétienne, c.à d. en deux Testaments (cf. *Midraches*).

[13] J. Chopineau, *Jonas: un prophète pour un temps sans prophètes,* Thèse de doctorat, Réf ANRT: 10198, p.39. Repris par le blog La Christie.

[14] L'analyse de l'idéogramme et sa représentation nous viendrait de l'assyriologue René Labat en 1976 (un lien avec la déesse Nina?) cf. André Parrot,"Ninive et l'Ancien Testament", 1953. In: *Revue des Sciences Religieuses*, tome 28, fascicule 3, 1954. pp. 292-293; https://www.persee.fr/doc/rscir_0035-217_1954_num_28_3_2053_t1_0292_0000_2, consulté le 1er juin, 2019. Quant au rapprochement minutieux entre le poisson et le nom de la ville de"Ninive", il fut réalisé par Claude Tresmontant. cf. *Le prophétisme hébreu,* J. Gabalda, Paris, 1982, réédité par Pierre, Guillaume de Roux, Paris,1997.

l'Assyrie où Israël est englouti (Os 8 :8) au début du VIIème siècle sous Sénacherib.
- Jonas[15] יוֹנָה est à la fois un nom propre (2R 14:25) et un substantif qui se traduit par la colombe (Os 7:11; 11:11) et désigne Israël. Mais aussi, le substantif יוֹנָה-colombe, est un symbole qui annonce le monde nouveau dans le récit du déluge.[16]
- Dans les textes poétiques comme en Ps 68:14 et Ct 2:14 par exemple, le terme désignerait Jérusalem et peut donc renvoyer à la ville.
- Une autre signification de יוֹנָה découle de la conjugaison *qal* au participe féminin du verbe ינה (*Yanah,* opprimer, maltraiter, être violent).[17] Il se lit notamment en So 3:1[18]; Jr 25:38; 46:16 et Jr 50:16 et renvoie à la colère de Dieu ou à l'épée.

La deuxième clé est celle des évocations des textes anciens au niveau idéologique, des équivalences sonores de termes et de reprises textuelles de bouts de phrases.
- La reprise de deux expressions *sortir hors de la présence de yahvé*, et *s'assied à l'Orient* relient Jonas 1:3, 4:5 à Gen 4:16. Le scribe établit ainsi un lien avec le personnage mythique "Caïn."
- L'énigme du קִיקָיוֹן Kikayon en Jonas 4:6 ou "arbre-Caïn" fait écho à *nikkayon* (innocence) et *killion* (anéantissement). Ainsi, Jonas est à la fois signe d'innocence et de destruction.
- L'utilisation inhabituelle, de deux verbes שׁוּב *shub* (revenir, retourner se convertir) et נָחַם *nacham* (se repentir, regretter, revenir sur sa décision) dans le même verset, relie Jon 3:10 à Jer 18:7-8 par un rapport d'anti-thèse. A l'époque de l'écriture du livre de Jonas, le débat sur la réalisation des prophéties était d'actualité. En effet, si on considère que Jérémie est annoncé comme le prophète des Nations (Jer 1:5) qui se solde par un échec et que Jonas est celui qui prophétise le rétablissement des frontières selon 2R 14:25, qu'il est envoyé aux nations et qu'il réussit, on a un rapport antithétique. Le rétablissement est ici compris autrement: parmi les nations.

Avec ces clés entre autres, Jacques Chopineau lit le livre de Jonas comme une parabole (un midrache) de la vie et de l'aventure du peuple d'Israël (colombe

---

[15] A part le livre de Jonas, le nom ne se trouve que dans 2Rois 14:25.
[16] Le prophète du temps sans prophètes, où la voix prophétique est éteinte et on a recours au Beth-qol la fille de la voix, voix des sages?
[17] Le roi ninivite devient alors l'anti-thèse du roi Yoyakim et Ninive l'anti-thèse de Jérusalem. Jon 3:10 fait écho à Jer 1:5 et tout le livre est une illustration de la thèse de Jr 18:8.
[18] La lecture de Sophonie 3,1 se fait sur deux registres, celui de la ville qui opprime mais aussi de la colombe sottise (nom cf. Syr et le substantif cf. LXX). Pour notre auteur, l'exégèse qui corrige le TM (texte massorétique) est une absurdité car ces lectures sont des *midraches* conscients où la traduction a été un choix. C'est une méconnaissance de l'activité des scribes qui actualisent.

Israël) avalée par le monstre assyrien et emportée loin de sa terre.[19] Les prophéties se réalisent autrement qu'imaginé: les frontières agrandies correspondent à la Diaspora dispersée et non au territoire de l'ancien état d'Israël. Les Nations, même la méchante Ninive ou ville poisson, reçoivent la prédication d'Israël. Ceci n'est possible que si la reconstruction d'Esdras-Néhémie n'a pas été convaincante. Ce qui n'est perceptible qu'à la 2ème moitié de l'époque perse.

De fait, l'agrandissement des frontières s'opère de manière inattendue, ils sont parmi les nations. Ainsi Jérémie réactualisé par la lecture consignée dans le livre de Jonas apparaît comme un homme à la jonction de l'Histoire. Sa Parole est destinée à déborder Israël qui n'est plus le seul objet de l'attention du Dieu Un. La "Parole" qui se dégage de cette relecture, c'est que ce type de retour vers Dieu qui conditionne tout retournement d'une situation vécue comme difficile n'est le privilège d'aucun peuple. Donc, en définitive, "le texte devient parole" quand il fait écho à l'autre écriture c.à.d., au lecteur en tout temps, en tout lieu.

Lecture succincte de la Parabole du Samaritain[20]

Comme dans le cas de Jonas, Jacques Chopineau réévalue ce qui a été lu avant lui pour y ajouter une nouvelle saveur. S'inspirant sans doute de la lecture des Pères de l'Église notamment d'Origène,[21] la parabole est prise comme une métaphore du genre humain dans sa vie terrestre, sur sa route. Elle se lit comme un processus de transformation du croyant.

Tout doit se comprendre à partir de la question à laquelle Jésus répond. 'Que faut-il faire pour avoir la vie éternelle' (Luc 10:25). Le demandeur est renvoyé aux Écritures. La parabole vient comme un développement de la réponse que le demandeur lui-même avait donnée. Les mots clés: un homme, Adam; descente, Jéricho (Yericho en assonance avec Yerah, trois nuits sombres entre deux cycles de la lune, (*Analecta,* p. 132). La lecture symbolique de la géographie assimile Yericho à une région obscure tandis que Jérusalem symbolise le lieu paradisiaque et originel situé sur des hauteurs inaccessibles. Les brigands symbolisent les forces obscures qui rendent l'humain étranger à lui-même s'il n'a pas de contrôle sur elles. La fonction du prêtre et du lévite comme celle de la religion était de guérir la maladie qui empêche l'homme de se relever et de repartir.

---

[19] J. Chopineau, "Le triple nom de Jonas, la colombe, la ville, l'épée", in *Analecta* no 6, p. 116-119; textes relus: Osée, Sophonie, Jérémie et les Psaumes.

[20] J. Chopineau, *Le promeneur et la boussole,* op.cit. p. 16-19.

[21] Origène, *Homélies sur Saint Luc, XXXIV,* Sources chrétiennes, Cerf, 1998, p. 401-411. Voir aussi le fichier en PDF en ligne, https://www.fichier-pdf.fr/2017/09/18/origene-la-parabole-du-bon-samaritain/ consulté le 14/12/ 2019.

La question: Qui est le Samaritain? est rapprochée du verbe *shamar* garder, le Samaritain ou le gardien, par évocation du PS 121:4. Il désigne Jésus en qui Dieu opère. Dès la prise en charge commence le travail de transformation avant le retour, à comprendre avec Ap 22:20: il vient au présent. Le tout est d'être présent quand il vient. "Il ne cesse pas de venir et nous ne cessons pas d'être absents." Tel est la nature du genre humain, un être absent. En définitive, la parabole dit: Sans Jésus, le gardien du genre humain, comment accéder à la vie éternelle? Avec une telle lecture, on dépasse les préoccupations moralistes et éthiques. La parabole recèle une autre intelligence et renvoie à une autre perception du message évangélique et de l'humain lui-même. Bien évidemment, ces deux illustrations n'épuisent pas tous les axes de sa vision anthropologique et théologique.

SA LIGNE THEOLOGIQUE

Calviniste de tradition et de conviction, sa théologie s'enracine dans cinq sources majeures: la philosophie gréco-latine, la Bible, la tradition juive, les sagesses du monde et l'observation du Réel. Son univers religieux-spirituel oscille entre un nombre restreint de mots. On peut véritablement épingler son vocabulaire essentiel pour reprendre un de ses mots favoris: saveur, écho,[2] chemin, essentiel, source, l'Écriture, dieux, vision, retour, sens, transformation, liberté, sagesse et Parole située au-delà des discours (*Le promeneur,* p. 27).

Sa confession de foi peut se récapituler en deux volets, homme/Dieu & Jésus/Dieu: "il n'y a qu'un seul Dieu des hommes et un seul monde humain" (*Le Promeneur*, p. 24). Jésus est compris dans sa relation d'amour avec le Père. Quand la lecture vise et atteint le cœur, c'est Jésus le messie qui est rencontré (idem, p. 98-99). Son œuvre invite à saisir l'homme, la terre et les cieux dans une relation fondamentale d'harmonie (idem, p. 56).[22] Une unité et une harmonie situées à un niveau beaucoup plus profond par delà les diversités (idem, p. 89-93). On découvre en effet, à travers ses écrits, brefs mais denses, que sa théologie est essentiellement articulée sur sa vision de l'humain.

L'humain est doublement marqué par le chiffre deux dès sa création. Il est créé mâle et femelle de même qu'il est Caïn l'acquéreur et Abel, le souffle léger (idem, p. 78). L'humain qu'il prend pour un être destiné à la transformation et au retour (*shouv*) est encore à naître (*Analecta,* p. 24). La religion a alors comme fonction de l'accompagner à réaliser ce retour. Elle devrait pouvoir indiquer les routes qui ne mènent nulle part. Jacques Chopineau comprend l'humain en connexion ou en déconnexion avec son environnement réel c.à.d., cosmique, géographique, culturel et religieux. Dans cette immensité du Réel,

---

[22] L'homme est une sorte d'horloge cosmique, *Le promeneur,* op. cit. p.58.

l'homme vit parfois en marge quand il lui manque le centre vers lequel orienter ses regards (*Le promeneur,* p. 20).[23]

Quant à Dieu, comme signalé plus haut, personne ne peut le définir. Ceci explique sa méfiance vis à vis des dogmes, de la morale et des théories métaphysiques. On ne peut qu'être en quête de Dieu d'où son concept du chemin dont l'orientation est donnée par la saveur. "Dieu ne se révèle qu'en descendant" (*Le promeneur,* p. 88) et l'offenser, c'est hors de la portée humaine (idem 89). Cette ligne a plusieurs implications:

- Sur l'homme, l'Église et le théologien: L'homme croyant est un être en chemin. Il a confiance en lui à condition qu'il ne se constitue pas en foule ni ne se laisse massifier (*Le promeneur,* p. 52-53). Autrement, les humains deviennent des moutons (idem, p. 68-72). Cet homme en chemin et son Évangile ne sont pas menacés par la crise actuelle. Seuls le dogme et l'institution sont en danger et c'est nécessaire car il n'y a pas de croissance sans mue. L'ébranlement des fondations ne concerne pas le message du Christ mais l'enveloppe culturelle et institutionnelle. Pour Jacques Chopineau, une théologie fonctionnelle au service des communautés, aide à se relever et non à fabriquer des dogmes car les idées n'ont aucune valeur religieuse. Ainsi, le théologien devrait être l'homme du sens et non du vrai, l'homme de la vie et non de la raison (idem, p. 13). Il rappelle que dans l'Évangile, l'espoir du monde est placé dans les humiliés, les sans-pouvoir (idem, p. 77).
- Dieu et les dieux: Les dieux sont faux en tant que dieux mais réels en tant que puissances. Il indique ainsi les dieux de notre civilisation qu'il reconnaît sous les traits des dieux Baal, Mammon et César (idem p. 36-48) mais aussi des déesses Adhéra (Ishtar) et Raison. Les dieux prennent nos vies c'est pourquoi ils sont immortels (idem, p. 45). En lisant ces lignes, on pourrait dire que sa pensée a des accents radicaux car il invite à une quête exigeante, qu'on pourrait même soupçonner désincarnée si on n'y reconnaissait pas une critique sociale exceptionnellement profonde, adéquate, empathique, désintéressée et engagée.
- Le rapport entre le religieux et le monde: "La vision religieuse de la réalité n'a pas besoin d'être ou de paraître en accord avec les descriptions objectives de cette même réalité" (*Le promeneur,* p. 57) car dans l'univers biblique, la vérité d'un récit déborde l'exactitude historique (le triple nom de Jonas). Le monde de l'homme religieux ne se limite pas à ses perceptions mentales dit-il (idem, p. 58).

A moins de l'avoir mal saisie, cette théologie des profondeurs semble comporter deux limites majeures.

---

[23] Notre administration a des outils performants pour sonder le cœur humain (ADN, collecte de données, ... p. 23-24)

LES LIMITES DE LA THEOLOGIE DE JACQUES CHOPINEAU

1. Face à ce qui constitue l'expérience au quotidien du croyant ordinaire, cette théologie paraît adressée à des croyants déjà libérés des certitudes qui font date, ce qui est loin d'être le cas de la majorité. Capter l'écho de sa propre écriture (l'écriture qu'est le lecteur) semble renvoyer aux initiés, aux instruits. Ce n'est point le mode de transmission en milieu chrétien. Jacques Chopineau est trop érudit pour persuader que la simplicité dont il parle est accessible à tous. Sa théologie peut être inaudible dans les communautés qui se constituent en ghettos.

2. Il a rarement lu les textes violents sauf deux brèves explications symboliques du récit d'extermination d'Amaleq[24] "Un texte étrange" (Ex. 17:8-16; Dt 25:17-19). Cf. le site Profils de liberté, du 24 septembre 2007; et sur le Ps 137:9 relisant Is 13:16, cf. Une parole terrible: "Tue-les" corrigés par le Ps 139:24.

DES LIGNES REUTILISABLES?

Prendre définitivement acte que le texte nous est parvenu comme un *Midrache* (c'est sa nature actuelle) invite à revisiter au moins quatre principes convoqués par notre auteur dans ses lectures:

1. La lecture qui est une recherche de l'actualité et de l'universalité de ces anciennes relectures, si universalité il y a. La préoccupation du motif de la nouvelle création est indispensable. Ensuite, il faut la traduire en prédication-enseignement pour aujourd'hui. Trouver des passerelles entre le monde et la Bible sans amalgames ni compromis inutiles. Il y a donc une exigence de connaissance des techniques de la philologie, de l'histoire et de la grammaire car ces outils sont constitutifs du texte qui nous est parvenu. Voir aussi l'œuvre sur "Inner-biblical exegesis" de Michael Fishbane.[25]

---

[24] Le décryptage d'une harmonie numérique lui sert de prétexte pour une lecture symbolique. Deux protagonistes Moïse (et non Josué) et Amaleq sont nommés 7 fois chacun. La bataille a lieu au même lieu que le manque d'eau et la soif, à Refidim. La soif, de même que la perte d'une bataille impliquent la mort ou la fin du chemin. Moïse puni car il a frappé le rocher pour l'eau, symbole de la vie. Amaleq symbolise tous ceux qui veulent imposer leur propre chemin. Le récit a valeur permanente et devient symbolique car c'est aujourd'hui que la bataille qui permet la poursuite du chemin a lieu. Perdre la bataille, c'est perdre le rêve. David Meyer fait une tout autre lecture non universaliste qui fait d'Amaleq le prototype de l'ennemi d'Israël ce qui renvoie à des implications politiques potentielles. Amaleq représenterait le"mal absolu" d'où l'obligation d'une lecture avec d'autres versets dont Lévitique 19,17 et des commentaires des sages comme Avot de Nathan 23, dans lesquels le véritable Héros serait celui qui transforme son ennemi en ami. cf. D. Mayer, Y. Simoens, S. Bencheikh, *Les versets douloureux: Bible, Évangile et Coran entre conflit et dialogue,* éd. Lessius, Bruxelles, 2007.

[25] M. Fishbane, *Biblical Interpretation in Ancient Israel,* ed. Clerendon, Press, 1989; *The Garments of Torah, Essay in Biblical Hermeneutics,* éd. Indiana University Press, 2000.

2. La notion de "saveur" ou l'idée de respiritualiser le texte, de le lire en se préoccupant du sens-saveur et non pas exclusivement du sens raisonnable. Pouvoir y puiser une spiritualité à la hauteur des détresses actuelles. Trouver une alternative à la lecture savante qui ne vise que l'explication.

3. Revenir à la centralité du genre humain dans les textes et laisser Dieu être Dieu. Notre monde souffre d'un déficit de revalorisation de l'humain comme être doué d'une conscience pouvant évoluer. Et si le texte révélait l'homme en chemin avant de révéler Dieu, semble nous suggérer Jacques Chopineau.

4. Le rôle du théologien est d'indiquer les chemins sans issue. Le théologien n'est plus un croyant engagé! Il est pourtant toujours possible d'être engagé et d'être un chercheur ouvert et doué du sens de l'étonnement.

Ces principes peuvent concerner quatre axes de renouvellement: la Catéchèse, la Formation, la Prédication et la Présence sociale (défense de la justice sociale).

a. Repenser le catéchisme, c'est oser dire aux jeunes dès le plus jeune âge que dans l'univers biblique, il y a une différence entre l'histoire et les histoires. Les initier à l'art de questionner le monde et la vie à la place de l'endoctrinement, viser le réveil de la conscience à la foi spirituelle/individuelle et communautaire/sociale.

b. Un travail de déconstruction des schémas de lecture douteux sur l'homme éternellement coupable, entouré de méchants diables, ... bref, le renouveau des "pionniers" doit dénouer ce que les anciens ont noué.

c. Pratiquer des lectures qui remettent aux divinités des autres peuples leurs lettres de noblesse. Cette question est bien illustrée par l'image du château à multiple entrées-sagesses dans son *Le Pèlerin de Babylone* (p. 170).

EN GUISE DE CONCLUSION: EXTRAIT DE MIDRACHES ECRITS PAR J. CHOPINEAU

Cette lumière, les sages l'appellent: La vérité. La vérité, c'est la lumière cachée, celle qui n'éclaire que l'intérieur des choses. Les gens de réflexion ne connaissent que la lumière réfléchie par les surfaces. Ils appellent vérité ce qu'ils peuvent voir ou concevoir. C'est d'eux qu'il est dit: La lumière luit dans les ténèbres et les ténèbres ne l'ont pas reçue. C'est pourquoi la lumière a été occultée, et Dieu est devenu le Dieu caché (Midrache des deux soleils).

Le disciple est toujours un débutant qui risque un pas nouveau sur une terre inconnue. Et personne ne peut l'aider si ce n'est le Maître du Chemin, celui qui dit: Je suis le chemin (Jean 14:6). Et ne va pas t'imaginer un chemin dans les hauteurs! La voie est quotidienne et elle n'a pas d'apparence. C'est pourquoi un sage dit que la vraie voie est comme un fil tendu au ras du sol: Un fil qui paraît destiné à faire trébucher plutôt qu'à élever! On dit encore que le disciple deviendra lui-même un chemin sur lequel Dieu pourra passer. Lorsque la steppe sera devenue un jardin. Ainsi l'Écriture dit: "Préparez dans la steppe une voie pour notre Dieu" (Midrache des chemins).

Et si quelqu'un demande: quel est le sens? Tu répondras: le sens est une saveur. C'est un goût de vérité. Et les sages disent: "Le savoir est saveur." Mais pour ceux qui pensent que le sens est dans les mots, le savoir est sans saveur. Il y a quatre degrés du savoir sans saveur: regarder et ne pas voir; écouter et ne pas entendre; parler et ne pas dire; connaître et ne pas aimer (Midrache des lectures).

BIBLIOGRAPHIE

Chopineau Jacques, *Jonas: un prophète pour un temps sans prophètes,* Thèse de doctorat, Réf ANRT: 10198 (Strasbourg)

Chopineau Jacques, *Le Pèlerin de Babylone,* éd. E.M.E. & InterCommunications, Bruxelles, 2009

Chopineau Jacques, *Le promeneur et la boussole,* éd. Improcep, Amstelveen, 1986

Chopineau Jacques, *Les Amis de l'Aquarius*, t1 & t2, éd. Je Publie (E-Book), 2009

Chopineau Jacques, *Quand le texte devient parole,* Analecta Bruxellensia No 6, Bruxelles, 2001

Fishbane Michael, *Biblical Interpretation in Ancient Israel,* ed. Clerendon, Press, Oxford, 1989

Fishbane Michael, *The Garments of Torah, Essay in Biblical Hermeneutics,* éd. Indiana University Press, 2000

Gisel Pierre, *La théologie,* PUF, Paris, 2007

Glassner Jean Jacques, *Des dieux, des scribes et des savants, circulation des idées et transmission des écrits en Mésopotamie,* éd. de l'EHESS 2005/3 p. 483-506

Marguerat Daniel éd., *La Bible en récits, l'exégèse biblique à l'heure du lecteur,* éd. Labor et Fides, 2003

Mayer D., Simoens Y., Bencheikh S., *Les versets douloureux Bible, Évangile et Coran entre conflit et dialogue,* éd. Lessius, Bruxelles, 2007

Origène, *Homélies sur Saint Luc, XXXIV*, Sources chrétiennes, Cerf, 1998

Parrot André,"Ninive et l'Ancien Testament", 1953. In: *Revue des Sciences Religieuses*, tome 28, fascicule 3, 1954. p. 292-293

Tresmontant Claude, *Le prophétisme hébreu,* Guillaume de Roux, Paris,199

Water in de Hebreeuwse Bijbel: Een motief van orde en chaos

Arjan Knop

Abstract

In this article we explore the meaning of the mentioning of "water" in the Hebrew Bible as it appears to be connected with the themes "order & chaos." In many "water-stories" these themes provide a fundamental insight in the overall meaning of the story. We describe the meaning of "water" as "live-giving" and as a prerequisite for establishing an order, which is contradictory also connected to its chaotic essence.

Inleiding

In de Hebreeuwse Bijbel (HB) vinden we veel verwijzingen naar water in allerlei omstandigheden. Water in de vorm van regen (Gen 7:4) of juist de afwezigheid ervan (I Kon 17:1), water dat van bergen stroomt (Ps 104:10) en in zeeën en rivieren terechtkomt en water dat het land doordrenkt (Ps 65:10), water dat gescheiden wordt waardoor er droog land ontstaat (Gen 1:6-9) of juist het gehele land overstroomt en de aarde bedekt (Genesis 7), water dat wordt vastgehouden op de haar toegewezen plaats (Job 38:8), een mandje met een kind erin doet drijven (Exod 2:1-6) of een altaar in tijden van droogte volledig doorweekt, waarna het offer toch in brand vliegt door vuur dat uit de hemel komt (1 Kon 18:30-39), bronnen in de woestijn waar belangrijke keerpunten in het verhaal plaatsvinden (Gen. 16:7; 24), water dat gezond gemaakt wordt (Exod 15:22-25; 2 Kon 2:19-22), uit de rots stroomt (Gen 17:1-7), ijzer doet drijven (2 Kon 6:1-7) en nog vele andere omstandigheden waarbij sprake is van water.

Water is alomtegenwoordig in de HB. Het is zelfs zo gewoon, ook in ons eigen leven, dat we over de betekenis ervan gemakkelijk heen lezen. Over het motief "water" valt echter veel te zeggen. Het wordt op meer dan 500 verschillende plaatsen genoemd in de HB en er zijn vele diepere betekenissen mee verbonden (denk bijvoorbeeld onder andere aan het afwassen van zonde, het wassen van de handen voor een offer, het wassen van onreine voorwerpen,[1] genezend water, droogte, vruchtbaarheid, het verschil tussen oerwater en "gewoon" water,[2] de

[1] L.R. Difransico, *Washing away Sin. An Analysis of the Metaphor in the Hebrew Bible and Its Influence*, Leuven 2016, p. 1-3.
[2] P.K. Cho, *Myth, History, and Metaphor in the Hebrew Bible*, Cambridge 2019, p. 105.

betekenis van water in verband met leven en dood en de symbolische betekenis van waterbronnen). In dit artikel zullen we ons echter beperken tot een thema dat aan de grondslag van veel van deze waterverhalen ligt, te weten "orde & chaos."[3]

WATER BRENGT LEVEN

De betekenis van water in de HB gaat veel verder dan het simpele feit dat water bestaat uit twee waterstofatomen en een zuurstofatoom, vloeibaar is (onder normale druk) bij temperaturen tussen 0 °C en 100 °C, noodzakelijk is voor het groeien van planten en dat zonder water alles en iedereen doodgaat. Hoewel, dit laatste feit (dat water noodzakelijk is voor de instandhouding van alle levende organismen op aarde) wijst reeds naar een betekenis op een dieper niveau, namelijk het leven gevende eigenschap van water.[4] Wij kunnen dit tegenwoordig verklaren vanuit onze biologische kennis en uitleggen hoe water een rol speelt in de fysieke huishouding van cellen, maar de "oude Israëlieten" zagen voornamelijk het wonderlijke verband tussen water en nieuw leven (Gen 2:5; Ps 1:3; Jer 17:8). Je kunt het je voorstellen: een plant die bijna verdroogd is, afgestorven en in elkaar gezakt krijgt water en een dag later is de plant hersteld, staan de bladeren weer omhoog en zit er weer leven in. De plant is als het ware "herboren," heeft nieuw leven gekregen. Zo spreekt Job (14:7-9) het volgende: "Let wel, voor een boom is er hoop: zelfs omgehouwen kan hij nog uitbotten, opnieuw in blaren schieten. Al worden zijn wortels oud in de grond, al sterft zijn tronk diep in de bodem. Hij hoeft maar water te ruiken en hij loopt uit, krijgt weer twijgen als een jonge plant."

Zo is het ook met mens of dier. Na grote dorst, waarbij het leven beetje bij beetje uit het lichaam verdwijnt, zorgt het drinken van water direct voor verlichting, een weldadig gevoel, een nieuw of vernieuwd leven. Zo zagen de mensen van de Antieke Oudheid het alleszins.[5] Er is dus iets met water, een inherente eigenschap, die leven geeft. In Jes 55:9-10 staat het aldus:

---

[3] De vertalingen van bijbelteksten zijn die van de *Nieuwe Bijbelvertaling* (2004).

[4] Zie de volgende uitspraak: "Without water, life is endangered. Hence, fountain and river metaphors are often used to describe YHWH's life-supporting agency (see, e.g., Ps 1,3; 23,2; 36,9-10; 42,2).", G. Eidevall, *Metaphorical Landscapes in the Psalms*, in: P. Van Hecke & A. Labahn (eds.), "Metaphors in the Psalms", Leuven 2010, p. 17. W.H. Propp, *Water in the Wilderness. A Biblical Motif and Its Mythological Background*, Atlanta 1987, p. 10.

[5] In zijn boek *Symbool en werkelijkheid. Godsdiensthistorische studiën* (Zeist 1962) zegt W.B. Kristensen het als volgt: "Het voedsel is een levend wezen, de levensgeest van de mens. Zij, die zo dachten, hadden een meer onmiddellijke indruk dan wij van het raadselachtige karakter van het feit, dat voedselopname het leven vernieuwt. (...) Wanneer deze voorstellingen ons vreemd en zelfs stuitend voorkomen, dan ligt dat alleen aan onze materialistische opvattingen van wat tot het lichamelijk onderhoud dient. De antieke volken hebben dat anders ingezien. Dat spijs en drank het leven doen opgaan was voor hen een wonder, even onverklaarbaar als het wonder van de eerste opgang van het leven bij de schepping, of als het wonder bij de opstanding uit de dood." (p. 113).

Want zo hoog als de hemel is boven de aarde,
zo ver gaan mijn wegen jullie wegen te boven,
en mijn plannen jullie plannen.

Zoals regen of sneeuw neerdaalt uit de hemel
en daarheen niet terugkeert zonder eerst de aarde te doordrenken,
haar te bevruchten en te laten gedijen,
zodat er zaad is om te zaaien en brood om te eten.

Water doordrenkt het land, waardoor planten en bomen kunnen groeien, die vruchten voortbrengen. De vruchten worden gegeten, mens en dier behouden hierdoor het leven. Water en leven horen dus bij elkaar en de mens in de tijd van de HB zag uiteraard ook het oorzakelijk verband tussen water, het groeien van planten, het eten van de vruchten daarvan en de instandhouding van het eigen lichaam. Zie bijvoorbeeld de volgende tekst uit het boek Richteren over Simson die na het doodslaan van duizend Filistijnen met een ezelskaak grote dorst had gekregen:

> *Hij had ondertussen erge dorst gekregen, en daarom riep hij tot de Heer: 'Aan u, Heer, heb ik deze geweldige overwinning te danken. Moet ik nu sterven van de dorst en alsnog in handen vallen van die onbesnedenen?' Toen liet God in de kom van het dal bij Lechi de aarde openbarsten. Er kwam water uit en Simson dronk ervan, zodat hij weer helemaal op krachten kwam.* (Ri 15:18-19)

De volgende stap is dan om God in deze keten van gebeurtenissen binnen te brengen als degene die het water geeft (of onthoudt) aan de aarde: "Boven hen stond steeds de wolkkolom om hun bij dag de weg te wijzen, en 's nachts was er de vuurzuil die de weg verlichtte waarlangs ze moesten gaan. U gaf hun uw goede geest, en zo verkregen ze inzicht; u stilde hun honger met manna, u leste hun dorst met water" (Neh 9: 19b-20).[6] Zo ook de profetie van Ezechiël (17:24): "En alle bomen in het veld zullen beseffen dat ik, de Heer, het ben die een hoge boom velt en een kleine boom doet groeien, die een gezonde boom laat verdorren en een verdorde boom weer laat bloeien (...)." JHWH geeft het water aan de aarde.[7] De eigenschap van water als "brenger van leven" wordt op God teruggevoerd, waarmee we kunnen stellen dat water een werktuig van JHWH is, waarmee zijn scheppende kracht wordt overgedragen op plant, mens en dier: "Hij doet grote, ondoorgrondelijke dingen, ontelbaar zijn de wonderen

[6] Bij de beschrijving van een Assyrisch reliëf uit 1800-1500 BCE merkt E.K. Holt op dat "the bearded mountain god (...) combines and incarnates simultaneously vegetation, fertility and life. From his hips two flowery branches shoot and in his hands he holds two more branches from which two mountain goats are eating. At both sides two goddesses stand with water spending vases in their hands.", E.K. Holt, *"... AD FONTES AQUARUM". God as Water in the Psalms?*, in: "Metaphors", p. 80. Zie ook Cho, *ibid*, p. 74.
[7] Propp, *ibid*, p. 13 waar de auteur bijbelteksten citeert waarin gesproken wordt over JHWH die water geeft aan de aarde: Jes 33:21; Ps 46:5; 65:10; Ezek 47:1; Zach 14:8 en Joël 4:18.

die hij verricht. Hij zendt de regen die op aarde valt, hij laat het water over de akkers vloeien." (Job 5:9-10). Door de verbinding tussen water en het leven dat van JHWH komt krijgt het water dezelfde leven scheppende goddelijke kwaliteiten.[8] We zullen in het volgende deel bekijken hoe dit gegeven concreet vorm krijgt.

CHAOS & ORDE

Als we spreken over "chaos" in de HB duidt dit op de afwezigheid van orde. Het betekent dat de dingen zich niet op de voor hen bestemde plaats bevinden. Schepping is dan in wezen het aanbrengen van een ordening in de vormeloosheid van de chaos.[9] De Bijbel begint al direct in de eerste twee zinnen met dit gegeven: Gen. 1:1-2, "In het begin schiep God de hemel en de aarde. De aarde was nog woest en doods (בֹּהוּ letterlijk "leeg," aanduiding voor "niets," *apk*) en duisternis lag over de oervloed, maar Gods geest zweefde over het water."

Het woord תֹהוּ ("vormloosheid, leegte, chaos") vinden we op meerdere plaatsen terug in de HB, onder andere bij de profeet Jesaja in hoofdstuk 45 vers 18, waar hij het volgende profeteert: "Dit zegt de Heer, die de hemel geschapen heeft - hij is God! -, die de aarde gemaakt en gevormd heeft en die haar heeft gegrondvest - niet als chaos schiep hij de aarde, maar om te bewonen heeft hij haar gevormd (...)." Hier wordt door de profeet duidelijk een link gelegd tussen creatie en de afwezigheid van chaos. God schept orde in de materie, zoals ook wordt bevestigd in het volgende vers van hoofdstuk 45: "Ik heb Jakobs nageslacht niet gevraagd: 'zoek mij in de chaos'. Nee, ik ben de Heer (..)."

In de *Enuma Elish*, de Babylonische scheppingsmythe uit de 13e eeuw BCE, strijdt de oppergod Marduk tegen Tiamat, de godin die in de vorm van een slang de oerchaos vertegenwoordigt. Zij is de heerser van de zoutwateroceaan, de vormeloze oervloed. Het gevecht wordt gewonnen door Marduk, waarna hij het lichaam van Tiamat in tweeën splijt en met de ene helft het dak van de hemel maakt en met de andere helft de aarde.[10] Hierna schiep hij planten en dieren en uiteindelijk de mens. De schepping begint dus met een overwinning op de chaos, gepersonifieerd als een godin en voorgesteld als een oneindige zee.

---

[8] Holt, *ibid*, p. 71. Holt bespreekt in zijn artikel de metafoor van "God als levend water" en citeert in dit verband Ps 42:2: "Zoals een hinde smacht naar stromend water, zo smacht mijn ziel naar u, o God. Mijn ziel dorst naar God, naar de levende God, wanneer mag ik nader komen en Gods gelaat aanschouwen?" Water en God worden in deze Psalm aan elkaar gelijkgesteld, waarbij het leven gevende aspect centraal staat (Holt, *ibid*, p. 71-76. Zie ook p. 100-110 over Jer 2:13). Eidevall bespreekt Ps 63:2: "God, u bent mijn God, u zoek ik, naar u smacht mijn ziel, naar u hunkert mijn lichaam in een dor en dorstig land, zonder water." (Eidevall, *ibid*, p. 14-15).

[9] Cho, *ibid*, p. 130: "Separating unlike things and inscribing boundaries between them constitute one of the fundamental activities that characterize God's creative act."

[10] Propp, *ibid*, p. 1. P.K. Cho, *ibid*, p. 79, 130.

Daarna deelt de scheppende god Marduk de chaosgodin in twee helften en gebruikt ze om de aarde en de hemel te laten ontstaan.[11]

Dezelfde elementen vinden we terug in het scheppingsverhaal van Genesis 1: een oervloed (תהום), een scheppende God en een scheiding van elementen, waarna de schepping vorm krijgt.[12] We kunnen stellen dat de orde, dat wat geschapen wordt, reeds aanwezig is in de chaos (zoals uit Tiamat de hemel en aarde voortkomen). Voor de schepping "zweefde de geest van God over de wateren." Dit zijn de wateren van de oervloed of, zoals ik het zelf graag aanduid: de "oersoep," omdat alle ingrediënten van de schepping aanwezig zijn in het water.[13]

De schepping begint dan met de eerste scheiding, die tussen licht en duisternis. Daarna wordt de hemel gevormd met het water eronder. De derde scheiding is die van het water onder de hemel dat naar één plaats stroomt, zodat droog land verschijnt (רעה "zien, doen zien, verschijnen"). Dit land ontstaat omdat het water samenstroomt en dus niet meer alles bedekt. Droog land komt tevoorschijn uit het water en was dus al aanwezig in de "oersoep."[14]

---

[11] Dat Tiamat wordt afgebeeld als een slang heeft natuurlijk een belangrijke betekenis die teruggaat op de specifieke eigenschappen van het dier. De slang hoort in geen enkele categorie thuis, waardoor het symbool staat voor chaos. Het is tevens een dier dat wordt geassocieerd met herschepping of genezing (vervellen). Ook wordt het in verband gebracht met eeuwigheid of het concept van circulaire tijd (de slang die in zijn eigen staart bijt). Dit zijn allemaal zaken die verbonden zijn met het begrip "chaos," zoals we verder in het artikel zullen zien. Uiteraard is ook het optreden van de slang in het paradijsverhaal geen toeval en veelzeggend, maar dit voert ons nu te ver (Kristensen, p. 261-264).

[12] In Genesis is er geen sprake van een strijd tussen God en een of andere chaos-godheid. Zo'n strijd zou impliceren dat er naast JHWH ook andere goden zouden bestaan en dat wordt in Genesis ten stelligste ontkend. Het scheppingsverhaal, waarschijnlijk ontstaan in de (post-) exilische tijd, is tevens een vingerwijzing naar de Babylonische goden: deze God heeft geen wapens nodig, hoeft niet te strijden. Enkel zijn woord is voldoende: "Door het woord van de Heer is de hemel gemaakt, door de adem van zijn mond het leger der sterren. Hij verzamelt het zeewater en sluit het in, hij bergt de oceanen in schatkamers weg. Laat heel de aarde vrezen voor de Heer, en wie de wereld bewonen hem duchten, want hij sprak en het was er, hij gebood en daar stond het." (Ps 33:6-9).

[13] Zie het volgende citaat uit het boek van Cho waar hij de overeenkomsten tussen het scheppingsverhaal in Genesis en de Enuma Elish bespreekt en hierbij zowel het thema van "scheiding" aanhaalt, als ook het principe van het 'oerwater': "(...) the primordial sea, תהום, which alludes to Tiamat (...) is there before creation begins (...) God's first act of creation is to divide the primordial sea in half and to place a firmament in between to keep the halves separate (...)" (Cho, *ibid*, p. 79).

[14] Eenzelfde voorstelling van land dat uit de oeroceaan tevoorschijn komt vinden we ook bij Egyptische scheppingsmythes, zoals die van *Hermopolis Magna* en *Heliopolis*. Ook het concept dat "alles" in beginsel al aanwezig was in de oeroceaan vinden we in deze teksten terug. Zie bijvoorbeeld https://www.sacred-texts.com/egy/eml/eml04.htm.

Water is een substantie die een zeer tegenstrijdig karakter heeft: het is altijd in beweging, nooit hetzelfde en vertegenwoordigt daarmee in principe de chaos.[15] Tegelijkertijd bevat het wel alle bouwstenen om orde tot stand te brengen: chaos bevat immers de potentie van ordening, het is de fase voor orde (of erna als de orde vervallen is, zie het Noachverhaal in het boek Genesis).[16] Het is daarom niet vreemd om te lezen dat "water en land" van elkaar gescheiden werden. Land komt voort uit water: Gods Geest zweefde over de wateren (de oervloed of de chaoswateren). Nu is er scheiding aangebracht en dus een plaats (het land) waarop dieren, mensen en planten kunnen leven.

Het concept dat chaos een vormeloze toestand weergeeft waarin alle elementen van een orde in principe aanwezig zijn, is goed te begrijpen als we denken aan de fysieke kwaliteiten van de zee: altijd in beweging, nooit hetzelfde, geen vaste vorm, ongrijpbaar, mysterieus, niet te doorgronden, onvoorspelbaar. Allemaal eigenschappen die een orde tegenspreken. Hoe de orde dan toch verbonden werd met dit chaotische water moet liggen in het feit, zoals reeds besproken, dat water "leven geeft" en daarmee orde voortbrengt.

Het duidelijkst wordt dit wanneer we kijken naar de overstromingen van de Nijl. Deze rivier stroomt door geheel Egypte en had een zeer regelmatig verloop. Elk jaar in de zomer overstroomde de Nijl door de moessonregens op de Afrikaanse hoogvlaktes, waarbij het vruchtbare grond afzette in de droge woestijn. Dat is dan ook de reden dat alle steden in de Egyptische oudheid gebouwd waren langs de Nijl, aangezien deze rivier de Egyptenaren voorzag van water en vruchtbare landbouwgrond. De rivier trad dus elk jaar buiten haar oevers, waarmee het chaotische karakter van water telkens opnieuw bevestigd werd. Tegelijkertijd echter gebeurde dit op regelmatige tijden en volgde de chaos dus een zeker patroon. De jaarlijkse overstromingen zorgden er daarmee voor dat er een menselijke orde kon ontstaan: de steden langs de Nijl, later samengevoegd in de allesomvattende orde van een koninkrijk.[17]

SCHEPPEN IS ONDERSCHEIDEN

Chaos & orde zijn twee zijden van eenzelfde medaille, waarbij alle elementen aanwezig zijn, maar door elkaar heen vloeien zonder een vaste plaats te hebben. Schepping is dan het aanbrengen van een scheiding tussen de elementen, of ook het vaststellen van een eigen plaats van elk "ding." Het antwoord van JHWH aan Job in hoofdstuk 38:4-11 geeft dit principe goed weer:

---

[15] Cho, *ibid*, p. 102-103: "I agree that sinking into, drowning in, and dying by means of water can and are used as metaphors for danger and destruction in the Hebrew Bible and in other Near Eastern literature. In fact, water is a common metaphor for danger and destruction in Western, if not world, literature." (citaat, p. 103).

[16] Holt, *ibid*, p. 76.

[17] *Ancient Egypt and the Near East. An Illustrated History*, New York 2011, p. 6-9.

Waar was jij toen ik de aarde grondvestte? Vertel het me, als je zoveel weet.
Wie stelde haar grenzen vast? Jij weet dat toch? Wie strekte het meetlint over haar uit?
Waar zijn haar sokkels verankerd, wie heeft haar hoeksteen gelegd,
terwijl de morgensterren samen jubelden
en Gods zonen het uitschreeuwden van vreugde?
En wie sloot de zee af met een deur, toen ze uit de schoot van de aarde brak?
Ik hulde haar in een gewaad van wolken en omwond haar met donkere nevels.
Ik legde haar mijn grenzen op en sloot haar af met deur en grendelbalk, en zei:
"Tot hiertoe en niet verder, dit is de grens die ik je trotse golven stel."

Over de plaats van het oerwater na de schepping (onder de aarde of boven het hemelgewelf, maar in ieder geval gescheiden van het "gewone" water) en de betekenis hiervan kunnen we nu niet verder uitweiden. Wat van belang is voor dit artikel is dat tijdens de schepping uit het oerwater - waarbij elk element een eigen plaats krijgt toegewezen - ook het oerwater zelf een vaste plaats krijgt toebedeeld. Het chaoswater wordt vastgezet en gescheiden van de orde.[18] Dit is noodzakelijk, omdat de orde steeds opnieuw kan terugvallen in een chaotische toestand. Het duidelijkste voorbeeld hiervan is het alom bekende verhaal van Noach in Genesis 6 - 9. De schepping was nog maar "kortgeleden" gebeurd en nu wil JHWH een einde maken aan alle levende wezens, behalve Noach en zijn familie (en van elke diersoort twee). De "sluizen van de hemel werden opengezet" en de "bronnen van de oervloed werden opengebroken" (v. 11) en water overstroomde de gehele aarde. De schepping werd ongedaan gemaakt en keerde terug naar de chaotische oertoestand, met enkel water dat zelfs de hoogste bergtoppen bedekte (v. 19).

De aarde was nu opnieuw "woest en ledig," vormeloos en continue in verandering. Er is echter een verschil met de toestand van voor de schepping: de ark die drijft op het water. De ark is een soort orde in het klein, dat het zaad van de oorspronkelijke schepping draagt en herbergt. Wanneer het water begint te zakken wordt het eerste stukje land weer zichtbaar en, evenals bij de eerste schepping, ontstaat er weer een orde. De schepping hoeft niet helemaal overgedaan te worden, aangezien de dieren netjes twee aan twee de aarde weer zullen bevolken. Zo gaat het Noach verhaal van wanorde in de orde (de mensen die zich onrechtvaardig gedroegen), naar orde drijvend op chaos, totdat de chaos verdwijnt en de mini-orde strandt op vaste grond. Dan volgt de beroemde zin: "Wees vruchtbaar en word talrijk, bevolk de hele aarde." (Gen 9:7). De orde is teruggekeerd, een nieuw begin is gemaakt en de aarde zal weer worden bewoond, ingericht en geordend.[19]

---

[18] Holt, *ibid*, p. 77.

[19] De regenboog is hierbij het teken van het verbond dat JHWH sloot met Noach en zijn nakomelingen en alle levende wezens die bij hen zijn (Gen 9: 8-17). De regenboog is een boog in de wolken en doet denken aan het "hemeldak" van Genesis 1. JHWH belooft om nooit meer het water tot een vloed te laten aanzwellen dat alles en iedereen vernietigt (v. 11 en 15). Het water zal dus voor altijd worden opgesloten, zoals gebeurde bij de scheiding van hemel en aarde: (Gen 1:7)

Schepping in de HB is orde aanbrengen, is scheiding maken tussen de elementen.[20] Het is wat Adam en Eva doen in het Paradijs als ze namen mogen geven aan alle levende wezens en het is wat de priesters doen in hun goddelijke opdracht: scheiding aanbrengen en markeren tussen goddelijke en profane (niet-goddelijke) zaken. Wanneer een priester dat doet (bijvoorbeeld offeren: het overbrengen van een dier of plant (of mens) van de profane wereld naar de goddelijke wereld of mensen en zaken rein/onrein verklaren) brengt hij niet alleen orde aan tussen de goddelijke en de menselijke wereld, maar voert daarmee tegelijk een daad van (her)schepping uit.[21]

HET BIEZEN MANDJE

Van de ark van Noach naar het biezen mandje van Mozes is een kleine stap.[22] Het mandje is gemaakt van rietstengels die kunstig in elkaar geweven zijn, waardoor er een structuur ontstaat die kan drijven op water en zelfs een baby kan dragen. De ark is dan wel niet geweven, maar is uiteraard ook zodanig in elkaar gezet dat het een eenheidsstructuur vormt, een orde zo je wilt. Zowel de ark als het mandje drijven op water en wachten geduldig tot er een nieuw begin aanbreekt, of beter gezegd beide bevatten het zaad van een nieuw begin. In het geval van Mozes gaat het om het begin van het bevrijdingsverhaal van de Israëlieten. Drijvend op de krachten van de chaos, op het water, dat tegelijk de bouwstenen van orde in zich draagt, werd het kindje in een mandje gelegd om te ontsnappen aan de ultieme chaos: de kindermoord van de farao. Hij zal uit water een nieuwe orde vestigen, uiteraard met de kracht van JHWH.

De volksgenoten van Mozes moesten hard werken: ze maakten stenen uit de klei en het riet langs de oever van de Nijl. Uit het resultaat van chaos (overstroming en afzetting kleigrond) bouwden de Israëlieten zo als slaven aan de orde van de Egyptenaren door bakstenen te leveren voor de bouw van hun huizen (Exod 1:11). Op deze orde (het water van de Nijl) dreef echter de kiem van een nieuwe orde, een nieuw begin voor het volk: Mozes die het volk zou bevrijden. De nieuwe orde zal de oude orde omverstoten en doen verdwijnen.

"God maakte het gewelf en scheidde het water onder het gewelf van het water erboven." Na de zondvloed (de overstroming van de aarde door het chaoswater) plaatst JHWH een boog aan de hemel en belooft dat het oerwater nooit meer de aarde zal overspoelen: de boog is niet enkel het symbool van dit verbond, maar is gelijk het "gewelf" of "hemeldak" van Genesis 1 en draagt het water erboven. Wat JHWH feitelijk belooft met zijn verbond met alle levende wezens op aarde waarvan de regenboog het symbool is, is dat Hij nooit meer zal toelaten om orde in chaos te laten terugkeren.

[20] Cho citeert Ps 104:9 ("U stelde een grens die zij niet overschrijden, nooit weer zullen zij de aarde bedekken") en stelt daarna het volgende vast: "Creation is first and foremost an act of expulsion, of building a wall and its maintenance." (Cho, *ibid*, p. 74).

[21] E.E. Meyer, *Divide and be Different: Priestly Identity in the Persian Period*, Theological Studies 68 (1), 2012, p. 3-6.

[22] In het Hebreeuws wordt hetzelfde woord gebruikt voor mand en ark: תבה.

Dit gegeven wordt nog verder uitgewerkt bij twee van de 10 plagen (hoewel alle plagen als doel hebben om de orde van de Egyptenaren aan te tasten): het water van de Nijl dat in bloed verandert (Exod 7:17-25) en de kikkers die het hele land bedekten (Exod 7:26-8:11).

Het water van de Nijl dat, zoals reeds enkele malen is vermeld, staat voor chaos, maar tegelijk ook voor leven en dus de orde, dit water wordt veranderd in bloed en wordt daarmee doods en ondrinkbaar. De orde is geheel en al verdwenen. Het is zelfs niet meer aanwezig in het water als een "mogelijke orde": het water zelf, dat symbool staat voor orde in de chaos, is weg. De mogelijkheid om een nieuwe orde te doen ontstaan uit de chaos is verdwenen. De Egyptenaren zullen zich nooit meer herstellen, zo lijkt het verhaal te willen zeggen.

De kikkers die het land bedekten hebben hierbij een meervoudige betekenis. Ten eerste zijn het de kikkers die in de Egyptische scheppingsmythen als eerste levende wezens het nieuwe land betraden. De Egyptenaren zagen dit ook gewoon in het dagelijkse leven gebeuren: als de overstromingen voorbij waren, konden er nieuwe eilandjes gevormd zijn waarop als eerste de kikkers - dieren die zowel in water als op het land leven - vaste grond vonden. De plaag van de kikkers duidt er dan op dat het land van de Egyptenaren gezien wordt als "nieuw land" en de oude orde dus voorbij is. De orde van de Egyptische heerschappij is letterlijk onder de "voet" gelopen.

Een tweede betekenis ligt in het feit dat kikkers inderdaad zowel op land als in het water leven en hiermee dus niet tot een vaste categorie behoren. Dit maakt ze uitermate geschikt als "chaosdieren," dieren zonder een duidelijke plaats in de schepping. Vanuit het water, vanuit de chaos, bezetten ze het hele land van Egypte waarmee gezegd wordt dat chaos de orde heeft overgenomen. In feite is het hele land (en niet alleen de oevers van de Nijl) overstroomd (met kikkers) en dus veranderd in chaos. De orde van de Egyptenaren is voorbij, een nieuwe orde breekt aan met de persoon van Mozes, geleid door zijn God, schepper van hemel en aarde.[23]

SCHEIDING VAN WATER

Uitgetreden uit de verstikkende orde die het slavenbestaan in Egypte bood, stond het volk voor een nieuwe uitdaging: een zee. Mozes hief zijn staf, dezelfde die Aäron boven de Nijl had geheven waardoor het water in bloed

[23] De magiërs van de farao kunnen de wonderen van het bloedwater en de kikkers nadoen (Exod 7:22 en 8:3). Zij zijn in staat om van orde chaos te maken. Het omgekeerde kunnen ze echter niet, iets dat de God van Mozes wel kan: het scheppen van iets nieuws, van een nieuwe orde. De magiërs moeten afhaken wanneer Aäron op de grond slaat en al het stof in muggen veranderde (Exod 8:13).

veranderde, en het water ging uiteen, waardoor er een droge weg ontstond dwars door de zee heen: de splijting van de Rietzee (Exodus 14). We zien hier opnieuw het thema van chaos & orde terugkeren en wel in een zeer beeldende vorm: het water dat oprijst aan beide kanten als een muur en de droge weg in het midden die naar de overkant leidt. Dwars door de chaos heen opent JHWH een weg, droog land midden in het water. De schepping resoneert hier duidelijk mee en wordt in feite herhaald.[24] JHWH laat het water stromen naar een punt (twee punten in dit geval) en laat zo droog land tevoorschijn komen. Dwars door de chaos heen opent zich een pad naar een nieuwe toekomst, een nieuw begin, een herschepping van het volk als het ware. Door het water heen bereikt het volk onder leiding van Mozes de overkant, waar ze een Verbond zullen sluiten met JHWH en een nieuw leven zullen beginnen in het Beloofde Land. Een nieuwe orde zal aanbreken, terwijl achter hen de oude orde in de vorm van de Egyptische soldaten wordt verzwolgen door de krachten van de chaos.[25]

Het scheiden van het water wordt zo een zeer krachtig beeld van herschepping, van een nieuw begin en het toont de macht van JHWH die uit chaos orde kan scheppen, die water en land van elkaar kan scheiden. Zo wordt de doortocht door de Rietzee een soort herhaling van die eerste scheppingsdaden van God, toen Hij de wereld schiep door een scheiding aan te brengen en alles een eigen plaats gaf. Cho verwoordt het als volgt:

> *What has happened? Creation happened. God defeats his enemy, Egypt, and creates Israel as his people, a people who have been physically, mentally, and cosmically reconstituted. (...) The coming into being of the people of Israel is a second event of creation, according to the Priestly writers, for whose sake the boundaries of creation are undone. In this sense, uncreation also happened. In the process of Israel's creation, that is her redemption, the boundary of created order is undone, if momentarily, and transgressed.*[26]

BEGIN VAN EEN NIEUWE ORDE

Het scheiden van water komt in meer verhalen in de HB voor en heeft dan telkens te maken met een nieuw begin en dus elke keer met een vorm van "herschepping" en het ontstaan van een nieuwe orde. Wanneer het volk na veertig jaar rondzwerven door de woestijn eindelijk het land mag betreden onder leiding van Jozua (de nieuwe leider die na Mozes het volk leidt naar een nieuwe toekomst) gebeurt dit op een speciale manier: de priesters die de ark dragen gaan in het water van de rivier staan waarna het water ver weg

---

[24] Cho, *ibid*, p. 142-143.

[25] Zie het *Lied van Mozes* direct na de doortocht door de Rietzee in Exodus 15 en met name vers 5 over het "kolkende water dat de Egyptenaren overspoelde" en vers 17 waarin wordt voorzegd dat JHWH zijn volk zal planten op zijn berg. Vergelijk ook Ps 42:8 en Holt, *ibid*, p. 115.

[26] Cho, *ibid*, p. 132.

stroomopwaarts tot stilstand komt en een dam vormt (Jozua 3). Het volk trekt vervolgens over droog land naar de overkant, het beloofde land en een nieuwe orde binnen.[27]

Het omgekeerde gebeurt wanneer Elia, samen met zijn opvolger Elisha, de Jordaan oversteekt om nooit meer terug te keren. De profeet slaat met zijn mantel op het water waarna het water spleet en de twee mannen droog konden oversteken (2 Kon 2:8). Elia verlaat de orde van het land Israël, op de plaats waar Jozua en het volk waren binnengetreden, om in de hemel te worden opgenomen. Elisha keert daarna terug naar de rivier en herhaalt het scheiden van het water door tweemaal op het water te slaan (v. 14). Opnieuw scheidde het water zich en Elisha trad het land binnen, nu als de nieuwe profeet bekleed met zowel de mantel als de geest van Elia. Ook hier duidt de scheiding van water op het begin van iets nieuws, op de orde die opnieuw wordt gerangschikt.

De eerste daad die Elisha vervolgens in het land doet is het gezond maken van het water van Jericho (v. 19-22) (de eerste stad die de Israëlieten waren tegengekomen en die Jozua vervloekt had: Joz 6:26), wat ook resoneert met de eerste wonderdaad van Mozes na de Uittocht, namelijk het gezond maken van het water van Mara (Exod 15:23-25). Deze overeenkomst is uiteraard geen toeval en toont aan hoe complex de betekenissen van water zijn in de HB.

De "waterstrijd"

Elia ging met de priesters van Baäl een strijd aan om te tonen wie de werkelijke god is in het land (1 Koningen 18). Het is het bekende verhaal van het offer waarrond de priesters van Baäl staan te roepen en te dansen, maar niets gedaan krijgen van hun god. Zelfs nadat ze zichzelf hadden gesneden en het bloed over hun lijf stroomde, was er nog steeds geen vuur uit de hemel gekomen om het brandoffer aan te steken. Dan is het de beurt aan Elia. Hij liet het brandoffer overgieten met water (12 kruiken: een voor elke stam van Israël), zodat het door en door nat was. Na een kort gebed sloeg het vuur van JHWH in op het altaar en verteerde alles, zelfs het water.

Het is het begin van een nieuwe tijd waarin er een einde gemaakt is aan de afgodendienst (alle Baäl priesters van Izebel werden na de "waterstrijd" ter dood gebracht) en JHWH het na drie jaar droogte weer laat regenen. Droogte in de HB wordt veelal beschouwd als een straf van God voor het niet navolgen van zijn regels.[28] Het niet volgen van regels leidt tot chaos, zoals droogte de gehele

---

[27] In Joz 5:2-9 wordt verteld wat de Israëlieten als eerste deden toen ze het Beloofde land waren binnengetrokken na 40 jaar rondzwerven: ze lieten zich besnijden. Is het toeval dat, juist binnengetreden in een nieuwe orde, na herhaling van de splijting van de zee, de weg door het water, een nieuw begin wordt gemaakt met opnieuw een scheiding, namelijk de besnijdenis?

[28] Zie bijv. Deut 28:22-24, Hos 2:5 en Hag 1:11.

orde van het land in chaos doet vervallen (zie bijv. Jeremia 14). De orde kan enkel door water hersteld worden, maar niet door het water van de regen, maar dat van het offer van Elia.

Een brandoffer dat volledig overgoten is met water behoort bij geen enkele categorie: vuur en water gaan immers niet samen. Het chaos-karakter van water wordt hiermee extra benadrukt, maar tegelijk daarmee ook de potentie van een nieuwe orde die in de chaos (het water) aanwezig is. Het overstroomde offer wordt door JHWH geheel en al (inclusief het water) opgenomen en getransformeerd in een nieuwe situatie waarin een hernieuwde orde ontstaat. Het water toont zijn ordelijke essentie. Daarna brengt JHWH de regen weer terug als een zegen over het land dat de afgodencultus achter zich heeft gelaten en de weg naar JHWH weer is ingeslagen. Na de transformatie van het "altaarwater" en de hernieuwde start van de juiste cultus, wordt de orde van het land weer hersteld door de terugkomst van de regen (I Kon 18:45).[29]

DRIE VOORBEELDEN

Het aantal voorbeelden van het gebruik van water in de HB, waarbij het thema "orde & chaos" een fundamentele rol speelt, is lang niet uitgeput. We bespreken er nog drie, om aan te tonen dat wanneer het in de HB over water gaat, de tekst vaak gevoed wordt door de dieperliggende betekenissen, welke we hierboven besproken hebben.

1. In Hos 5:10 klaagt de profeet de leiders van Juda aan: zij hebben de grenzen verlegd (כְּמַסִּיגֵי גְּבוּל). JHWH zal daarom zijn "straf als water over hen uitstorten." We kunnen ons natuurlijk afvragen of de keuze van de metafoor van water toevallig is, maar gezien de belangrijke associaties van orde & chaos die met water verbonden zijn, kunnen we ervan uitgaan dat deze ook hier op de achtergrond meespelen. Het verleggen van een grens is de ultieme actie om de gevestigde orde te ondergraven. De grenzen geven immers aan waar het ene stuk land van een eigenaar begint en het andere ophoudt. Ze vormen de basis van een geordend samenleven. Het verleggen van de grenzen tast de orde in het diepst van haar wezen aan. Een dergelijke overtreding beantwoordt JHWH, volgens de profeet Hosea, met volstrekte chaos: Gods straf zal over hen heen stromen. We hebben ondertussen begrepen dat wanneer iets volledig is overstroomd dit betekent dat de bestaande orde is opgehouden te bestaan en opgenomen is in de vormeloze toestand van de chaos. Dit is de straf die de "ordeverstoorders" te wachten staat: een terugkeer naar een niet-bestaan,

[29] Propp, *ibid*, p. 12.

waarbij ze opgenomen zullen worden in een chaotische toestand van vormeloosheid.[30]

2. Wanneer Mozes met het volk over het droge is getrokken en de zee achter hen de oude orde heeft verzwolgen, staan de Israëlieten in de woestijn. Exod 15:22-27 vertelt wat er direct daarna gebeurde:

> *Van de Rietzee ging Israël in opdracht van Mozes weer verder, de woestijn van Sur in. Drie dagen trokken ze door de woestijn zonder water te vinden.*
>
> *Toen kwamen ze in Mara. Het water van Mara konden ze echter niet drinken, zo bitter was het; vandaar ook dat die plaats Mara heet.*
>
> *Het volk begon zich bij Mozes te beklagen. 'Wat moeten we drinken?' zeiden ze.*
>
> *Mozes riep de Heer aan, en de Heer wees hem op een stuk hout. Toen hij dat in het water gooide, werd het zoet. Daar in de woestijn gaf de Heer hun wetten en regels, en daar stelde hij hen op de proef.*
>
> *Hij zei: 'Als jullie de woorden van de Heer, jullie God, ter harte nemen, als jullie doen wat goed is in zijn ogen en al zijn geboden en wetten gehoorzamen, zal ik jullie met geen van de kwalen treffen waarmee ik Egypte heb gestraft. Ik, de Heer, ben het die jullie geneest.'*
>
> *Hierna kwamen ze in Elim, een plaats met twaalf waterbronnen en zeventig dadelpalmen. Daar sloegen ze bij het water hun tenten op.*

Het volk trok drie dagen door de woestijn en vond geen water. Dan kwamen ze eindelijk bij een bron, maar het water ervan was bitter en dus ondrinkbaar. Mozes riep naar JHWH en Hij reikte de oplossing aan. Door een stuk hout in het water te gooien werd het drinkbaar. Afgezien van de betekenis van het hout en het wonder dat plaatsvond, leren we uit dit verhaal dat JHWH van dood water levend water kan maken (het omgekeerde had JHWH gedaan toen Mozes op de Nijl had geslagen). Hier wordt het gegeven bevestigd dat uit JHWH het leven voortkomt en dat gebeurt ook in dit verhaal met behulp van water dat de dorst lest en nieuw leven geeft.

Direct nadat het water zoet (drinkbaar) was geworden, gaf God wetten en regels aan het volk. We hebben hier weer alle elementen die we al verscheidene malen hebben gezien: water dat leven geeft en afkomstig is van JHWH, een nieuw

---

[30] Cho schrijft het volgende (*ibid*, p. 70): "(...) YHWH not only reigns but also exercises creative reign: His thunderous voice keeps the raging waters that threaten life and order under control (...)".

begin en een ordening. JHWH die het leven geeft (wat in feite schepping betekent of een herschikking van de elementen in de vormeloze chaos) staat ook borg voor de orde. Door het water volgde het volk een weg die door JHWH was "aangelegd," de oude orde lieten ze achter zich (deze werd opgeslokt door de chaotische zee) en een nieuwe orde wachtte hen aan de overkant. Daar aangekomen kregen ze na drie dagen (dan is de dood zeer nabij) zoet water te drinken (het water van Mara, v. 23-25), waarmee duidelijk werd dat God hen het leven geeft. Direct daarna, en dat kan geen toeval zijn, krijgen ze de wetten en regels die hun bestaan zullen ordenen (v. 25b). JHWH is ook nu de bevrijder uit de chaos, de bron van het leven en de schepper van de orde.

Het watermotief wordt verder uitgewerkt als deze pericoop afsluit met de mededeling dat de Israëlieten hun tenten opslaan bij een plaats met twaalf waterbronnen: voor elke stam een bron. Dit sluit aan op de mededeling van JHWH die zegt dat wanneer het volk zich houdt aan de geboden en wetten die Hij zojuist heeft gegeven, het volk "gezond" zal zijn (v. 26) en dus zal leven.

3. Het derde voorbeeld is een van de wonderlijkste verhalen uit de HB. In 2 Kon 6:1-7 wordt verteld over de groep van profeten rond Elisha die bomen gingen kappen om een nieuw huis te bouwen. Tijdens het hakken kwam het ijzeren blad los van een bijl. Het blad viel in het water en was verdwenen. Elisha sneed vervolgens een tak af en gooide deze in het water, waarna het ijzeren blad boven kwam drijven. Deze vertelling gaat volledig in tegen de natuurwet dat alles wat een grotere dichtheid dan water heeft, zinkt en zeker niet drijft. Toch dreef het ijzer op het water...

We zien in het verhaal dezelfde thema's terugkeren van orde en chaos. De profeten kappen bomen om een huis te bouwen, wat letterlijk bouwen aan een orde is. In ieder geval een van hen heeft een ijzeren bijl om de bomen om te hakken. Het gebruik van ijzer is bij uitstek een teken van orde, gezien het feit dat er veel bewerkingen nodig zijn om het ruwe ijzer om te vormen tot gereedschap.[31] Het smeden van ijzer (en andere metalen) kunnen we beschouwen als het omvormen van een ruwe vorm tot een ordelijk geheel, van chaos naar orde.

Het ijzer, symbool van orde, valt in het water en wordt geheel en al omsloten. "Orde" is overspoeld door de vormeloosheid van het water, maakt er deel van uit. Het ijzeren blad wordt echter door ingrijpen van Elisha gescheiden van het water en komt bovendrijven. Het ijzer, gebruikt om een ordening aan te brengen (het bouwen van een huis) en in zichzelf symbool van orde drijft nu als een ark of een biezen mandje op de chaoswateren. Orde komt ook in dit verhaal voort uit de chaos en wordt ervan gescheiden. Elisha bezit de goddelijke kracht om

[31] R.F. Tylecote, *A History of Metallurgy. Second Edition*, London 1992, p. 47-50.

scheiding aan te brengen en zo "iets nieuws" te scheppen. Want dat is wat schepping feitelijk is: het herschikken van de chaos zodat orde komt bovendrijven.

TOT SLOT

We hebben aangetoond dat bij veel verhalen waarin water een rol speelt, de thema's van chaos en orde een fundamentele rol spelen. Door deze thema's in de "waterverhalen" te herkennen kunnen veel van deze teksten verduidelijkt en verdiept worden. De inherente eigenschappen die aan water worden toegedicht (chaotisch en vormeloos in de oertoestand en bevattende al het leven als ook de potentie van orde) resoneren immers mee wanneer de HB het over water heeft. De betekenis van water krijgt zo verschillende betekenislagen die in meer of mindere mate de betekenis van een tekst bepalen.

Wanneer we de HB bestuderen is het daarom altijd aangewezen om begrippen, beelden en metaforen die worden gebruikt in een tekst te begrijpen in de eigen context. Enkel op deze manier kunnen we doordringen in de wereld van de HB, waarin van chaos orde wordt gemaakt en wegen ontstaan in vormeloze wateren.

Als afsluiting volgt een deel van Psalm 104, waarin alle besproken elementen terugkeren, inclusief de melding van het verslagen zeemonster, Leviatan geheten. Dit is de mythische zeedraak, het chaosmonster dat door JHWH overwonnen is.[32] JHWH is immers de heerser over de chaos, de schepper, maker en hersteller van de orde: Hij die het water op zijn plaats houdt en het laat stromen waarheen Hij wil.[33]

---

[32] Cho, *ibid*, p. 1, 75, 100-102.

[33] Job 26:7-13: "Hij strekt het noorden uit boven de woeste leegte, en hangt de aarde op - boven het niets. Hij laat de wolken zwellen van het water, maar ze splijten niet onder hun gewicht. Hij bedekt de aanblik van zijn troon en spreidt er een wolk over uit. Hij trekt een cirkel rond de wateren, langs de verste grens van licht en duisternis. De hemelzuilen schudden heen en weer en zijn verbijsterd, zo vervaarlijk is hij. Met zijn kracht doet hij de zee bedaren en met zijn vaardigheid verdelgt hij Rahab. Met zijn adem blaast hij de hemel schoon, zijn hand doorboort de kronkelende slang." Zie ook Psalm 74:13-15: "U hebt door uw kracht de zee gespleten en de koppen van monsters op het water verpletterd, u hebt de schedels van Leviatan verbrijzeld, hem als voedsel gegeven aan de dieren in de woestijn, u hebt bronnen en beken laten ontspringen, altijd stromende rivieren drooggelegd." Voor een vergelijking en bespreking van Psalm 74 en 104, zie Cho, *ibid*, p. 71-76.

Psalm 104

1 Prijs de Heer, mijn ziel. Heer, mijn God, hoe groot bent u. Met glans en glorie bent u bekleed,

2 in een mantel van licht gehuld. U spant de hemel uit als een tentdoek

3 en bouwt op de wateren uw hoge zalen, u maakt van de wolken uw wagen en beweegt u op de vleugels van de wind,

4 u maakt van de winden uw boden, van vlammend vuur uw dienaren.

5 U hebt de aarde op pijlers vastgezet, tot in eeuwigheid wankelt zij niet.

6 De oerzee bedekte haar als een kleed, tot boven de bergen stonden de wateren.

7 Toen u dreigde, vluchtten zij weg, toen uw donderstem klonk, stoven zij heen:

8 naar hoog in de bergen, naar diep in de dalen, naar de plaatsen die u had bepaald.

9 U stelde een grens die zij niet overschrijden, nooit weer zullen zij de aarde bedekken.

10 U leidt het water van de bronnen door beken, tussen de bergen beweegt het zich voort.

11 Het drenkt alles wat leeft in het veld, de wilde ezels lessen er hun dorst.

12 Daarboven wonen de vogels van de hemel, uit het dichte groen klinkt hun gezang.

13 U bevloeit de bergen vanuit uw hoge zalen, de aarde wordt verzadigd en vruchtbaar:

14 gras laat u groeien voor het vee en gewassen die de mens moet verbouwen. Zo zal hij brood winnen uit de aarde

15 en wijn die het mensenhart verheugt, geurige olie die het gelaat doet stralen, ja, brood dat het mensenhart versterkt.

16 De bomen van de Heer zuigen zich vol, de ceders van de Libanon, door hemzelf geplant.

24 Hoe talrijk zijn uw werken, Heer. Alles hebt u met wijsheid gemaakt, vol van uw schepselen is de aarde.

25 Zie hoe wijd de zee zich uitstrekt. Daar wemelt het, zonder tal, van dieren, klein en groot.

26 Daar bewegen de schepen zich voort, daar gaat Leviatan, door u gemaakt om ermee te spelen.

27 En allen zien ernaar uit dat u voedsel geeft, op de juiste tijd.

28 Geeft u het, dan doen zij zich te goed, opent zich uw hand, dan worden zij verzadigd.

29 Verberg uw gelaat en zij bezwijken van angst, ontneem hun de adem en het is met hen gedaan, dan keren zij terug tot het stof dat zij waren.

30 Zend uw adem en zij worden geschapen, zo geeft u de aarde een nieuw gelaat.

The future of European Anglicanism after Brexit

Jack McDonald

Abstract

This paper outlines the reasons why the Church of England undertook two major waves of global missionary activity in the 18th and 19th centuries whilst never attempting missionary activity in Continental Europe. Relations between British Anglicanism and European Protestantism and to a lesser extent European Roman Catholicism were characterised by respect and a recognition of the validity of European churches. Moreover British Anglican theologians have taken a substantial interest both in European theology and politics. Having outlined the current situation with regard to Anglican chaplaincies in Europe, this paper posits Brexit as an existential threat to European Anglicanism for practical reasons connected to the employment of clergy: the future of European Anglicanism will depend on the contradiction involved in an increasing indigenisation which is creating "Euroanglicans" together with ongoing financial support from the Church of England in Britain.

INTRODUCTION - THE ANGLICAN CHURCHES AS MISSIONARY CHURCHES

This is a rather different article from the academic history and systematics which I normally write. It originates in a more personal place, since I am a priest of the Church of England[1] who has worked in Belgium for nine years.[2] I hope to outline the spread of Anglicanism across the globe in two major waves of missionary activity in the 18th and 19th centuries and to explain with reference to 16th century Anglican self-descriptions why Anglicans did not attempt any serious missionary activity in Continental Europe. Despite a traditional reading that British Anglicanism has been unconcerned with Europe and far more concerned with its own Communion chiefly in Commonwealth countries, I hope to show by using the example of Bishop George Bell that British Anglicanism has been deeply invested in European theology and politics, and that this investment has grown ever deeper in the years since the creation of the Anglican Diocese in Europe in its current form in 1980. I will end by outlining the existential threat to the Diocese in Europe posed by the withdrawal of the

---

1 The terms "Church of England" and "Anglican" are often used interchangeably in English, betraying a massive Anglocentrism in English attitudes to Anglicanism. In fact, the Church of England is one among forty provinces in the worldwide Anglican Communion, and indeed in terms of its baptized membership a smaller province than the Church of Nigeria and the Church of Uganda.

2 My professional website is found at: www.centralanglican.be.

United Kingdom from the European Union in 2020, a threat centering on practical issues of employment law as yet unnegotiated by Brussels and London. My hypothesis will be that European Anglicanism will both need ongoing financial support from London and will continue to evolve in a "Euroanglican" direction which will distance, and may one day separate, European Anglicanism from the Church of England.

The fact that an Anglican priest who works in the Kingdom of Belgium is a priest of the Church of England rather than a priest of an "Anglican Church in Belgium" or of an "Anglican Church of Europe" is itself revealing and explains the background to the title of this article.[3]

The Anglican Church began as a distinct Christian denomination in 1534, the date when King Henry VIII of England removed the English Church from the jurisdictional and canonical influence of the Church of Rome. Henry did not envisage any expansion of the Church of England beyond his personal realms in England, Wales and Ireland[4] although he did seek ecclesiastical alliances with German Lutheran states and churches.

Anglican missionary activity across the globe occurred later, in two great waves. First, in the 17th and 18th centuries, Anglican missionary activity centred on North America and the Caribbean, following both the exodus of English colonists into the Thirteen Colonies of British North America, and the industrial slave trade which English Anglicans organised in the British Caribbean Islands, chiefly Jamaica and Barbados.[5] The independence of the USA in 1783 (and of its Anglican church, called initially the Protestant

---

3 The Anglican parishes in Belgium are in fact attached to two of the forty provinces of the Anglican Communion, the Church of England and the Episcopal Church in the USA. We shall see below how these two provinces established chaplaincies in Belgium. The situation is further complicated by the legal recognition of both Church of England and Episcopal Church USA parishes by the Belgian State since 1870 under a common legal framework pursuant to the Napoleonic Concordat of 1801. The Central Committee of the Anglican Church in Belgium is the sole legal organ responsible for the administration of the physical patrimony and employees of the recognised Anglican parishes in Belgium. However, the Central Committee exercises no doctrinal or canonical authority. The author has been the Central Committee's chaplain-president since 2014.

4 Scotland was a separate kingdom from England until 1707, although England and Scotland shared the same monarchs after 1603. Scotland's Reformation was quite distinct from England's and the Church of Scotland took on a Reformed and Calvinist character quite unlike the Church of England's Anglican and episcopal character. The Church of Ireland split from the Church of England in 1867; the Church in Wales split from the Church of England in 1920: both are now independent and separate Anglican provinces. There is a minute Anglican province in Scotland which has never been part of the Church of England, the Scottish Episcopal Church.

5 There is a vast literature on Anglican mission. This first wave of mission is very well treated in this classic work: Vidler A.R., *The Church in an Age of Revolution*, London, Penguin, revised ed. 1974.

Episcopal Church to avoid the national association implied by the word Anglican)[6] and the collapse of the first British Empire led to a slight lull in Anglican missionary activity. The second, much larger, wave of this activity began after the Napoleonic Wars, when the second British Empire, centred on British India, grew and developed. This wave encompassed substantial missionary activity in the British possessions in West, East and South Africa, India and Ceylon, Malaya and Australasia, whilst maintaining missionary activity in the British possessions in Canada, the Caribbean and Guyana.[7] A key (although contested) idea behind this wave of mission was its link with an Anglican crusade against the slave trade, following the abolition of the slave trade in the British Empire in 1807 and the abolition of slavery in the British Empire in 1833.[8]

The result of these waves of missionary activity in the 21st century is that the Anglican Communion is now the third largest Christian denomination after the Roman Catholic and Orthodox Churches, and that its geographical distribution is overwhelmingly concentrated in the Global South.[9] Contemporary Anglicanism is the direct fruit of historic missionary activity. But Continental Europe has been an area devoid of any historic Anglican missionary activity, for reasons which we shall examine below. The result of this lack of missionary zeal in Europe is that the number of Anglicans in Continental Europe is so small (a maximum of 200,000 for the entire continent)[10] that the Anglican diocese in Europe remains attached to the Church of England for purely practical and pragmatic reasons.[11]

---

6 "Anglicanus" is simply the Latin for "English."

7 There is again a vast literature on the second wave of Anglican mission. A still-useful classic text is: Neil S., *A History of Christian Missions*, London, Penguin, 2nd ed. 1986. Neil was a major scholar-bishop, a Scottish Anglican and the foremost historian of his day of Christian missions in India.

8 This is not an article on the slave trade and its abolition, which is a distinctive academic area with its own deeply-contested hypotheses. For an account which maximises the Quaker contribution and minimises the Anglican Church's role in the abolition of slavery, see: McDonald, J., *Anglicanisme et abolition de l'esclavage dans l'Empire britannique* in: *RHPR* 94(2): 163-176 (2014).

9 Of the forty provinces of the Anglican Communion, only seven currently have white primates. Perhaps 80% of Anglicans today are sub-Saharan Africans.

10 In the absence of census statistics, it is difficult to obtain solid figures for the membership of Anglican churches in Europe. I have used figures extrapolated by the Diocese in Europe: https://europe.anglican.org.

11 Similarly, the European parishes of the Convocation of Episcopal Churches in Europe remain attached to the Episcopal Church in the USA. There are today about 280 Church of England parishes in Europe and about 25 Episcopal Church parishes.

WHY DID THE ANGLICAN CHURCH NOT CONDUCT MISSION IN EUROPE?

It was not through cowardice or a lack of confidence that Church of England chose not to conduct campaigns of evangelism in Continental Europe. Rather, the self-acceptance of Anglicanism as *one* valid expression of catholic Christianity among several led Anglicans to see evangelism in Europe as unnecessary. The term "Anglicanism" itself is modern as an English word, only in common usage from the 19th century, and coined in the 17th century in deliberate comparison with "Gallicanism" - another form of catholic Christianity independent from Roman control, this time in France. Beforehand, the term "Church of England" was used to refer to the English Church established from Rome by Augustine of Canterbury in 597, developing through the 16th century which saw Reformation upheaval and continuing into the modern day. But of necessity "Church of England" is a geographical rather than a doctrinal term: the national church of the English people.

Using a term other than "Church of England" became necessary when the Church of England spread across the globe in the two pulses of missionary zeal mentioned above. The establishing of Anglican communities, then dioceses, then groups of diocese called provinces, away from England, led to the question being posed of what the relationship was between the "mother church" in England and the "colonial churches."[12] The relationship of full communion between the Church of England and the Episcopal Church in the USA was defined and agreed only in 1840, and by 1867 it was possible and plausible for Charles Longley, archbishop of Canterbury, to convene the Anglican bishops from the worldwide dioceses for a meeting known as the Lambeth Conference (which will next take place in 2020).[13] The umbrella terms "Anglican," "Episcopal," or "Anglican-Episcopal" have served well to describe this community of Christians centred historically on Canterbury.

But dividing Anglican provinces by geographical nation (Church of England, Church of Ireland, Church of Nigeria, Anglican Church of Australia, Episcopal Church in Cuba and so on)[14] underlines that the distinctiveness here is

---

12 The terminology of "colonial church" jars on the 21st century consciousness, but it was for centuries the ordinary term used by British Anglicans for Anglican dioceses and provinces overseas. It is used here purely in a historical sense. Debates in non-British Anglican provinces about the nature of their relationship to the Church of England are active and critical. See among a mass of examples: Laldin E., "Is the Anglican Church of Canada a post-colonial Church?": https://www.anglicanjournal.com/is-the-anglican-church-of-canada-a-post-colonial-church/.

13 For the Lambeth Conferences, see especially this new magisterial work: Avis P. and Guyer B.M. (eds), *The Lambeth Conference: Theology, History, Polity and Purpose*, Edinburgh, T&T Clark, 2017.

14 See the Anglican Communion website for a list of the forty provinces, all but one grouped on national grounds: http://www.anglicancommunion.org/structures/member-churches.aspx. The

geographical. This concentration on the geographical is deliberate, since, even from the Reformation, Anglican Christians have scrupulously avoiding claiming that they alone are the true church; rather, they are simply authentic catholic Christians living in particular areas, and which feel the vocation to spread the Christian Gospel into unreached areas.[15]

Anglicans are adamant that their faith is a form of Western Christianity which is entirely consonant with their "big sisters" in Catholic Rome and Orthodox Constantinople. All three communions hold the Bible in special authority, together with the quintessential doctrinal conclusions reached in the first four ecumenical councils of the universal church in Nicea (325), Constantinople (381), Ephesus (431) and Chalcedon (451). All three communions hold to the apostolic tradition of seeing the priesthood of all the baptized as served by ordained ministers in the three historic orders of deacons, priests and bishops.

All three communions have a deep and extensive tradition of theological reflection and learning, coupled with practical, ethical action in society. All three communions have a developed sacramental tradition whereby Jesus Christ, as the supreme and true sign to humankind of God's salvation, is the single and supreme sacrament, seen in and through the sacraments he himself instituted (baptism and holy communion) as well as through the church's sacraments (confession, confirmation, ordination, marriage, anointing). In all this, Anglicanism sees itself as catholic, and the current *in vogue* phrase "reformed catholic" is very popular among English Anglicans to describe themselves.[16]

If Anglican doctrine, defined by the Apostles' and Nicene creeds, is "catholic," the Anglican temperament, as part and parcel of the Reformation movement of the 16th century, is questing, critical, Scriptural, "protestant." Anglican liturgical experience can be as catholic as a tridentine mass, as evangelical as a Billy Graham rally, pentecostally charismatic, quakerly silent, learned preaching,

---

exception is the Episcopal Church, but most observers informally call this province the Episcopal Church in the USA, even though it has structures outside the USA, for example its largest diocese is in Haiti.

15 It is impossible to understand the development of Anglicanism as a distinctive Christian denomination and theological system without grasping this point, that Anglicanism never claimed a monopoly on Christian truth and always claimed to be one valid Christian expression among many. This view animates article 19 of the Thirty-Nine Articles of Religion of 1562, which remain a current statement of Church of England doctrine protected by the British Parliament.

16 This paragraph counts as stating the obvious in Anglican theological terms and no serious Anglican theologians would dispute it. For three recent works from prominent Anglican systematicians who uphold Anglicanism's catholicity, see: Avis P., *The Vocation of Anglicanism*, London, Bloomsbury T&T Clark, 2016, Chapman M., *Anglican Theology*, London, Bloomsbury T&T Clark, 2012, McDonald J., *De Anglicaanse Kerk*, Averbode, 2016.

contemplative meditation led by monks and nuns, and much else besides, with all these expressions being seen as ways of opening heart, mind and soul to God as he shows himself to us in Jesus Christ through the Spirit, and of participating in the mutual conversation of love of the Trinity.

None of the emphases contained in the previous two paragraphs are distinctive. They simply reflect the rest of catholic Christianity. This rather obvious conclusions encouraged a certain humility among early Anglicans, whose chief distinguishing feature was not doctrinal but linguistic - they spoke, worshipped and wrote theology and poetry in English.

The balance of catholic and protestant forms and styles, borrowed by Anglicanism from Continental Europe, underlined to the emerging independent Church of England that it had no business proselytising in Continental Europe, among its already-converted Catholic, Protestant and Orthodox populations. Naturally, setting up an Anglican mission in Louis XIV's France would have been an egregiously foolish enterprise for the 17th century Church of England to have undertaken on purely political grounds, although the English did feel able to offer succour and refuge to French Huguenots expelled by Louis XIV after the Edict of Fontainebleau in 1685.[17] But that did not prevent Anglicans from recognising the Gallican Church as a real church, albeit one which was defective and which unjustly persecuted Protestants. We shall see below that British Anglicans did make inroads in Europe, but solely to set up chaplaincies offering pastoral and sacramental support to British diplomats, merchants and residents in European countries. Indeed the term "chaplaincy" is still used by the Church of England Diocese in Europe to describe its parishes.[18]

We therefore experience in Anglican history a marked drive to evangelise in imperial territories, coupled with a refusal to evangelise in established Christian European countries. This explains the minuscule number of European Anglicans today.

ANGLICAN INTEREST IN EUROPE

The reticence experienced by the Church of England in evangelising or interfering in Continental European churches should not be misinterpreted as a lack of interest in European Christianity. On the contrary, Henry VIII in the first

---

17 For a comprehensive treatment of the Revocation of the Edict of Nantes and the English reaction to it, see Treasure G., *The Huguenots*, New Haven, Yale University Press, 2013, Part 5.

18 Except in Belgium, where the law describes Anglican parishes as "paroisses"/"parochies." See the law of 4 March 1870 which recognised Anglican parishes in Belgium: http://www.ejustice.just.fgov.be/cgi_loi/change_lg.pl?language=fr&la=F&cn=1870030430&table_name=loi.

year of the reformed Church of England was already contemplating how to forge links between the new form of catholic Christianity he was creating in England, Wales and Ireland and its analogues on the Continent. Lutheran Germany was his most fruitful partner,[19] even if his fourth marriage, to the German Anne of Cleves, lasted only for six months and three days in 1540.[20] The lack of Anglican mission in Europe was a sign of diplomatic respect that churches which upheld the Nicene creed, even indeed the Roman Catholic church, were to be respected as real and valid churches, for all their faults from an Anglican perspective. Converts from Catholicism to Anglicanism were never rebaptized or reconfirmed, since these sacraments had validly been celebrated, even if they might be held to be the vehicles for a defective doctrine.[21]

A famous modern example of the sincere and deep interest of English Anglicanism for European Christianity, in the absence of any nuance of proselytism or conversion, is Bishop George Bell (1883-1958).[22] Bell was bishop of Chichester from 1929 until his death, having previously been dean of Canterbury Cathedral, where he was a great promoter of the arts - *Murder in the Cathedral* by T.S. Eliot was commissioned by him for the cathedral arts festival in 1935, after he had left the cathedral.[23] Whilst bishop of Chichester, he also occupied the role of president of the Life and Work section of the World Council of Churches in Geneva from 1932-1934. In this post, he came into direct contact both with the German Christians who supported the rise of Nazism and with those who were its implacable opponents: he spent February 1933 in Berlin, witnessing at first hand the establishment of elected Nazi power

---

19 There is a vast literature about Henry VIII's relationship with European powers during the English Reformation. For a lucid introduction, see: Guy J., *Henry VIII,* London, Allen Lane, 2014, ch. 4.

20 Although she only lived to the age of 41, dying of cancer in 1557 (like Catherine of Aragon before her in 1533), Anne of Cleves was nonetheless Henry VIII's longest-lived spouse, not being beheaded like Anne Boleyn in 1536 and Catherine Howard in 1542, nor dying in childbirth like Jane Seymour in 1539 or Catherine Parr in 1548.

21 See for example this note from the Diocese of St Albans about the Reception (not the Confirmation) of Roman Catholics into the Church of England: https://www.stalbans.anglican.org/wp-content/uploads/2015/04/AC-3a.2.pdf.

22 George Bell has become a posthumously controversial figure owing to allegations made decades after his death that he had committed acts of child abuse. The Church of England has formally apologised for the way in which it handled these allegations (https://www.theguardian.com/world/2019/jan/24/c-of-e-apologies-for-handling-of-george-bell-abuse-allegations-archbishop-of-canterbury) but without issuing an opinion on whether the allegations were true or false. This is a perilous area for comment and analysis, since no commentator would wish to defend someone guilty of criminal acts of paedophilia. On the grounds that the allegations against Bell have never been substantiated and that his career and ministry were undoubtedly illustrious, I am using Bell here as a valid example of Anglican-European relations.

23 The definitive biography of Bell, unlikely ever to be bettered, is: Jasper R.C.D., *George Bell, Bishop of Chichester,* Oxford, Oxford University Press, 1967.

in Germany. He became an ally of the Confessing Church, meeting and befriending Dietrich Bonhoeffer in October 1933. In an age when this was a powerful political device, he wrote multiple letters to *The Times,* newspaper in London, outlining the perils of the political situation in Germany. He signed the *Barmen Declaration* of 1934, which accused Herr Hitler of idolatry. In 1936, he became the chair of the International Christian Committee for German Refugees, a practical means of making real his ecclesiological stance that the church was not just a spiritual help to political government but an active peacemaker and critic of war. He perhaps had access to Bonhoeffer's involvement in Claus von Stauffenberg's plot to assassinate Hitler in 1944. In the House of Lords in the United Kingdom,[24] he was most noted - and reviled - for consistently opposing the policy of the carpet-bombing of German cities by the Royal Air Force in revenge for the Luftwaffe's bombings of British cities in 1940.

In short, Bell was a friend of Europe, a visionary for a reconciled Europe, a passionate advocate of close Anglican-Protestant relations (in a pre-Vatican II era when formal debate between Anglicans and Roman Catholics was a practical impossibility, the Malines Conversations having been shut down by Rome in 1927).[25] Bell is a classic example of a deep Anglican interest in Europe's future, in Britain's future within Europe, and indeed in Europe as a political concept.

Bell is just one illustration of a distinctive Anglican tendency to see Europe not as a mission-field but as a centre of historic Christianity of various traditions with which Anglicans need to maintain active, cordial and imaginative relations.

ANGLICANISM IN EUROPE

Having mapped out a certain Anglican theory of Europe as a place of diplomatic contact rather than of evangelism and church-creation, we may now proceed to describe the historical processes which saw the setting up Anglican chaplaincies in Europe.[26]

---

24 To this day, 26 bishops of the Church of England have seats in the House of Lords, the upper chamber of the United Kingdom's parliament.

25 Bell, who had himself been Randall Davidson's chaplain, wrote about the Malines Conversations, informal doctrinal discussions between the Roman Catholic and Anglican Churches from 1921 to 1927 in: Bell G., *Life of Archbishop Randall Davidson*, Oxford, Oxford University Press, 3rd ed. 1952. Randall Davidson was the archbishop of Canterbury from 1903 to 1928 and gave enthusiastic informal approval to the Malines Conversations.

26 In contrast to the wealth of literature on Anglican mission in other continents, there is a pitifully small literature on Anglicanism in Europe. Oxford University Press recently commissioned a major five-volume history of Anglicanism. Four of the five volumes intimately

The Church of England was present in Continental Europe from before the Reformation and in the Reformation's earliest phases. The Bible translator William Tyndale was strangled and burned at Vilvoorde in Belgium in 1536 - Henry VIII had earlier asked Charles V to extradite him to England to answer charges of sedition for opposing his divorce from Catherine of Aragon, but Charles himself in the end tried and executed him for heresy. During the reign of Mary I, Anglican bishops sought refuge in Protestant European countries, and the theological blend of Erasmus and Calvin which characterises Anglicanism emerged in exile during this period. Embassy and merchant factory chapels from Hamburg to Istanbul were established in the reigns of Elizabeth I and James I, and Charles I put all Anglican chaplaincies in Europe under the jurisdiction of the bishop of London in 1633.[27]

After the British victory at Waterloo in 1815, and the increase in general peace and stablity on the continent, Anglican chaplaincies grew in number and size. In the three years after Waterloo, chaplaincies were established in Brussels, Boulogne, Rome, Tours, Lausanne and Florence. Questions were quickly raised about the payment of Anglican chaplains, since the Consular Advances Act of 1825, which allowed for British consulates to budget and pay for a chaplain, was not universally respected, and the act was repealed anyway in 1873. The Kingdom of Belgium developed a unique system of paying for its own Anglican chaplains in a structure legally independent from the Church of England. By 1845, just after the creation of the diocese of Gibraltar in 1842, the British churches in Gibraltar and Malta were joined by 25 permanent chaplaincies in France, eighteen in Germany, eleven in Italy, nine in Belgium,[28] seven in Russia, four in Switzerland, three in the Netherlands, and two each in Greece, Portugal and Turkey. The bishop of Gibraltar had responsibility for the Mediterranean basin, but chaplaincies north of the Alps or the French Mediterranean coast remained under the jurisdiction of the bishop of London, as did Madeira and the Canaries. Meanwhile, American Episcopalians founded their own Anglican chaplaincies in Paris (before 1864), Rome (1859) and subsequently in Florence, Geneva, Dresden and Munich.

---

concern imperial and global Anglicanism - the final three volumes all include the word "global" in their titles. But across the entire series, there is only one chapter on European Anglicanism: Wolffe J., "British and European Anglicanism" in: *Partisan Anglicanism and its Global Expansion, 1829-c.1914* (*The Oxford History of Anglicanism*, vol. 3), Strong R. (ed.), pp.24-44. John Wolfe is fine church historian, but this chapter is superficial. The paucity of footnotes indicates the lack of source material available to write such a chapter.

27 These details and the statistics which follow are drawn from J. Wolffe *op.cit*. There is a manifest need for a much more detailed account, since I am uneasy with the accuracy of some of the statistics. For example, there were four, not nine, Anglican chaplaincies in Belgium in 1845.

28 See note 27 above.

One of the bases for the founding of chaplaincies and for the new diocese of Gibraltar was an optimistic ecumenism, with - for reasons we saw above - strenuous efforts being made not to appear to proselytise among Catholics or Orthodox as well as to begin informal talks with those churches. Hopes for ecumenical progress with Rome were dashed by the conclusions of Vatican I in 1870 and especially by Leo XIII's rejection of the validity of Anglican ministerial orders in 1896. But Anglicans did establish full communion with the Old Catholic Union of Utrecht in 1931, and the general atmosphere of ecumenical cooperation with Catholics, Orthodox and Protestants has been utterly transformed since Vatican II and its Orthodox and Protestant analogues. The Church of England now enjoys full communion with Scandinavian and Baltic Lutherans (since 1996) and the warmest partial communion with German and French Lutherans and Reformed (since 1988 and 2000).

Organisationally, the new diocese in Europe was created in 1980, combining the diocese of Gibraltar in the south with the chaplaincies in the north under the jurisdiction of the bishop of Fulham on behalf of the bishop of London. The cathedral remains in Gibraltar, with pro-cathedrals in Malta and Brussels. The diocesan office is in London, but the bishop of Gibraltar-in-Europe lives and has his office in Brussels.[29]

The current situation is as follows. The diocese in Europe is the largest diocese by area in the entire Anglican Communion. In terms of its chaplaincies, it stretches from Madeira to Moscow, from Tromso to Casablanca. There are 280 chaplaincies and places of worship served by 170 clergy and 100 lay readers. The demographic shape of the diocese varies effectively on a line drawn east-to-west at the latitude of the Alps. Below this line, chaplaincies tend to be comprised of British expats, "the Church of England abroad," whereas north of it, chaplaincies can be far more "indigenous," comprised of local Europeans, and are sometimes overwhelmingly non-British and non-English-speaking.[30]

WHY DO PEOPLE BECOME ANGLICANS IN EUROPE?

The last paragraph exposes a fault-line in European Anglicanism. In its origins, European Anglicanism is a British phenomenon, the collection of chaplaincies and pastoral support offered to British (or American, in the case of the Episcopal Church chaplaincies) citizens living in Europe. Neither the Church of

---

29 The Anglican bishop in Europe (legally called the bishop of Gibraltar-in-Europe) since 2014 is Dr Robert Innes: https://europe.anglican.org/people/bishops.

30 The last quantitative (but unpublished) research was done by Mark Collinson in 2010. This revealed that, for example, the archdeaconry of Gibraltar's (which geographically consists of Spain, Portugal and Morocco) Anglican adherents were 90% English-speaking at home, whereas the archdeaconry of Benelux saw 30% of adherents speaking English at home.

England nor the Episcopal Church USA engaged in proselytism, regarding the existing long-established Catholic, Protestant and Orthodox Churches in Europe as valid Christian partners who needed no instruction but only friendship and partnership from Canterbury. The culture of these European chaplaincies was strongly identified with the United Kingdom (or the United States), worship was conducted always in English and the clergy who served were trained in the United Kingdom (or the United States), generally returning after their time in Europe back to their home country for further ministerial posts. This is the model of ministry described by Wolffe in his treatment of European Anglican history above.

But it has been supplemented by a new phenomenon, that of new European Anglicans, attracted to Anglicanism and adhering to it even though they have no personal or cultural link to the United Kingdom or the United States. This is a phenomenon which has been encouraged by the leadership of the diocese in Europe as an "indigenisation" of Anglicanism akin to the post-colonial development of the Anglican provinces in the Global South. Peter Ludlow, an Irish Anglican who is the foremost contemporary historian of the European Institutions, has now included European Anglicanism in the scope of his writing.[31] Ludlow describes the evolution of European Anglicanism from an essentially British expat experience to an authentically European experience as follows:

> *The history of the Anglican Communion in Europe until the final decades of the 20th century was largely determined by the UK's political relations with the continent and the exigencies of diplomacy and war. The structure and life of Anglican communities on the continent reflected this reality. There were thus extremely close relations between State (ie: embassies etc) and Church. And for better or for worse, diplomats and other representatives of the British Crown were loyal members of the Anglican community, but at the same time regarded the latter as an extension of the UK's official outreach.*
>
> *On the other side of the great divide, the English Anglican hierarchy dealt with the continent and continental-based Anglican communities at arm's length, with successive editions of the bishop-in-charge based firmly in London. In the last quarter of the 20th century, this relationship began to change, partly because of the Europeanisation of the UK through its membership of the European Union, but also because of more general economic, societal and political developments. The changes did not*

31 There is biographical information about Peter Ludlow here: http://www.eurocomment.eu/peterludlow/. His *Briefing Notes* have been for decades the most reliable and informative summaries available of meetings of the European Council. They are now published as the *European Council Studies* journal by Leuven University Press: https://lup.be/collections/contact-116469/products/141033.

> *happen all at once, and in some parts of the Diocese in Europe they have hardly begun to happen even now. But there has been a quiet and fundamental revolution.*[32]

This indigenisation of European Anglicanism is not just reflected in the semi-official policies of successive leaderships of the diocese in Europe, desirous of seeing the diocese evolve from a purely expat community to one genuinely rooted in its European context, but in the concrete experiences of the "new Anglicans," the "Euroanglicans" who deliberately opt for the Anglican way even though there is no policy at all of (indeed a policy against) proselytism of other Christians within the diocese. Here are two brief quotes from people recently confirmed in a chaplaincy in the diocese in Europe: both are in their twenties, neither is British and neither has an Anglican background:

> *(1) I was drawn to the Anglican way as an adult, through her liturgy, poetry, and music. The first service of Holy Communion that I attended was a transcendent experience, and afterwards the priest greeted me with the words: "If there is anything we can do to help you in your walk with Christ, we are here." That open, generous offer remained with me. I began reading about Anglican theology and found the breadth and variety astounding. Surely a church which could hold such diverse Christian people with their diverse opinions in communion was a church that reflected the kingdom of God. With that conviction, I was confirmed.*
>
> *(2) I find the rich tradition and robust ecumenism of the Anglican Church to be among her most compelling attributes. It is inspiring to worship Christ in the company of a global communion of saints. The Anglican emphasis on reason enables me to interact theologically with new and invigorating concepts which in turn help me to worship God with "all my mind." I have found a way to be a Christian and to bring my intellect and questions with me into church. Faith that seeks understanding can embrace those questions and not shudder. These are all reasons why I was confirmed in the Anglican Communion.*[33]

These quotes are especially interesting because they situate these persons' interest in Anglican Christianity away from issues of ethnicity and history and towards a certain theological culture (liturgical, reasonable, enquiring) which is able to attract non-British citizens into the diocese in Europe's churches. We are beginning to see a new generation of practising "Euroanglicans" who have no link whatsoever to British culture and institutions. The Anglican chaplaincies in Europe continue to attract new adherents, whether they like it or not and

---

32 Personal email from Professor Ludlow to Jack McDonald, January 2020, quoted with permission.

33 Personal emails of two candidates for Confirmation in the Anglican Church. Identifying details have been concealed.

whatever the official policy on proselytism.[34] The three groups who populate Anglican chaplaincies in Europe: British (or American) expats, people from other Anglican provinces around the world, and new Anglicans from Europe, currently coexist in harmony. But the seeds of cultural conflict are nonetheless present, and a particular political phenomenon, Brexit, has caused these seeds to germinate.

BREXIT

This is not the place for a thorough review of the political processes which led both to the British legislation to allow an In/Out referendum in the United Kingdom on its membership of the European Union (itself a remarkable process of negotiation within the British Conservative Party and the catapulting of a very minor issue in British politics, one espoused by a tiny minority of far right Conservative MPs, into the foreground) and to a victory for the Leave campaign and the consequent withdrawal of the United Kingdom from the European Union on 1 February 2020.[35] Suffice to say that Brexit is a phenomenon set to govern and shape the United Kingdom's entire domestic and foreign policy for decades to come, and by no means in uniquely positive ways.[36]

The Church of England's attitude to Brexit reveals an extreme gap between its leadership and its general faithful membership, with the former, naturally expressed in an episcopal church by its bishops, almost universally opposing Brexit (in the absence of any formal statistics, it is nonetheless thought that of the 42 diocesan bishops, all but one voted Remain in the referendum; and several, including the two archbishops, were very public in advertising that vote)[37] and the latter delivering Brexit, as active Anglicans tipped the vote

---

34 The 2019 statistics of the Diocese in Europe are illustrative here. In 2019, the diocese had 30 ordinands (an ordinand in Anglican parlance is a deacon-in-training or a priest-in-training), which is a higher figure than at any time in the history of the diocese or of the Diocese of Gibraltar which was its forerunner. The mode nationality of ordinands is now Dutch (with seven ordinands), ahead of British (with six ordinands). A similar statistic comes from the Central Committee of the Anglican Church in Belgium (the legal union of Church of England and Episcopal Church USA parishes in Belgium), where the principal nationalities of those on the pay-roll are Belgian (seven), then Dutch (four) and British (four). Less than one generation ago, every single Anglican clergy in Belgium was British. The nationalities represented by the four members and officers of the Central Committee are: two Belgians, a Dutchman and a Canadian, see: https://www.centralanglican.be/wie-is-wie. As recently as 2014, all the members of the Central Committee were British; now none of them is British.

35 There is a growing academic literature on Brexit, alongside an absolutely vast popular and partisan literature. See for example: Dorling D. and Tomlinson S., *Rule Britannia: Brexit and the End of Empire*, London, Biteback Publishing, 2019, for a history of Brexit as part of a British post-imperial phenomenon.

36 I make no attempt to disguise my visceral personal hostility to what I consider to be the economic, political and diplomatic folly of Brexit.

37 Among a torrent of journalistic articles, see for example:

towards Leave.[38] The Church of England has spent the four years since the referendum attempting to process and heal this gap, thus far without much hope of success, given the ongoing toxic nature of the debates surrounding Brexit in the United Kingdom.[39] There is a general wish to pass from a debate about social division to one about national reconciliation, but the depth of the division in the United Kingdom concerning Brexit, as well as the striking demographic divisions involved in those under 45 years old tending to oppose Brexit and those over 45 tending to support it, and those in Scotland, Northern Ireland and London tending to oppose Brexit and those everywhere else tending to support it, make any attempt to engineer social healing extremely difficult.[40] Perhaps the most neutral comment which can be made about the political effects of Brexit is that Brexit is unlikely to resolve any of the pressing social problems of the United Kingdom which those who voted for it hoped to see resolved.

BREXIT'S EFFECT ON EUROPEAN ANGLICANISM

Whatever the sincere pro-European mentalities pervading the leadership of the Church of England, which will continue to argue for the closest possible contact between the United Kingdom and the European Union, the practical effects of Brexit on the diocese in Europe are potentially devastating and concern the basic facts of the staffing the diocese. Brexit has occurred at precisely the wrong moment from European Anglicans' perspective, the moment when an English-dominated diocese is slowly evolving into a mixed diocese of English and European membership, with easy cross-Channel travel, employment arrangements and educational arrangements facilitating the staffing of the diocese and the training of its clergy. This situation, which makes the smooth running of the diocese easy, has been interrupted by the sudden and unwanted rupture of Brexit. Peter Ludlow expresses the situation in this way:

> *Paradoxically, these changes [towards a more indigenous and less English diocese in Europe], which I believe are irreversible, acquired serious momentum at the same time as relations between the UK and political Europe soured, culminating in Brexit. The church communities which emerged here used to be overwhelmingly British in composition*

---

https://www.theguardian.com/politics/2019/oct/27/brexit-rhetoric-petrol-volatile-issue-justin-welby-archbishop.

38 The quantitative research of Professor Linda Woodhead at Lancaster University is decisive here: she has shown that 66% of "ordinary" Anglicans tipped the referendum vote decisively by voting in favour of Brexit. See for example: https://blogs.lse.ac.uk/brexit/2018/09/20/how-anglicans-tipped-the-brexit-vote.

39 Anecdotally, I can state that I have never encountered such polarised and vicious political debates in the United Kingdom as those currently occurring over Brexit. With the "soul" of Britain seemingly at stake, the level of public vitriol and verbal aggression is high.

40 There is a mass of statistical analysis of the referendum available. See for example: https://www.statista.com/statistics/520954/brexit-votes-by-age.

> *and reproduced abroad what they had known at home. Now, thanks not just to the EU, we would appear to have a growing number of indigenous and multi-national communities, which are still of course part of the Anglican Communion through the diocese, but whose 'place' is local and whose loyalties and affiliations reflect this fact.*[41]

For whatever range of reasons - and these are undoubtedly complex, essentially an ongoing debate about the future of the diocese as English or as European - the diocese in Europe does not currently train its own clergy. Vocations to ordained ministry are at their highest ever level in the diocese, which currently has 30 ordinands. The vast majority of these are not British citizens, and indeed the largest single national group is Dutch, not British. Ordinands all train in one of the more than 30 colleges or courses for Anglican ministerial formation situated in England.[42] They then either return to the diocese in Europe for their curacy, their first three years of ordained ministry, or (more often, and this because of funding reasons) they do their curacy in England. After the curacy, which is held to complete ordination training, European clergy are currently free to exercise their ministries in England or Europe. But with England offering more than 99.5% of the available stipendiary jobs, there is a built-in leakage of European ordinands into England, with all manner of benefits to the Church of England in terms of the cross-fertilisation of culture and ideas which having European Anglican clergy working in the United Kingdom implies.

Because the majority of the ordinands of the diocese in Europe end up working in British parishes, the result is that the vast majority - over 100 - of the clergy who occupy one of the 170 stipendiary posts in the diocese in Europe are British: they are trained and experienced clergy who come to work in Europe because they either want a mid-career change of direction, or because they are approaching retirement, or recently retired, and are searching for a twilight ministry in interesting, perhaps warmer, climes.

It is instantly clear that any post-Brexit employment settlement between the United Kingdom and the European Union which jeopardises the easy flow of European students into the United Kingdom and/or of British workers to the European Union could decapitate the diocese in Europe.[43] Anglican polity is episcopal and ministerial, relying on a cadre of ordained personnel of high professional training and expertise to conduct pastoral, preaching and

41 Personal email from Peter Ludlow to Jack McDonald, sent in January 2020, used with permission.

42 See: https://www.churchofengland.org/life-events/vocations/preparing-ordained-ministry/your-pathway.

43 There are chaplaincies in the diocese in Europe which are outside the European Union, in Switzerland, Norway, Morocco, Turkey and Russia. But 88% of the diocese's 280 chaplaincies are currently found within the European Union.

sacramental ministries. An Anglican diocese could not hope within a single generation to transform itself into a collection of lay-led congregations according to an ecclesiology which Anglicans would consider Baptist if not Quaker. In the short term, an Anglican parish without professional priestly and diaconal ministry is a model so unideal as to be moribund. If a post-Brexit deal makes it difficult or complex for British citizens to be employed in the 88% of parishes in the diocese which are within the European Union and/or for ordinands who are European Union citizens to train in the United Kingdom, then that could swiftly sound a death-knell for the diocese.

No radical planning is occurring in the diocese for such an eventuality, mainly because its senior personnel remain hopeful that, in the end, a suitable and workable employment deal will be found by London and Brussels. This optimism is not necessarily naïve. Anecdotal evidence suggests that, because of the constant media presence of Brexit in the United Kingdom, the diocese in Europe has a higher and more serious profile among the other 41 dioceses in the Church of England than it has ever had before. Certainly applications from British Anglican clergy for chaplaincies in the diocese in Europe are, far from decreasing, positively increasing in number and quality even as Brexit occurs. So a "wait and see" approach might yield good results.

In conclusion, I detect two conflicting futures for the diocese in Europe and for European Anglicanism more generally. First, I agree with Ludlow that the process of indigenisation of European Anglicanism is both desirable and inexorable. Second, that in the shortest term the diocese will not be able to survive the upheaval of Brexit except with continued financial assistance from the central Church of England authorities in Westminster. These two futures are patently pulling in opposite directions.

De wijde en nauwe poort in hermeneutisch perspectief. Over de gelijkenis van de "Twee Wegen" in Matteüs 7:13-14

Harry Sinnaghel

Abstract

In this article we focus on the teaching of "The Two Ways" as presented in the Gospel of Matthew. By analyzing Jewish and Jewish-Christian texts, we see how the interpretation of this teaching evolved and we remark that none of the texts refer to gates (except the Gospels and IV Ezra). Why not? Why are the gates dropped? Why is the reference to gates, a wide and a narrow one, important for Jesus? To understand why Jesus referred to gates, we list the functions of the gate as stated in the Bible, and we analyze why "wide" and "narrow" is important in the teaching. Jesus indicated that the choice is not easy at all, and that making the right priorities is difficult. It regards our constant choice for God and our commitment to a different and a better world. That is why the gate is narrow. The choice for the "narrow gate" reflects in our liquid times on a continuous ethical awareness process. We refer to a picture to understand how this teaching has been interpreted in a pietistic context. Referring to the story of Balaam, we add an additional interpretation regarding the Jewish-Christian dialogue.

INLEIDING

In mijn kindertijd was ik gefascineerd door de poster van de brede en de smalle weg.[1] De poster hing ingekaderd bij mijn overgrootmoeder, naast de schouw van de houtkachel. Telkens als ik ernaar keek zei mijn grootmoeder dat ik moest oppassen niet op de brede weg te geraken. De brede weg interesseerde mij meer dan de smalle weg: de brede weg met zijn interessante activiteiten (een bar met een terras, een balzaal, een schouwburg, een speelhuis, enz.), en de smalle weg waar niets te beleven viel en saai leek (een kerk, een zondagsschool, een diaconessenhuis, enz.).

---

[1] Deze herziene en gekleurde prent van "De brede en de smalle weg," oorspronkelijk uit het piëtistisch Duitsland van de 19e eeuw, visualiseert de gelijkenis van de "Twee Wegen." Voor de historische achtergrond en betekenis van de prent, zie https://dick.wursten.be/bredeensmalleweg.htm.

Toen mijn overgrootmoeder in 1971 overleed, heb ik die poster helemaal uit het oog verloren. Totdat ik enkele jaren geleden in een gemeente voorging waar de poster in de koffiezaal hing. Vele herinneringen kwamen weer naar boven. De poster illustreert een gedeelte uit het evangelie naar Matteüs.[2] De waarschuwingen die Jezus geeft om niet af te dwalen van het juiste pad getuigen van een sterk individualisme.

[2] Ga binnen door de nauwe poort, want wijd is de poort en breed is de weg die naar het verderf leidt, en velen zijn er die daardoor naar binnen gaan; maar de poort is nauw en de weg is smal die naar het leven leidt, en weinigen zijn er die hem vinden (Mt 7:13-14).

Met "weg" (ὁδὸς) wordt hier figuurlijk de "levenswijze" of de "levensstijl" bedoeld. Vergelijk het Engelse woord "way": weg, maar ook "de manier waarop." Onze uitdrukking "handel en wandel" wijst eveneens in de richting van een weg. De levensweg is de manier waarop men zijn leven inricht. De manier waarop men spreekt, denkt, doet. Deze weg is de praktijk van het hart. Het is dat wat vanbinnen leeft en er op de een of andere manier steeds weer uitkomt. Met de "weg" wordt het leidbeginsel bedoeld, waar het in het leven op aankomt, dat gestalte geeft aan de levenswandel.

We zullen aantonen dat het gebruik van het beeld van de "Twee Wegen" als een metafoor voor de levenswijze een verschuivende betekenis doorheen de tijd krijgt, en bijgevolg ook vandaag, mits hermeneutisch bekwaam toegepast, kan worden aangewend. Ons hermeneutisch onderzoek vraagt zich in eerste instantie af wat met "wegen" en "poorten" in het evangelie naar Matteüs wordt bedoeld. We zullen bijvoorbeeld merken dat Lucas enkel over de nauwe poort spreekt.[3] We gaan daarbij een aantal parallellen in joodse en joods-christelijke teksten behandelen, om een duidelijk beeld van de gelijkenis te krijgen. Nadien bekijken we de functies van een poort in de Bijbel, en onderzoeken wij het beeld van "wijde poort" en "nauwe poort." Als voorbeeld van een actueel cultuurkritische hermeneutiek bekijken wij het gebruik van de "nauwe poort" in joods-christelijke betrekkingen.

Wegen

Het dualistisch beeld van de "Twee Wegen" heeft parallellen in verschillende joodse en joods-christelijke teksten. De volgende niet-exhaustieve lijst van parallellen in joodse en joods-christelijke teksten gebruiken het dualistisch beeld van "Twee Wegen," sommige teksten gebruiken slechts het beeld van één enkele weg:

1. Parallellen in het Eerste Testament
2. Parallellen in joodse teksten uit de tweede tempel-periode
3. Parallellen in het Tweede Testament
4. Parallellen in vroegchristelijke teksten
5. Parallellen in rabbijnse teksten

[3] "En iemand zei tegen Hem: Heer, zijn het weinigen, die zalig worden? En Hij zei tegen hen: Strijd om binnen te gaan door de nauwe poort, want velen, zeg Ik u, zullen proberen binnen te gaan en het niet kunnen" (Lc 13:23-24).

In het Eerste Testament is er slechts een tekst die verwijst naar de "Twee Wegen."[4] Andere teksten verwijzen naar een enkele weg.[5] Het dualisme zegen/vloek of goed/kwaad komt ook in enkele teksten voor.[6] Het Eerste Testament maakt reeds gebruik van het beeld van "Twee Wegen": de weg van het leven (met zegen en heil) en de weg van de dood (met vloek en onheil). De weg van leven verkrijgt men door Gods geboden te onderhouden, recht te doen, en rechtvaardig te zijn. De Torah noemt de weg van het leven ook de "weg van de Heer." Daartegenover verkrijgt men de weg van de dood indien men Gods geboden niet onderhoudt.

---

[4] "Want de Heer kent de weg van de rechtvaardigen, maar de weg van de goddelozen zal vergaan" (Ps 1:6).

[5] Parallellen in de Torah:

Want Ik heb hem uitgekozen, opdat hij aan zijn kinderen en zijn huis na hem bevel zou geven om de weg van de Heer in acht te nemen, door gerechtigheid en recht te doen, opdat de Heer over Abraham zal brengen wat Hij over hem gesproken heeft (Gen 18:19).

Weet dan in uw hart dat de Heer, uw God, u gehoorzaamheid bijbrengt zoals een man zijn zoon gehoorzaamheid bijbrengt, en neem de geboden van de Heer, uw God, in acht door in Zijn wegen te gaan en door Hem te vrezen (Deut 8: 5-6).

Want als u al deze geboden die ik u gebied, nauwlettend in acht neemt door ze te houden, door de Heer, uw God, lief te hebben, door in al Zijn wegen te gaan en u aan Hem vast te houden, dan zal de Heer al deze volken van voor uw ogen uit hun bezit verdrijven, en zult u het land van volken die groter en machtiger zijn dan u, in bezit nemen (Deut 11:22-23).

Heden hebt u de Heer doen verklaren dat Hij u tot een God zal zijn, dat u in Zijn wegen zult gaan, dat u Zijn verordeningen, Zijn geboden en Zijn bepalingen in acht zult nemen, en dat u Zijn stem zult gehoorzamen (Deut 26:17).

Parallellen in de Profeten:

Ik zei echter: Zij zijn maar geringe mensen, zij gedragen zich als dwazen, omdat zij de weg van de Heer niet kennen, het recht van hun God. Laat ik naar de aanzienlijken gaan en met hen spreken, want die kennen de weg van de Heer wel, het recht van hun God. Zij echter hebben samen het juk gebroken, de banden verscheurd (Jer 5:4-5).

Wie is zo wijs, dat hij deze dingen begrijpt, en zo verstandig dat hij ze kent? De wegen van de Heer zijn immers recht. De rechtvaardigen zullen daarop wandelen, maar de overtreders zullen erop struikelen (Hos 14:10).

Vele heidenvolken zullen op weg gaan en zeggen: Kom, laten wij opgaan naar de berg van de Heer, naar het huis van de God van Jakob; dan zal Hij ons onderwijzen aangaande Zijn wegen, en zullen wij Zijn paden bewandelen (Mi 4:2a).

Parallellen in de Geschriften:

Heer, maak mij Uw wegen bekend, leer mij Uw paden. Leid mij in Uw waarheid en leer mij, want U bent de God van mijn heil;
U verwacht ik de hele dag (Ps 25:4-5).

Er is soms een weg die iemand recht schijnt, maar het einde ervan zijn wegen van de dood (Spr 14:12, wordt herhaald in 16:25).

Het pad ten leven voert voor een verstandige omhoog, om de hel beneden te ontwijken (Spr 15:24).

[6] Zie, ik houd u heden zegen en vloek voor … (Deut 11:26 vv). Zie, ik heb u heden het leven en het goede voorgehouden, maar ook de dood en het kwade (Deut 30:15 vv).

In de boeken van de Profeten en in de Geschriften wordt het beeld uit de Torah verder uitgewerkt en geïnterpreteerd. Psalm 1 geeft een hele duidelijke visie op de metafoor van de "Twee Wegen": de weg van het leven is zoals de boom die aan water geplant staat, en de weg van de dood is zoals het kaf dat in de wind weg waait. Hieruit kunnen wij concluderen dat het beeld van de "Twee Wegen" in het Eerste Testament een strak dualisme uitdrukt.[7] Een van de fragmenten van de Dode Zee-rollen bevat een tekst over de "Twee Wegen."[8] Daarnaast maakt het traktaat van de twee geesten uit de Dode Zee-rollen en een tekst in de Deuterocanonieke boeken gebruik van een dualisme in de levensbestemming.[9] De bedoeling van het beeld van "Twee Wegen" in het traktaat van de twee geesten in 1QS is helemaal anders: het wordt gebruikt om het groepsgevoel te versterken, en een duidelijk verschil te maken tussen "wij" en "zij." Dit strak dualisme groeit uit tot een dubbele morele standaard: interne solidariteit en externe vijandigheid.[10]

De "weg van God" of de "weg van de Heer" wordt in het Tweede Testament maar enkele keren gebruikt.[11] Naast het evangelie naar Matteüs wordt de beeldspraak van "de weg" amper gebruikt. Waarschijnlijk was dit een beeldspraak die door heidenchristenen niet of weinig werd gebruikt. "De weg van de Heer" in het Tweede Testament heeft dezelfde betekenis als in het Eerste Testament: Gods geboden onderhouden, recht doen, en rechtvaardig zijn. Maar

---

[7] Menig onderzoeker wijst voor het radicale dualisme in de vroege Bijbelse teksten op Perzische invloeden. Zie bijvoorbeeld Thomas L. Thompson, *The Intellectual Matrix of Early Biblical Narrative: Inclusive Monotheism in Persian Period Palestine*, in Edelman D.V. (1995), "The Triumph of Elohim. From Yahwisms to Judaisms", Grand Rapids: William B. Eerdmans

[8] [. . .] He is setting [before you a blessing and a curse . These are] t[wo] ways, one goo[d and one evil . If you walk in the good way,] He will bless you. But if you walk in the [evil] way, [He will curse you in your going out] Sand in your [ten]ts. He will exterminate you, [smiting you and the product of your toil with blight and mildew, snow, ice, and hai[l . . .] along with all [. . .] (4Q472)

[9] Het leven en de dood zijn voor de mens, en hetgeen hem behagen zal, dat zal hem gegeven worden. (Wijsheid van Jezus Sirach 15:17)

Bij de vorst van het licht berust de heerschappij over alle rechtvaardigen; zij bewandelen de wegen van het licht. Bij de engel van de duisternis berust de ganse heerschappij over de onrechtvaardigen; zij bewandelen de wegen van de duisternis. Door de engel van de duisternis (overkomt) (1QS III: 20-21)

[10] Antropologisch onderzoek naar de bronnen van religie wijst naar deze 'double bind morals' in vroege fase van ontwikkeling. Zie voor een Bijbelse hermeneutiek in antropologisch perspectief: van Schaik C. en Michel K. (2016), Het oerboek van de mens. De evolutie en de Bijbel. Amsterdam: Uitgeverij Balans.

[11] En zij stuurden hun discipelen naar Hem toe, met de Herodianen, en zeiden: Meester, wij weten dat U waarachtig bent en de weg van God in waarheid onderwijst en Zich door niemand laat beïnvloeden, want U ziet de persoon van de mensen niet aan. (Mt 22:16)

En hij begon vrijmoedig te spreken in de synagoge. En toen Aquila en Priscilla hem gehoord hadden, namen zij hem apart en legden hem de weg van God nauwkeuriger uit (Hand 18:26). Zij hebben de rechte weg verlaten en zijn verdwaald en volgen de weg van Bileam, de zoon van Beor, die het loon van de ongerechtigheid liefhad (2 Petr 2:15).

in het Tweede Testament kleurt het apocalyptische levensgevoel het beeld van de "Twee Wegen" in. Dit betekent dat de focus ligt bij het urgente "nu," waardoor de methodisch insteek wordt vervangen door onmiddellijkheid.

In het vroege christendom hadden de gelovigen een richtlijn nodig om te begrijpen wat het betekende om een volgeling van Jezus te zijn en welke manier van leven men moest aanhangen om een christen te zijn. De auteur van de *Didachè* bijvoorbeeld heeft een instructieboekje uitgegeven waar hij het beeld van de "Twee Wegen" gebruikt om aan te geven dat geloven niet alleen een gevoel van spiritualiteit is, maar ook gebaseerd is op daden en handelingen.[12] De auteur van de *Apostolische Constituties* heeft dit verder uitgewerkt.[13] Het beeld van de "Twee Wegen" komt ook tot uiting in de tekst van IV Ezra.[14] De *Brief van Barnabas*[15] en de *Herder van Hermas*[16] zijn waarschijnlijk aan een andere traditie verbonden, een traditie die dicht bij het traktaat van de twee geesten in 1QS staat. In de vroegchristelijke traditie verschuift deze nadruk op onmiddellijkheid onder druk van de uitblijvende *parousia* naar het belang van een ethische en morele levenswandel. Van deze verschuiving getuigt ook de rabbijnse literatuur van na de vernietiging van de Tempel in 70. Ook hier betreft het ethische richtlijnen opstellen ter wederopbouw (voortbestaan).[17]

---

[12] Didachè 1-6, en in het bijzonder: Er zijn twee wegen, één van het leven en één van de dood . Er is echter een groot verschil tussen de twee wegen. Dit is de weg van het leven; Ten eerste U zult God, die u gemaakt heeft, liefhebben, ten tweede: en uw naaste als uzelf. Alles wat u niet wilt dat u overkomt, doe dat ook een ander niet aan. (Didachè 5:1-2 e.v.) Dit is de weg van de dood ... (Didachè 5: 1)

[13] Apostolische Constituties 1-32, en in het bijzonder: That there are two ways; the one natural, of life, and the other introduced afterwards, of death; and that the former is from God, and the latter of error, from the snares of the adversary. (Apostolische Constituties 7:1)

[14] IV Ezra 7:1-14, en in het bijzonder: De ingang is eng en op een steilte gelegen, zodat er ter rechterzijde vuur is, en ter linkerzijde een diep water; Tussen deze nu is alleen een smal pad gelegd, namelijk tussen het vuur en het water, zodat op het pad niet meer dan een mens gaan kan. (IV Ezra 7:7-8, e.v.)

[15] Brief van Barnabas 18-20, en in het bijzonder: But let us pass on to another lesson and teaching. There are two ways of teaching and of power, the one of light and the other of darkness; and there is a great difference between the two ways. For on the one are stationed the light giving angels of God, on the other the angels of Satan. (Brief van Barnabas 18:1 e.v.)

[16] Herder van Hermas 35-39, en in het bijzonder: "Do thou therefore trust righteousness, but trust not unrighteousness; for the way of righteousness is straight, but the way of unrighteousness is crooked. But walk thou in the straight [and level] path, and leave the crooked one alone." (Herder van Hermas 35:2)

[17] Deze tendens is ook zichtbaar in de islam. De Koran gebruikt ook het beeld van de "Twee Wegen" zoals in het evangelie naar Matteüs, maar voegt er typisch Islamitische accenten aan toe, zoals het belang van geloven, elkaar manen, en elkaar motiveren: "En hebben Wij hem niet de twee wegen gewezen?" (Soera 90 "De stad": 10 e.v.)

In de *Pirké Avot* wordt zowel naar de "Twee Wegen"[18] als naar een enkele weg verwezen.[19] Ook in het *Testament van Asher* wordt het beeld van de "Twee Wegen"[20] gebruikt en in de *Apocalyps van Baruch* is sprake van een enkele weg.[21] Deze joodse teksten van na de Tweede Tempel laten het concept van het traktaat van de twee geesten in 1QS achter zich. Er zijn geen vechtende geesten of engelen meer. Het beeld van de "Twee Wegen" wordt gebruikt om de levenswijze aan te duiden die God verwacht, het wordt gebruikt in het ethisch onderricht. De verantwoordelijkheid wordt naar de persoon gericht met de focus op de naaste: de medemens wordt belangrijk.

DE POORT

Uit het voorgaande overzicht blijkt duidelijk dat er in deze teksten geen sprake is van een poort; enkel de twee evangelieteksten en IV Ezra gebruiken de metafoor "poort" (of ingang). Wat is hiervan de bedoeling?

In de teksten die in de joodse en christelijke context ontstonden, heeft de poort zes functies:

1. Beveiliging (bv. Ri 16:3): een militaire functie;
2. Marktplaats (bv. 2 Kon 7:1): een economische functie;
3. Afkondiging (bv. Jer 17:19-20, 2 Kon 23:8, Neh 8:1-4): een politieke functie;
4. Rechtspraak (bv. Amos 5:15a, Ruth 4:1-2): een juridische functie
5. Ontmoetingsplaats (bv. Hand 3:2): een sociale functie
6. Ceremonieel (bv. Berachot 47a, Joma 11a): een religieuze functie

Deze functies worden ondersteund door archeologische vondsten.[22]

---

[18] Hij sprak tot hen: Gaat heen en ziet welke de goede weg is, waaraan de mens zich te houden heeft. [...] Hij sprak tot hen: Gaat heen en ziet welke de slechte weg is, waarvan de mens zich verre te houden heeft. [...] (Pirké Avot 2: 9)

[19] RABBI zegt: Wat is de juiste weg, die de mens voor zich zal kiezen? Iedere (levenswijze), die een eer is voor wie haar volgt én een eer voor hem vanwege de medemens. [...] (Pirké Avot 2: 1)

[20] Two ways has God given to the sons of men, and two minds, and two doings, and two places, and two ends. Therefore all things are by twos, one corresponding to the other. There are two ways of good and evil, with which are the two minds in our breasts distinguishing them. [...] (Testament van Asher: 1 e.v.)

[21] Maar daar is het oordeel ten verderve, de weg naar het vuur en het pad dat naar de oven leidt. (2 Baruch 85: 13 e.v.)

[22] Archeologisch bewijs van oude Israëlische steden (zoals Dan, Gezer, Hazor, en Megiddo) onthullen complexe bouwwerken aan de stadspoort. Hoewel het precieze ontwerp varieert tussen de verschillende steden, omvatten deze structuren vaak overdekte ruimtes, wachtkamers, nissen omzoomd met zitbanken, en een groot open plein ook met zitbanken omringd. Deze archeologische vondsten onderlijnen de functie van de stadspoort in de aangehaalde Bijbelteksten.

Het boek Richteren vertelt het verhaal van Simson die de stad Gaza 's nachts verliet.[23] Simson wou de stad Gaza verlaten, maar de stadspoort was gesloten. Simson trok de deuren van de stadspoort uit de scharnieren en verliet de stad, de deuren op zijn rug dragend.

In de tijd van het Eerste Testament was de stadspoort de geschikte plaats om goederen te verhandelen: groenten, vee, en allerlei landbouwproducten werden in de open ruimte aan de stadspoort net binnen de stad verkocht. Elisa profeteerde dat er na de grote hongersnood in de stad Samaria ten gevolge van de belegering door Benhadad, de koning van Syrië, weer graan in de stadspoort zal verhandeld worden.[24] Het leger van Banhadad vluchtte tijdens de nacht omdat zij veronderstelden dat de legers van de Hethieten en van de Egyptenaren Israël kwamen helpen. Het voedsel dat het leger van Banhadad in het legerkamp had achtergelaten werd verzameld en werd de volgende dag in de stadspoort verhandeld, zoals door Elisa was voorspeld. De poort werd ook gebruikt om de geloofspraktijk aan te sporen en om de Torah voor te lezen.

Jeremia stond in een van de poorten van Jeruzalem om de mensen aan te manen de sabbatsrust te houden.[25] In de stadspoort kwamen veel mensen voorbij. Waarschijnlijk lag de stadspoort dichtbij het paleis, want ook de koningen gebruikten deze stadspoort om de stad te verlaten en om erbinnen te komen. Mensen kwamen naar de open ruimte aan de stadspoort om goederen te verhandelen (zie boven) en dat gebeurde ook op sabbat. Deze ontheiliging van de sabbat was een doorn in het oog van Jeremia. Jeremia predikte in de poort dat de sabbat ingesteld was als een teken van Gods verbond met zijn volk[26] en

---

[23] Maar Simson bleef tot middernacht liggen. Toen, te middernacht, stond hij op, greep de deuren van de stadspoort met de beide posten en trok ze los, met grendel en al. En hij legde ze op zijn schouders en droeg ze omhoog naar de top van de berg die tegenover Hebron ligt. (Ri 16:3)

[24] Toen zei Elisa: Hoor het woord van de Heer. Zo zegt de Heer: Morgen omstreeks deze tijd zal in de poort van Samaria een maat meelbloem verkocht worden voor een zilveren sikkel, en twee maten gerst voor een sikkel. Toen zei Elisa: Hoor het woord van de Heer. Zo zegt de Heer: Morgen omstreeks deze tijd zal in de poort van Samaria een maat meelbloem verkocht worden voor een zilveren sikkel, en twee maten gerst voor een sikkel. (2 Kon 7:1)

[25] Zo heeft de Heer tegen mij gezegd: Ga in de Volkspoort staan, waardoor de koningen van Juda binnenkomen en waardoor zij naar buiten gaan, ja, in alle poorten van Jeruzalem, en zeg tegen hen: Hoor het woord van de Heer, koningen van Juda, heel Juda en alle inwoners van Jeruzalem, die door deze poorten binnenkomen. (Jer 17:19-20)

[26] U dan, spreek tot de Israëlieten en zeg: U moet zeker Mijn sabbatten in acht nemen, want dat is een teken tussen Mij en u, al uw generaties door, zodat men weet dat Ik de Heer ben, Die u heiligt. (Ex 31:13) Neem de sabbatdag in acht om die te heiligen, zoals de Heer, uw God, u geboden heeft. Zes dagen zult u arbeiden en al uw werk doen, maar de zevende dag is de sabbat van de Heer, uw God. Dan zult u geen enkel werk doen, u, noch uw zoon, noch uw dochter, noch uw dienaar, noch uw dienares, noch uw dienaar, noch uw dienares, noch uw rund, noch uw ezel, noch enig vee van u, noch uw vreemdeling, die binnen uw poorten is, opdat uw dienaar en uw dienares rusten zoals u. Want u zult in gedachten houden dat u slaaf geweest bent in het land

als herdenking van de schepping.[27] Er mochten op de sabbat dus geen goederen verhandeld worden, en de sabbatsrust moest gerespecteerd worden. Jeremia besluit zijn betoog met de profetie wat er met de stad zal gebeuren indien men de sabbat onderhoudt, of niet. Sommige Bijbelwetenschappers zijn van mening dat de Volkspoort in deze tekst niet verwijst naar een stadspoort, maar naar een poort om het tempelcomplex te betreden.

Een tekst in het Bijbelboek 2 Koningen geeft aan dat die geloofspraktijken aan de stadspoort ook met afgoderij te maken kunnen hebben.[28] In 622 BCE herstelde koning Josia de religie van Israël: hij verwijderde alle heidense altaren en afgodsbeelden, en vernielde de heidense heiligdommen. Dat was allemaal onder invloed van de Assyriërs in Israël geïntroduceerd, maar het was vreemd aan de godsdienst van Israël. Volgens de tekst brak Josia ook de offerhoogten bij de stadspoorten af. Een offerhoogte is een kunstmatige verhoging met bovenaan een altaar. Bij de stadspoorten werd zo'n offerhoogte gebouwd zodat personen die de stad binnenkwamen of verlieten, een offer aan een afgod konden brengen om succes in hun activiteit te verzekeren.

Aan de stadspoort werd ook de Torah voorgelezen. Het Bijbelboek Nehemia vertelt dat Ezra de Torah aan het hele volk dat zich aan de Waterpoort verzameld had voorlas.[29] In 539 BCE gaf de Perzische koning Cyrus de toestemming aan de Joodse ballingen om naar Jeruzalem en Judea terug te keren. In 515 BCE was de tempel heropgebouwd. In 446 BCE vernam Nehemia dat het met de Joden in Judea slecht ging. Koning Artaxerxes I gaf Nehemia de toestemming om naar Jeruzalem te gaan. Onder Nehemia werd de stadsmuur van Jeruzalem heropgebouwd. Nehemia merkte ook het morele verval van het

---

Egypte en dat de Heer, uw God, u vandaar uitgeleid heeft met sterke hand en uitgestrekte arm. Daarom heeft de Heer, uw God, u geboden de dag van de sabbat te houden. (Deut 5:12-15)

[27] Gedenk de sabbatdag, dat u die heiligt. Zes dagen zult u arbeiden en al uw werk doen, maar de zevende dag is de sabbat van de Heer, uw God. Dan zult u geen enkel werk doen, u, noch uw zoon, noch uw dochter, noch uw dienaar, noch uw dienares, uw dienaar, noch uw dienares, noch uw vee, noch uw vreemdeling die binnen uw poorten is. Want in zes dagen heeft de Heer de hemel en de aarde gemaakt, de zee, en al wat erin is, en Hij rustte op de zevende dag. Daarom zegende de Heer de sabbatdag, en heiligde die. (Ex 20:8-11)

[28] Hij liet al de priesters uit de steden van Juda komen en verontreinigde de offerhoogten waarop die priesters reukoffers gebracht hadden, van Geba af tot Berseba toe. Verder brak hij de offerhoogten bij de poorten af, ook die bij de ingang van de poort van Jozua, de leider van de stad, aan de linkerhand als men de stadspoort binnenkomt. (2 Kon 23:8)

[29] Toen de zevende maand aanbrak en de Israëlieten in hun steden waren, verzamelde heel het volk zich als één man op het plein dat voor de Waterpoort ligt; en zij zeiden tegen Ezra, de schriftgeleerde, dat hij het boek moest brengen met de wet van Mozes, die de Heer Israël had geboden. Ezra, de priester, bracht de wet voor de gemeente, zowel mannen als vrouwen en al wie wat zijn verstand betrof in staat was ernaar te luisteren, op de eerste dag van de zevende maand. Hij las daaruit voor, voor het plein dat voor de Waterpoort ligt, vanaf het morgenlicht tot de middag, ten overstaan van de mannen, de vrouwen en van hen die wat hun verstand betrof in staat waren ernaar te luisteren. De oren van heel het volk waren gericht op het wetboek. (Neh 8: 1-4)

volk, en als reactie las Nehemia in de poort de Torah aan het volk voor, waarna het verbond met God vernieuwd werd.

De stadspoort diende ook als verzamelplaats voor gerechtshoven die juridische transacties uitvoerde en gerechtigheid verleende. Een tekst uit Deuteronomium geeft de instructie dat Israël een rechtssysteem moet opzetten,[30] en het Bijbelboek Amos onderlijnt deze instructie.[31] Door rechtszaken in de stadspoorten te houden waren de rechtszaken openlijk en publiek. Indien er geen rechters waren, namen de oudsten van de stad deze rol over, zoals in het verhaal van Boaz die Ruth en het stuk land van haar schoonvader Abimelech wilde lossen.[32] In de stadspoort maakte Boaz en de eerste losser afspraken. De oudsten zijn de getuigen.

De stadspoort werd ook gebruikt om openbare straffen uit te voeren. Het Bijbelboek Deuteronomium geeft aan dat wanneer iemand afgoden dient, die persoon aan de stadspoort gestenigd moet worden.[33] Het doel van deze wet was om de kennis en aanbidding van de ene ware God te behouden; en daarom werd afgoderij van welke aard dan ook zoals afgodsbeelden maken en daarvoor neerbuigen en dienen[34] als een overtreding van Gods verbond geïnterpreteerd. Rang of geslacht kon voor deze misdaad niet als een verzachtende omstandigheid gebruikt worden. Elke mogelijke inbreuk moest gerechtelijk worden onderzocht; en indien bewezen door de verklaring van betrouwbare getuigen, moest de overtreder naar de poort gebracht en gestenigd worden. Deze getuigen wierpen de eerste steen naar de overtreder. Het doel van deze speciale regeling was enerzijds om mensen af te schrikken iemand vals te beschuldigen, en anderzijds om een openbare verzekering te geven dat de overtreder de gepaste straf had ondergaan.

De stadspoort was ook de primaire openbare ruimte van de stad, een plaats waar mensen samenkwamen en elkaar ontmoeten. Aangezien er in de poort veel

---

[30] U moet binnen al uw poorten, die de Heer, uw God, u geeft, rechters en beambten over uw stammen aanstellen. Zij moeten met een rechtvaardig oordeel rechtspreken over het volk. (Deut 16:18)

[31] Haat het kwade en heb het goede lief, handhaaf het recht in de poort. (Amos 5:15a)

[32] Intussen ging Boaz naar de poort en ging daar zitten. En zie, de losser over wie Boaz gesproken had, kwam voorbij. Toen zei hij: Kom eens hier en ga hier zitten, u daar, hoe u ook heet. En hij kwam daarheen en ging zitten. En hij haalde tien mannen uit de oudsten van de stad, en zei: Gaat u hier zitten. En zij gingen zitten. (Ruth 4:1-2)

[33] ...dan moet u die man of die vrouw die deze wandaad verricht heeft, naar buiten brengen, naar uw poorten, die man of die vrouw, en u moet hen met stenen stenigen, zodat zij sterven. (Deut 17:5)

[34] U zult voor uzelf geen beeld maken, geen enkele afbeelding van wat boven in de hemel, of beneden op de aarde of in het water onder de aarde is. U zult zich daarvoor niet neerbuigen, en die niet dienen, want Ik, de Heer, uw God, ben een naijverig God, Die de misdaad van de vaderen vergeldt aan de kinderen, aan het derde en vierde geslacht van hen die Mij haten. (Ex 20:4-5)

mensen voorbijkwamen, was het de ideale plaats om te bedelen. Het Bijbelboek Handelingen vertelt het verhaal van een kreupele die bij de poort, ditmaal bij een van de tempelpoorten, lag.[35] De kreupele werd dagelijks door zijn vrienden aan de tempelpoort gelegd. In die tijd waren er geen zieken- en geen armenhuizen. De armen waren dus afhankelijk van de liefde van diegenen die in betere omstandigheden leefden. Het was dus belangrijk om deze armen te plaatsen waar veel mensen ze zouden zien. Daarom was het gebruikelijk om bij de tempelpoorten te zitten waar rijke lieden voorbijkwamen. Een tempelpoort was daardoor een gunstige plaats om te bedelen. En deze logica kunnen wij ook doortrekken naar de stadspoort: in de stadspoort kwamen veel mensen voorbij, en er zullen dus in de stadspoort ook wel bedelaars geweest zijn.

De stadspoort had nog een andere functie, een religieuze functie, die we in de joodse geloofsbelijdenis, het *Shema Israel* vinden.[36] Vandaag hangt bij joodse gelovigen een *mezoeza* aan de rechterdeurpost van bijna alle deuren in het huis; alle buitendeuren en alle deuren die naar woon-, werk-en slaapvertrekken leiden. Een *mezoeza* is een smal kokertje met een perkament waarop naast deze Bijbeltekst ook een andere Bijbeltekst opgeschreven is.[37] De traditie gebiedt dat, wanneer men door een deur gaat waaraan zo'n kokertje bevestigd is, men de *mezoeza* met de hand aanraakt en vervolgens de vingers waarmee de *mezoeza* is aangeraakt kust. Hiermee wordt uitdrukking gegeven aan eerbied en ontzag voor God en zijn geboden en het is een herinnering aan de *mitswot* die op het perkamentrolletje geschreven staan.

Religieuze gebouwen waren vrijgesteld van de verplichting om een mezoeza te hebben; het gebouw zelf zorgde ervoor dat degenen die binnenkwamen zich

---

[35] En een man die vanaf de moederschoot kreupel was, werd daarheen gedragen. Men zette hem dagelijks bij de tempelpoort die de Schone genoemd wordt, om een liefdegave te vragen aan hen die de tempel binnengingen. (Hand 3:2)

[36] Luister, Israël! De Heer, onze God, de Heer is één! Daarom zult u de Heer, uw God, liefhebben met heel uw hart, met heel uw ziel en met heel uw kracht. Deze woorden, die ik u heden gebied, moeten in uw hart zijn. U moet ze uw kinderen inprenten en erover spreken, als u in uw huis zit en als u over de weg gaat, als u neerligt en als u opstaat. U moet ze als een teken op uw hand binden en ze moeten als een voorhoofdsband tussen uw ogen zijn. U moet ze op de deurposten van uw huis en op uw poorten schrijven. (Deut 6:4-9)

[37] Daarom moet u deze woorden van mij in uw hart en in uw ziel prenten. Bind ze als een teken op uw hand, en ze moeten als een voorhoofdsband tussen uw ogen zijn. En leer ze aan uw kinderen door erover te spreken als u in uw huis zit en als u over de weg gaat, als u neerligt en als u opstaat; en schrijf ze op de deurposten van uw huis en op uw poorten, opdat uw dagen en de dagen van uw kinderen in het land waarvan de Heer uw vaderen gezworen heeft het hun te geven, zo talrijk worden als de dagen dat de hemel boven de aarde staat. Want als u al deze geboden die ik u gebied, nauwlettend in acht neemt door ze te houden, door de Heer, uw God, lief te hebben, door in al Zijn wegen te gaan en u aan Hem vast te houden, dan zal de Heer al deze volken van voor uw ogen uit hun bezit verdrijven, en zult u het land van volken die groter en machtiger zijn dan u, in bezit nemen. (Deut 11:18-23)

bewust werden van de goddelijke tegenwoordigheid.[38] Alleen de Nicanorpoort in de Tweede Tempel had een *mezoeza*, omdat het verblijf van de hogepriester in de Nicanorpoort gebouwd was.[39] In de *Talmoed* wordt het gebruik om de mezoeza met de hand aan te raken niet beschreven. Dit geeft aan dat deze traditie waarschijnlijk van recentere datum is. Reizigers die door de poort gingen lazen waarschijnlijk de tekst, of prevelde ze. Sommigen raakte de tekst misschien aan, zoals toeristen vandaag het beeld *'t Serclaes* aan de Grote Markt in Brussel strelen omdat het geluk zou brengen.

De twee citaten in de *mezoeza* herinneren ons eraan dat onze steden (tekst in de stadspoortpost) en onze huizen (tekst in de deurpost) heilige plaatsen zijn en dat we dienovereenkomstig moeten handelen - wanneer we ze binnengaan en wanneer we ze verlaten om de wereld in te gaan. Het aanraken of lezen van de tekst werd dus zowel bij het binnengaan als bij het buitengaan uitgevoerd. Bij het verlaten van de stad betekent dit dat we Gods geboden ook buiten de stadsmuren in acht zullen nemen. Het aanraken of lezen van de tekst is daardoor een soort van geloofsbelijdenis, een bevestiging van een levenskeuze voor God en zijn geboden.[40]

Hermeneutische krijtlijnen

De grondslag van de hermeneutiek is het onderscheid tussen de letter en de geest De eerste tekenen van een hermeneutische methode komen aan de culturele oppervlakte in de periode van het Hellenisme. De vroegste methoden draaien rond allegorie.[41] Allegorie is ook de methodologische context van de gelijkenissen in het evangelie.

De connotaties "wijd" en "nauw" zijn dan ook allegorisch te duiden. We komen tot de volgende betekenissen:

1. Uitvergroten van het dualisme onderscheid = onderscheiden
2. Scherpstellen van wat goed is = focussen (Bileam)

De hermeneutische krijtlijnen van de gelijkenis van de "Twee Wegen" wijst op onderscheid en focus, kortom een grote explicitering of scherpstelling van

[38] Berachot 47a.

[39] Joma 11a.

[40] Het gebruik van de mezoeza in de Tweede Tempelperiode is niet duidelijk. Was de inscriptie direct op de poort of de deur geschreven, of was het separaat bevestigd in een kokertje? Het Louvremuseum in Parijs bevat een deurpost uit Mesopotamië met een tekst toegewijd aan Shilhak-Inshushinak, koning van Anzan en Susa in de 12de eeuw BCE (Zie http://cartelfr.louvre.fr/cartelfr/visite?srv=car_not&idNotice=17602). Dit artefact geeft aan dat in de oudheid soms teksten op deurposten geschreven werden. Dit konden dankzeggingen, zegenspreuken, beschermingen of vervloekingen zijn.

[41] Zie Zwiep A., blz. 36-74.

waarover het gaat. Dit spoort met de apocalyptische toonzetting van het vroege christendom.

Bij een wijde stadspoort verliest men verschillende functies die hoger beschreven werden:

- Vanuit een militair standpunt is een wijde poort moeilijk te verdedigen. In geval van urgentie heeft men meer tijd nodig om de deuren van een wijde poort te sluiten. De deuren van een wijde poort zijn moeilijker te blokkeren dan de deuren van een nauwe poort. Een grote groep indringers (plunderaars, vijandige soldaten, enz.) kunnen tegelijkertijd door de stadspoort om zo de verdedigende linie aan te vallen.
- Bij een wijde poort komen veel mensen samen naar binnen en naar buiten. Het is moeilijker om de lokale markt te bereiken en om de bedelaars op te merken.
- Bij een wijde poort is men sneller afgeleid om de mezoeza, als tekst of als kokertje, te lezen of aan te raken.

Het adjectief "wijd" (πλατεῖα) komt nergens anders in het Tweede Testament voor. De combinatie "wijde poort" komt nergens in het Eerste Testament voor.

Maar er is ook een andere lezing van deze gelijkenis mogelijk. Er zijn een aantal belangrijke teksten waar "de poort" (ἡ πύλη) in vs. 13 niet voorkomt.[42] Zonder "de poort" komt het adjectief "wijd" bij "de weg" en krijgen wij dus: "(...) want wijd en breed is de weg die naar het verderf leidt (...)."

Deze lezing betekent dat de weg die tot verderf leidt helemaal geen poort heeft. Er is dus geen ingang naar die weg. Aangezien velen deze weg begaan, is de weg gemakkelijk te vinden, bv. door de massa te volgen. In deze lezing is er dus alleen een poort die leidt naar de smalle weg die naar het leven leidt. Misschien is deze lezing waarbij er geen "wijde poort" staat de oorspronkelijke tekst en komt die daardoor in de joodse en joods-christelijke teksten niet voor.

Het is gemakkelijk te begrijpen dat men eventueel later "de poort" in vs. 13 heeft bijgevoegd, zodat de contrasten van de dualismen met vs. 14 daardoor volledig in balans zijn. Het is hier nodig aan te stippen dat in een klein aantal minder belangrijke teksten "de poort" in vs. 14 niet voorkomt, of dat "de poort" noch in vs. 13 noch in vs. 14 voorkomt.

De gelijkenis geeft aan dat de nauwe poort moeilijk te vinden is. Alleen zij die de nodige inspanningen doen om van de brede weg af te gaan en op zoek te gaan, zullen de nauwe poort vinden. De nauwe poort geeft aan dat de doorgang

---

[42] De *Codex Sinaiticus* en een aantal oude Latijnse teksten.

door de poort moeilijk is. Het is niet dat de poort te nauw is voor het aantal mensen, want het zijn er maar enkelen die de poort zullen vinden. Jezus bedoelt dat het moeilijk is om de weg van het leven te vinden. De "nauwe poort" geeft dus aan dat de doorgang tot de poort, dus de levenskeuze voor God en zijn geboden, moeilijk is. Maar Jezus gaat nog een stap verder, en geeft aan dat het eigenlijk onmogelijk is om door deze poort te gaan.[43] Het adjectief "nauw" (στενός) komt nergens anders in het Tweede Testament voor. De combinatie "nauwe poort" komt nergens in het Eerste Testament voor.

In het verhaal van Bileam komt "nauw pad" of "nauwe doorgang" (מִשְׁעוֹל) voor. Israël was het Beloofde Land aan het veroveren. De Midjanieten probeerden de Israëlieten af te stoppen met een list. Bileam, een bekende waarzegger, werd gevraagd om Israël te vervloeken, maar hij werd door God belemmerd. En in plaats van het volk te vervloeken, zegende hij Israël.[44]

Bileam reed op een ezel richting Moab. Onderweg stopte een engel de ezel.[45] De wegen die door velden en wijngaarden leidden waren geflankeerd door omheiningen of muren van steen om te voorkomen dat de grond door de regen werd weggespoeld. Bileam kon niets anders doen, dan naar de engel van de Heer luisteren. Omdat Bileam geen kant op kon, werd hij als het ware verplicht om te luisteren naar wat de engel te zeggen had; ook al zei de engel iets wat hij niet wilde horen. In dit geval gaat de "nauwe poort" niet alleen over de levenskeuze die we moeten maken, maar ook dat we open moeten staan voor andere meningen en ideeën. De "nauwe poort" is dan een aanwijzing om geen tunnelvisie te hanteren, maar open te staan voor andere visies en opinies.

TOEPASSINGEN

De vergelijkende analyse en de hermeneutische krijtlijnen van de gelijkenis over de "Twee Wegen" laten ons toe om het gebruik van het beeld voor het licht te houden. We onderscheiden drie mogelijkheden:

1. Piëtistische beeldvorming: de brede en smalle weg om gelovigen onderricht te geven in de correcte levenswijze.

---

[43] Nogmaals zeg Ik u: Het is gemakkelijker dat een kameel door het oog van een naald gaat, dan dat een rijke het Koninkrijk van God binnengaat. (Mt 19:24)

[44] Numeri 21-24.

[45] Toen de ezelin de engel van de Heer op de weg zag staan, met het getrokken zwaard in zijn hand, week de ezelin van de weg af en ging het veld in. Toen sloeg Bileam de ezelin om haar weer naar de weg terug te drijven. Maar de engel van de Heer ging nu op een nauw pad tussen de wijngaarden staan, met een muur aan de ene en een muur aan de andere kant. (Num 22:23-24)

2. Ethisch bewustzijn aanscherpen in vloeibare tijden,[46] gezien feitelijke diversiteit dreigt te ontaarden in een diffuse levenshouding, d.w.z. nooit tot keuzes komen.
3. De moeilijke doorgang van de joods-christelijke betrekkingen.

Na de opkomst van het rationalisme, de nieuwe wetenschappen en de historisch-kritische benadering van de Bijbel ontstaat in Duitsland de theologische tegenreactie van het piëtisme, waar het innerlijk beleven van de vroomheid vooraan staat. In de piëtistische prent werd bij elke component een Bijbeltekst toegevoegd ter ondersteuning van preken en catechisatie. Ook bij de wijde poort en de nauwe poort werd een Bijbeltekst toegevoegd.[47] Beide teksten onderlijnen het piëtistisch karakter van de prent: de wijde poort, gevend op de brede weg, is de weg van de wereld, van de moderniteit, van de wetenschap, van het verderf, van de vijand van God en is de weg naar de hel; de nauwe poort, gevend op de smalle weg, is de weg van de innerlijke vroomheid, van schriftlezing en gebed en is de enige weg naar het koninkrijk van God.

De aangehaalde Bijbelteksten zijn veel rijker, en de referentie in deze prent reduceert de mogelijke interpretaties. Het lijkt alsof men de keuze slechts eenmaal maakt en dat is bepalend voor je leven.

Volgens de tekst in Deuteronomium is een keuze maken helemaal niet moeilijk.[48] Dit werd later ook door Paulus bevestigd.[49] Maar Jezus geeft aan dat deze keuze helemaal niet gemakkelijk is, en dat de juiste prioriteiten stellen moeilijk is. Het betreft onze voortdurende keuze voor God en ons engagement voor een andere en betere wereld. Het is geen eenmalige keuze; het is een voortdurende keuze. Zelfs indien wij voor de nauwe poort kozen, springen wij voortdurend van de smalle naar de brede weg, en terug. Vaak realiseren wij ons dat wij op de brede weg beland zijn, en dan terug moeten naar de smalle weg.

---

[46] De term "vloeibare tijden" werd ontleend aan: Bauman Z (2018), Vloeibare tijden, leven in een eeuw van onzekerheid. Utrecht: Uitgeverij Klement.

[47] Wijde poort: Overspelige mannen en vrouwen, weet u dan niet dat de vriendschap met de wereld vijandschap tegen God is? Wie dan nu een vriend van de wereld wil zijn, wordt als vijand van God aangemerkt. (Jac 4:4) Nauwe poort: Jezus antwoordde en zei tegen hem: Voorwaar, voorwaar, Ik zeg u: Als iemand niet opnieuw geboren wordt, kan hij het Koninkrijk van God niet zien. (Joh 3:3)

[48] "Want dit gebod, dat ik u heden gebied, is niet te moeilijk voor u en het is niet ver weg. Het is niet in de hemel, zodat u zou kunnen zeggen: Wie zal voor ons naar de hemel opstijgen om het voor ons te halen en ons te laten horen, zodat wij het kunnen doen? Het is ook niet aan de overzijde van de zee, zodat u zou kunnen zeggen: Wie zal voor ons oversteken naar de overzijde van de zee om het voor ons te halen en het ons te laten horen, zodat wij het kunnen doen? Want dit woord is heel dicht bij u, in uw mond en in uw hart, om het te doen." (Deut 30:11-14)

[49] "Dicht bij u is het Woord, in uw mond en in uw hart. Dit is het Woord van het geloof, dat wij prediken: Als u met uw mond de Heere Jezus belijdt en met uw hart gelooft dat God Hem uit de doden heeft opgewekt, zult u zalig worden." (Rom 10:8-9)

En misschien niet via een bruggetje zoals in de prent, maar weer door de nauwe poort. Wij moeten voortdurend keuzes maken, en wij moeten voortdurend Gods woord in ons hart hebben om de juiste ethische keuzes te maken. Deze keuzes maken is vaak niet gemakkelijk, omdat er telkens een hele context meespeelt. We moeten ervoor zorgen dat wanneer we ons realiseren dat we op de brede weg zijn, we dan de nodige acties nemen om terug op de smalle weg te geraken. De keuze voor de "nauwe poort" weerspiegelt een continu ethisch bewustzijnsproces.

De gelijkenis van de "Twee Wegen" kan op verschillende manieren en voor verschillende situaties geïnterpreteerd worden. Wat kan deze gelijkenis ons leren voor de joods-christelijke dialoog?

In de loop van de geschiedenis werden de Joden in Europa vaak uit het maatschappelijk leven geweerd, werden zij verbannen, of werden zij verplicht tot het christendom bekeerd. Dit is handelen zoals Bileam handelde, vanuit het eigen gelijk zonder enig respect voor de ander en voor de traditie van de ander. De engel van de Heer in de nauwe doorgang leert ons dat Gods woord op verschillende manieren tot ons kan komen: via de joodse traditie of via een christelijke traditie; beide manieren zijn goed. Daardoor moeten wij in de joods-christelijke dialoog naar elkaar toekomen met respect voor elkaars identiteit en integriteit, zonder enige vorm van vooroordeel, waarbij men de andersheid van de ander erkent, en waarbij ieder zijn of haar eigen traditie trouw blijft. Het is bouwen aan een brug, een moeilijk bouwwerk waarbij de geschiedenis van de relatie tussen kerk en synagoge van bijna 2.000 jaar soms door blijft trillen, maar waaruit wij moeten leren.

De poort is nauw, de doorgang is soms moeilijk. Het vergt vaak veel energie en doorzettingsvermogen. De mezoeza op de poort is een bevestiging van een levenskeuze voor God en zijn geboden, onafhankelijk van de traditie waaruit wij komen. De joodse traditie en de christelijke traditie hebben dezelfde levenskeuze voor God en dezelfde ethische geboden; de verschillende interpretaties maken de joods-christelijke contacten interessant, verrijkend, en uitdagend. Er zijn helaas maar weinigen die de nauwe poort vinden, zoals de evangelist Matteüs aangeeft. Maar het zoeken naar de nauwe poort voor de joods-christelijke dialoog is zeker de moeite waard.

CONCLUSIE

Gebaseerd op de Bijbelteksten betreffende "de poort" kunnen we besluiten dat veel openbare activiteiten aan de stadspoort plaats vonden: het verhandelen van goederen, geloofspraktijken werden aangespoord of uitgevoerd, openbare straffen werden uitgevoerd, en de Torah werd er voorgelezen. De stadspoort diende ook als verzamelplaats voor gerechtshoven die juridische transacties uitvoerde en gerechtigheid verleende. Hoogstwaarschijnlijk zullen er ook wel bedelaars in de stadspoort geweest zijn. De stadspoort had dus naast een militaire functie, ook een economische, sociale, juridische, praktisch theologische, en een ethisch-rituele functie.

Door de analyse van de Bijbelteksten betreffende de "wijde poort" en de "nauwe poort" kunnen we besluiten dat de poort in de gelijkenis van de "Twee Wegen" een cruciaal element is omdat het aangeeft welke levenskeuze er gemaakt moet worden: kiest men voor de nauwe poort dan bevestigt men hiermee de bewuste keuze voor God en zijn geboden, of kiest men voor de wijde poort waarbij men niet voor God en zijn geboden kiest. Volgens Jezus is de keuze van de "nauwe poort" een moeilijke keuze.

Volgens de tekst in Deuteronomium en volgens Paulus is een keuze maken helemaal niet moeilijk. Dit verklaart waarschijnlijk waarom de joodse en in de christelijke teksten niet meer naar de "wijde poort" en de "nauwe poort" verwijzen. Daardoor is de levenskeuze is niet moeilijk, maar de levenswijze, de weg, is belangrijk. Maar door te verwijzen naar de "nauwe poort" legt Jezus de nadruk op de keuze die men maakt. Die keuze is moeilijk; de levensweg nadien is een logisch gevolg van de keuze. In onze hedendaagse vloeibare tijden springen wij voortdurend van de smalle weg naar de brede weg, en terug. We moeten ervoor zorgen dat wanneer we ons realiseren dat we op de brede weg zijn, we dan de nodige acties nemen om terug op de smalle weg te geraken. De keuze voor de "nauwe poort" weerspiegelt een continu ethisch bewustzijnsproces.

De "nauwe poort" is mogelijk een verwijzing naar het verhaal van Bileam wanneer Bileam een engel van de Heer in een nauwe doorgang ontmoet. In dit geval geeft dit een interessante bijkomende dimensie aan de "nauwe poort." Het verhaal van Bileam geeft aan dat Gods woord op verschillende manieren tot ons kan komen. We luisteren alleen naar mensen uit onze omgeving; we luisteren nauwelijks naar mensen die een andere mening verkondigen. Zo ook lezen we vaak alleen boeken of bezoeken we vaak alleen websites die onze mening bevestigen, en we lezen weinig boeken of we surfen weinig naar websites die een andere mening hebben. Dit kan betekenen dat we nauwelijks aandacht besteden aan diegenen die een andere mening hebben dan wij. Het is gemakkelijk om te geloven dat God ons precies vertelt wat we al dachten. Misschien lijken we meer op Bileam dan we zouden willen aannemen. Maar door de "nauwe poort" kunnen we op de een of andere manier leren luisteren naar wat God tegen ons zegt, zelfs door mensen die we niet vertrouwen of door bronnen waar we het niet mee eens zijn. En dat is misschien nodig om de nauwe weg te kunnen gaan.

In onze hedendaagse vloeibare tijden zijn interpretaties van Bijbelteksten niet definitief. Alles is vloeibaar, en de context en de waardepatronen veranderen voortdurend. De piëtistische prent is daardoor gedateerd en zegt meer over het piëtisme dan over de aangehaalde Bijbelteksten. Zo moeten wij eerdere interpretaties telkens herbekijken en genomen beslissingen revalueren om te verifiëren dat we door de veranderende context en/of waardepatronen niet op de brede weg beland zijn. Deze vloeibaarheid resulteert in onzekerheid, omdat we voortdurend moeten evalueren of we nog op de smalle weg zijn en indien niet er ethische correcties uitgevoerd moeten worden.

Welke invloed heeft deze vloeibaarheid op de zoektocht van de gelovige naar de "nauwe poort?" Hoe kunnen wij continue evalueren of wij nog steeds op de smalle weg zijn? Hoe kan een voorganger de gelovigen ondersteunen in hun onzekerheid daaromtrent? Hoe kan een voorganger de gelovigen ondersteunen in hun continu ethisch bewustzijnsproces?

BIBLIOGRAFIE

De volgende internetbronnen werden gebruikt:

De rollen van de Dode Zee (16-Apr-2019, the Leon Levy Dead Sea Scrolls Digital Library, https://www.deadseascrolls.org.il/home)

De geschriften van de Kerkvaders (15-Apr-2019, New Advent, http://www.newadvent.org/fathers/)

De vertaling van 4Q473 (11-Apr-2019, Moellerhaus Publishers, http://moellerhaus.com/Dead%20Sea%20Scrs/dss2ways.htm)

De volgende boeken werden geraadpleegd:

Aune D.E. (Editor) (1972), *Studies in New Testament and Early Christian Literature*, Leiden: E.J. Brill.

Davies W.D. & Allison D.C. (2004), *Matthew 1-7*, New York: T&T Clark Ltd.
Edelman D.V. (1995), *The Triumph of Elohim. From Yahwisms to Judaisms*, Grand Rapids: William B. Eerdmans.

France R.T. (2007), *The Gospel of Matthew*, Cambridge: William B. Eerdmans Publishing.

Garcia Martinez, A. & van der Woude A. (1994-1995), *De rollen van de Dode Zee, Ingeleid en in het Nederlands vertaald, 2 delen*, Kampen: Kok.

De Goeij, M. (1980), *De Pseudepigrafen*, Kampen: Kok.

Green J.B. (1997), *The Gospel of Luke*, Cambridge: William B. Eerdmans Publishing.

Keur J. & Keur P. (1987), *Apocriefen van het Oude Testament*, Kampen: Uitgeversmaatschappij J.H. Kok.

De Kok, A. (2014), *De Didachè*, Gorinchem: Stad op een berg.

Lim T.H. & Collins J.J. (2010), *The Oxford Handbook of the Dead Sea Scrolls*, Oxford: Oxford University Press.

Niederwimmer K. (1998), *The Didache*, Minneapolis: Fortress Press.

Nijs, J. (z.j.), *Perikopen van (de) Vaderen*, Opglabbeek: Drukkerij Paesen.

Terrien S. (2003). *The Psalms, Strophic Structure and Theological Commentary, Volume 1 and 2*, Cambridge: William B. Eerdmans Publishing Company.

Van de Sandt H. & Flusser D. (2002), *The Didachè, Its Jewish Sources and its Place in Early Judaism and Christianity*, Minneapolis: Fortress Press.

van Schaik C. en Michel K. (2016), *Het oerboek van de mens. De evolutie en de Bijbel*, Amsterdam: Uitgeverij Balans.

Vermes G. (2004), *The Authentic Gospel of Jesus*, London: Pinguin Books.

Zwiep A. (2009), *Tussen tekst en lezer. Een historische inleiding in de Bijbelse hermeneutiek*, Amsterdam: VU University Press.

De Koran (Leemhuis F., vert.) (2014), Houten-Antwerpen: Het Spectrum bv.

Herziene Statenvertaling (2012), Heerenveen: Uitgeverij Jonkbloed.

Attitude, vocabulaire et langage de l'Epoque Coloniale et missionaire. Impact dans un monde multiculturel

Léonard Rwanyindo

Abstract

Portugal and Spain were the first colonial powers followed by the others afterwards (England, France, Holland, Germany, etc.). Portugal becomes the pioneer in the slave trade. The other major European powers followed suit by selling their moral and Christian values because of economic ambitions. The treatment of the colonized, the accents of language and the attitude towards them by the colonist have left traces and a legacy difficult to manage in today's world which has become multicultural. The colonial and missionary past calls for reflection to create a world of cohabitation without being worried or victim of the past mistakes.

INTRODUCTION

La découverte de ce qu'on appelle le Nouveau Monde, en 1492, a vu le mouvement d'explorateurs européens s'accélérer vers les autres continents et coins du monde. L'Asie, l'Afrique et le futur continent américain ont été visés. Cet article voudrait examiner certains aspects de cette initiative. Nous parlerons de la colonisation, de l'esclavage et ses conséquences et de la présence missionnaire. La méconnaissance et la déconsidération des peuples colonisés et à évangéliser feront partie de cette étude. Les accents de vocabulaire et d'attitudes feront l'objet de notre analyse. Nous conclurons par parler de l'impact des accents de langage et d'attitude dans un monde devenu multiculturel et qui le restera qu'on le veuille ou non.

Il est impossible de parler de la colonisation en traitant tous les pays dans leurs ambitions coloniales. Notre étude se limitera à certains pays. Nous parlerons de certaines puissances européennes à cause de leur particularité dans la course effrénée de la colonisation et des Missions.

LE PORTUGAL ET L'ESPAGNE

Ces deux pays méritent une attention particulière à cause de leur position dans la course vers les autres continents. Ils sont pionniers dans l'exploration, dans la pratique esclavagiste et dans la colonisation. Le Portugal s'est surtout concentré sur l'Afrique tandis que l'Espagne sera présente en Amérique latine. La présence portugaise s'est fait sentir dans le royaume du Kongo[1] au 15ème siècle. Les Portugais y introduisent très tôt le christianisme, au 15ème siècle, et cela se termine au 17ème par un échec. C'est le reflet d'un christianisme sans racine décrit comme une ruche dans les branches d'un arbre par certains parce que les missionnaires ont ignoré et négligé le contexte et la culture des peuples à évangéliser.

Le souverain du Kongo s'est montré intéressé par cette nouvelle religion qu'il a accueillie les bras ouverts. Il l'a fait par opportunisme parce qu'il voulait bénéficier de la protection des Occidentaux pouvant lui fournir les armes à feu contre les tribus voisines. Il avait l'intention d'assurer la sécurité de son pouvoir en le plaçant sous la protection occidentale comme cela se produira dans la quasi-totalité des pays africains jusqu'à aujourd'hui. Les portugais furent les premiers à occuper cette région de l'Afrique australe et centrale.

C'est en 1458 que les Portugais ont pris l'initiative d'envoyer les missionnaires sur le continent noir. Ils seront les maîtres à bord jusqu'en 1622 lors de la création de la Compagnie pour la propagande de la foi par le Pape Grégoire XV. La papauté ouvre ainsi d'autres perspectives en prenant la décision d'envoyer des Missions non espagnoles sur les continents.[2] Le souverain de ce petit royaume avait ses ambitions. Iliffe raconte son état d'âme:

> *Ses souverains, récemment montés sur le trône, manquaient de légitimité rituelle. En conflit avec les institutions religieuses autochtones, ils cherchèrent à faire du christianisme un culte d'État tout spécialement centré sur les esprits de rois morts.*[3]

Nous répétons que cette attitude des rois du Kongo n'était pas fondée sur la foi mais bâtie sur l'opportunisme qui sera poursuivi plusieurs siècles après par les autres autorités africaines voire de tous les pays colonisés. L'influence du Portugal et de l'Espagne devient prépondérante. Ils reçoivent du pape le monopole par le traité de Tordesillas[4] arbitré par le pape Alexandre VI signé le 07 juin 1494. L'objectif était de partager le Nouveau Monde entre les deux grandes puissances évangélisatrices. Ce traité arrive comme une sorte de garde-fou afin d'éviter aux deux pays de sombrer dans la rivalité et la confrontation possibles sur le sol des barbares comme on disait à l'époque. Il convient de remarquer l'importance de l'autorité papale et la domination des deux nations qui deviendront des empires coloniaux. Le Portugal prit beaucoup d'initiatives

---

[1] Kongo est un petit royaume entre le Gabo et l'Angola.
[2] Iliffe, *Les Africains. Histoire d'un continent*, Editions Flammarion, Bruxelles, 1997, p. 220.
[3] *Ibid*, p. 220.
[4] Il s'agit d'un traité international initié par le Pape Alexandre VI.

et ne traîna pas à être reconnu comme le centre européen de constructions navales.[5] Nous sommes à l'époque où les océans et les mers sont les seuls moyens de déplacements et de transports efficaces pour sillonner le monde. L'eau a été pendant longtemps un outil de communication entre les continents dans un esprit de mondialisation qui se développera au fur et à mesure du temps. C'est plus tard qu'elle sera concurrencée et détrônée par le transport aérien.

La découverte des autres peuples a révélé des étonnements et des commentaires. La perception des Portugais par les Indiens en est la preuve. Ils les décrivent grossiers et méprisants des femmes, incapables de comprendre l'art, la culture et maîtres d'usage de la force.[6] Ces recours à la force se multiplieront tout au long de la conquête des nouvelles terres non seulement par le Portugal mais aussi par les autres nations européennes. Les Portugais ne cachaient pas leurs ambitions de conquêtes comme ils le disaient eux-mêmes en ces termes: "Si la terre avait été plus grande, on en aurait aussi fait le tour."[7]

Il est très intéressant d'écouter cet Espagnol vantant la gloire, la grandeur et l'honneur de son pays dans le domaine de l'exploration afin de se rendre compte que le Portugal n'est pas seul dans cette conquête du monde.

> *C'est la grande honneur et la gloire de nos rois et des Espagnols d'avoir fait accepter aux Indiens un seul Dieu, une seule foi et un seul baptême et de leur avoir enlevé l'idolâtrie, les sacrifices humains, le cannibalisme, la sodomie et encore d'autres péchés que notre Bon Dieu déteste et qu'il punit.*[8]

Le même témoin continue en parlant du bannissement de la polygamie. Ces mesures d'interdiction sont la preuve que ces puissances coloniales ont effacé les cultures locales et imposé ce qui les arrangeait. Cette attitude ne sera pas sans conséquence sur les colonisés qui deviendront comme les arbres sous la domination du vent les poussant dans tous les sens de gauche à droite. Ces termes de lutte contre le cannibalisme et d'autres serviront à légitimer l'usage de la violence contre toute hostilité à l'occupation et réticence au changement. La frustration des colonisés sera si grande que l'introduction du christianisme excluant la culture locale sera victime du syncrétisme dès lors jusqu'à aujourd'hui. D'où la qualification d'un christianisme qui sera toujours comparable à une ruche suspendue dans les branches d'un arbre et par

---

[5] Ferro, M., *Histoire des colonisations. Des conquêtes aux indépendances, XII-XXème siècle*, Editions du Seuil, Paris, 1994, p. 50.
[6] *Ibid*, p. 52.
[7] *Ibid*, p. 48
[8] *Ibid*, p. 56-57.

conséquent superficiel. Un exemple très parlant: les bourreaux qui cherchaient les victimes à tuer pendant le génocide des Tutsi commis au Rwanda en 1994 priaient la Vierge Marie et Dieu de leur donner plus de personnes à tuer. L'usage de ces termes de cannibalisme et d'autres de dénigrement a contribué à faire naître les inimitiés et les sentiments de nationalisme.

L'occupation espagnole, portugaise et d'autres qui suivront s'est faite dans la douleur de l'"oppression. Le monde connaît le combat de Bartolomé de Las Cas, prêtre espagnol, qui s'engagea contre la violence exercée sur les Indiens. Il estimait que ces derniers étaient des êtres humains. Il s'opposait à ses compatriotes qui les considéraient comme barbares et sous-êtres. Il admet quand même l'existence du cannibalisme parce qu'il disait: "De même, nous pouvons leur prouver que si, dans une telle partie des Indes on a mangé de la chair humaine et sacrifié des innocents ..."[9]

Les arguments des adversaires de Bartolomé de Las Cas constituent des éléments de preuve de l'arrogance du colon, de son attitude et de son langage méprisants. Le docteur de Sepulveda légitime la guerre menée contre les Indiens en quatre points:

- la gravité des délits des Indiens, en particulier leur idolâtrie et leurs péchés contre nature;
- la grossièreté de leur intelligence qui en fait une nation servile, barbare, destinée à être placée sous l'obédience d'hommes plus avancés comme le sont les Espagnols;
- les besoins de la foi, car leur sujétion rendra plus facile et rapide la prédication qui leur sera faite;
- les maux qu'ils s'infligent les uns aux autres, tuant des hommes innocents pour les offrir en sacrifices.[10]

De tels arguments servant à apaiser la conscience et à légitimer l'inacceptable se rencontrent souvent dans toute la littérature coloniale et missionnaire. Si Bartolomé de Las Cas défend les Indiens et plaide pour leur évangélisation, il n'a pas caché son hostilité à l'égard des Turcs et des musulmans. Il les traitait de "vrais déchets de l'humanité" parce qu'ils ne peuvent pas devenir chrétiens.[11]

Si Bartolomé de Las Cas éprouve de la sympathie pour les Indiens, il n'en a pas pour les Noirs parce qu'il a approuvé leur esclavage. Une prise de position qu'il a regrettée sur son lit de mort. Si nous parlons des ambitions coloniales

---

[9] *Ibid*, p. 249.
[10] *Ibid*, p. 250-251.
[11] *Ibid*, p. 251.

espagnoles et portugaises, il faut savoir que les autres nations européennes ne resteront pas les bras croisés pendant longtemps. La faim et la soif coloniales s'étendront à d'autres nations. Les principaux seront l'Angleterre, la Hollande, la France et l'Allemagne.

LES AUTRES NATIONS EUROPÉENNES DANS LA COURSE À LA COLONISATION. LA FRANCE ET L'ALLEMAGNE

Nous ne pouvons pas parler de toutes les puissances dans un tel article qui doit être limité. Nous parlerons surtout de la France et l'Allemagne tout en évoquant les autres brièvement. L'ambition coloniale a des liens très étroits avec l'esprit hégémonique de l'Europe de Napoléon I Bonaparte, des monarchies, des empires, de la guerre des sept ans qui a fait un million trois cents mille morts ... Les pays européens n'ont pas cessé de s'agresser mutuellement jusqu'à la deuxième guerre mondiale. Cette agression avait des objectifs économiques et de recherche de gloire de grandeur sur tout le continent. C'est aussi cet esprit d'ambition de puissance qui sera le moteur pour acquérir de nouvelles terres.

Le Portugal a été le pionnier dans la colonisation et dans la pratique de la traite des Noirs par les puissances occidentales. Il sera presque le dernier à céder à la décolonisation en Afrique. Il a été contraint et forcé de plier bagage en Guinée-Bissau, en Angola, au Mozambique, Cap-Vert, Sao-Tomé et Principe et Timor Oriental après une longue guerre très violente dans un système de guérilla sans merci initiée par les leaders indépendantistes. L'empire colonial portugais remonte à 1415, date de la conquête de Ceuta. L'année 1975 a signé l'accession à l'indépendance de l'Angola et du Mozambique après une guerre meurtrière qui a emporté beaucoup de vies humaines. Les guerres de libération au Mozambique et en Angola ont duré de 1961 à fin 1974 au moins. C'est sur le continent asiatique que les Portugais quittent Macao, la dernière région qu'ils occupaient, en 1999. Ces guerres meurtrières ont laissé des traces de vengeance et de sentiment d'amertume. Les colonisés ont difficile à oublier leurs souffrances et les colons gardent la rancoeur de la perte de leurs biens et investissements. Ils ont quitté le bon climat pour subir les assauts de l'hiver en Europe.

Si les pays comme l'Angola ont dû tout reconstruire et panser leurs plaies qui seront difficiles à cicatriser, soyons honnêtes pour dire que les colons de retour en Europe ont dû tout relancer et ont connu d'énormes difficultés pour s'adapter à cette nouvelle vie. Beaucoup d'entre eux ont dû quitter ce qu'ils considéraient comme leurs pays pour embrasser le sol étranger qu'on leur présentait comme leurs vrais pays à cause des origines de leurs parents ou grands-parents. Il suffit d'écouter les Belges qui ont été chassés du Congo-Kinshasa en laissant tout derrière eux. Ils sont partis dans la précipitation sans rien prendre en abandonnant leur fortune et tout ce qu'ils avaient construit pendant des années. On peut comprendre pourquoi ils demeurent amers. C'est une situation qui a engendré les sentiments de haine irréconciliables pour certains.

LA GÉOGRAPHIE ET LA VOIE MARITIME

Revenons à la France et à l'Allemagne pour dire que ces deux pays ont des similitudes avant même de se lancer dans la course à la colonisation. La majeure partie de la population européenne n'était pas favorable à la colonisation. Les peuples étaient souvent fatigués par des guerres dues à l'esprit hégémonique qui a longtemps prédominé sur le sol européen. Les guerres emportaient des vies humaines, créaient des veuves et des orphelins et entraînaient dans la pauvreté et les famines. Celles de Napoléon III engagées au Mexique et en Indochine sont un exemple qui a créé le mécontentement des Français et un sentiment d'hostilité dans la course à la colonisation. Les populations européennes ont eu le dégoût de cette folie de grandeur. L'aventure mexicaine de Napoléon s'était soldée par un échec cuisant. Au même moment, l'administration coloniale en Algérie subissait les assauts de la rébellion.[12]

La population s'opposait à une aventure qui allait continuer à ruiner la France. Il a fallu deux groupes de pression. La marine et les géographes ont fait évoluer les mentalités. Ils ont pesé de tout leur poids pour affirmer que l'acquisition des colonies en outre-mer était vitale pour l'avenir de la France. Contrairement à ce que nous pouvons penser, les milieux d'affaire n'étaient ni chauds de voir la France s'engager dans la colonisation ni disposés à suivre cette campagne. Par contre, les militaires et les intellectuels ont pris la défense de l'aventure coloniale. Les convaincus ont continué à faire parler l'intérêt patriotique pour briser tout sentiment de réticence. Un dignitaire français déclarait: "Le peuple qui veut conserver sa vitalité doit s'étendre et s'essaimer."[13]

Des voix, quoique peu nombreuses, n'ont pourtant pas cessé de dire que l'avenir de la France se trouvait dans l'acquisition des pays d'outre-mer. Dans son discours de 1885 à la chambre, Jules Ferry a parlé de trois motifs pouvant justifier la politique coloniale pour son pays: des motifs économiques, humanitaires et politiques.[14] Les motifs économiques et politiques ne sont guère difficiles à comprendre. La question qu'il faut expliquer est celle du motif humanitaire. Il était malin de parler d'humanitaire pour arriver à briser les réticences parce qu'il touche aux valeurs morales. Ce motif se justifiait par le fait que les races supérieures avaient le devoir et l'obligation de civiliser les races inférieures. Cette théorie de la race supérieure sera la charpente et la

[12] Wesseling, H., *Le partage de l'Afrique*, Editions de Denoël, p. 34.
[13] *Ibid*, p. 35.
[14] *Ibid*, p. 41.

colonne vertébrale de la légitimité de la colonisation et de la présence missionnaire sur le sol des colonisés.

Après avoir lutté près d'un quart de siècle contre les autres puissances en Europe, après avoir parcouru le monde d'un extrême à l'autre, les Français ne sont guère tentés par la perspective de conquérir des territoires dont ils ignorent tout. Entre les deux vocations qui ont toujours sollicité contradictoirement les énergies françaises, la vocation continentale - hégémonie ou intégration européenne - et la vocation maritime - l'expansion outre-mer, - la première prend le pas sur le second.[15] Au fur et à mesure du temps, l'idée de la possession d'une colonie onéreuse et sans intérêt s'affaiblissait suite à la campagne incessante des géographes, des gens de la marine et des négociants.

Ce même sentiment de refus de la course à la colonisation se retrouve dans l'Allemagne de Bismarck. Celui-ci a hésité pendant longtemps à engager son pays dans cette aventure. Il n'y voyait aucune utilité et craignait qu'elle coûte plus cher qu'elle ne rapporte. Son attention était plus centrée sur le continent européen où son pays avait la vocation de conquérir et de dominer afin de devenir plus puissant aussi bien économiquement que politiquement. Il a fallu attendre l'intervention des commerçants allemands pour amorcer le changement d'avis et de politique. Les chambres de commerce de Hambourg et de Brême, villes avec une longue tradition maritime, ont suscité et motivé la vocation coloniale allemande avec l'engagement du gouvernement dans de nouvelles initiatives.[16]

L'Angleterre était la seule puissance coloniale dominante en 1815, l'année du congrès de Vienne. Outre les géographes, les marines et les commerçants, il faut souligner le rôle des missionnaires. La colonisation et l'évangélisation étaient inséparables pendant cette période. Le chancelier allemand sera à la tête de la convocation du congrès de Berlin qui organisera la répartition de l'Afrique sans la présence d'aucun Africain. Le facteur économique a fini par briser tout sentiment de réticence et à avoir raison aussi bien en Allemagne qu'ailleurs. L'Afrique et d'autres continents finiront par devenir les greniers et les poumons économiques des puissances occidentales. La construction du Canal de Suez par le Français Ferdinand de Lesseps servira de route pour l'acheminement des épices et d'autres denrées alimentaires de l'Asie vers l'Europe. La découverte de la pomme de terre au Pérou par l'explorateur Espagnol Piedro Cieza en 1538 sera très utile pour mettre fin aux famines qui sévissaient en Europe. Elle servira à nourrir les soldats souvent affamés sur les champs de bataille. Les matières premières du continent africain attireront le monde européen pour le

---

[15] Rémond, R., *Le XIXème siècle, 1815-1914,* Editions du Seuil, p. 220.
[16] *Ibid*, p. 222.

développement de ses industries et la fabrication des armes. Elles deviendront l'objet de convoitises, ce qui perpétue des guerres dans des pays en leur possession comme le Congo-Kinshasa devenu le foyer de la rébellion éternelle dans sa partie Est qui regorge de minerais.

L'occupation des terres coloniales ne s'est pas faite sans résistance des populations locales. Les pays colonisés ont été le théâtre d'affrontements et de violences entre les autochtones et les occupants. Il a fallu des marchandages parfois pour séduire des rois indigènes et faire baisser les tensions entre les grandes puissances. A titre d'exemple: les îles de Zanzibar et de Pemba, sous le drapeau allemand, ont été données à l'Angleterre en échange de l'île de Helgoland dans la mer du Nord jugée d'importance stratégique pour l'Allemagne.[17] Les populations étaient souvent échangées contre de la marchandise à leur insu. L'occupation de la Namibie s'est faite dans le sang. L'échange de courrier entre le chef militaire allemand et le chef local donne l'état de la situation. Leutwein, chef militaire allemand, s'adresse à Witbooi, chef indigène opposé farouchement à l'occupation de son pays par l'Allemagne:

> *Je t'ai fait comprendre que tu n'as pas désormais plus que le choix entre la soumission sans conditions à la volonté de sa majesté l'empereur et la guerre menée jusqu'à l'anéantissement et je te demande une réponse claire. Nous ferons la guerre contre toi personnellement aussi longtemps que tu te prendras pour le chef suprême du pays nama et tu croiras avoir le droit de faire tirer sur d'autres.*[18]

Le capitaine Leutwein continuera à exiger la soumission pure et simple au nom de la supériorité militaire allemande. Voici la réponse du namibien: "Par cette façon d'agir ainsi que par cette guerre, vous avez miné la considération et le respect que j'avais, au nom de l'empereur, pour les hommes blancs."[19]

Il n'y a pas que l'Allemagne qui s'est montrée féroce dans l'occupation des terres coloniales. La défaite de la France avec la perte de l'Alsace-Lorraine l'a obligée à se tourner vers l'Afrique pour y occuper des terres en compensation des pertes subies en Europe. La guerre pour l'occupation de l'Algérie a duré des années à cause de l'opposition algérienne. Les Alsaciens-Lorrains qui optèrent pour la nationalité française après la défaite de 1870 ont obtenu la terre de cent mille hectares en Algérie pour s'y installer. L'Algérie était considérée comme une région française d'outre-mer. Elle sera administrée à partir de Paris comme une province française. Ce genre d'administration à distance n'est pas une spécificité française car le même système était en vigueur dans les autres

---

[17] Diener, I., Namibie, *Une histoire, un devenir*, Editions Karthala, Paris, 2000, p. 56.
[18] *Ibid*, p. 86.
[19] *Ibid*, p. 92.

capitales européennes, notamment à Bruxelles où, pour administrer le Congo belge, on a créé le ministère des colonies qui prenait toutes les décisions concernant le Congo. Ce cas de l'Algérie explique pourquoi la décolonisation a fait couler du sang. Les Français installés de longue date estimaient que le pays leur appartenait aussi. Ils ne voulaient pas quitter ce qu'ils considéraient comme leur propre pays pour aller dans un pays "étranger," la France, que beaucoup n'avaient jamais connue. On peut s'imaginer le sort qui sera réservé aux Algériens installés en France qui allaient être victimes de la colère et de la vengeance de ceux qui se considéraient comme victimes lors de la décolonisation parce que chassés injustement.

La Tunisie a été donnée à la France comme compensation à la perte de l'Alsace-Lorraine. L'Angleterre et l'Allemagne ont pris cette décision lors du congrès de Berlin de 1878. L'objectif de l'Allemagne était de consolider sa puissance économique et diplomatique au temps du puissant chancelier Bismarck. L'Angleterre a accepté cet arrangement pour amadouer le chancelier et participer à panser les plaies de la France humiliée par sa défaite. La France a hésité un moment pour ce cadeau mais finira par l'accepter. Ainsi les pays africains étaient échangés comme des chemises entre les grandes puissances coloniales. Ils n'avaient aucun droit de parole dans le dépeçage de leur continent.

L'Angleterre était une grande puissance coloniale de manière incontestable. Il suffit de penser à l'occupation de l'Amérique et des Indes. Son armée anglo-indienne était une machine de guerre redoutable et disponible à tout moment pour les expéditions coloniales.[20] Elle aura beaucoup de colonies en Afrique à côté de la France. L'Allemagne quittera toutes ses colonies (le Togo, le Cameroun, le Burundi, le Rwanda, Tanganyika et la Namibie) lors de la fin de la première grande guerre mondiale sans possibilité d'y retourner suite aux mesures du traité de Versailles en 1919. Ces occupations avec des frontières forcées ne seront pas sans conséquences dans la vie et le futur des colonisés. Leurs langues et cultures disparaîtront ou seront affaiblies pour céder place à celles de l'Occident. L'anglais, l'espagnol et le français seront imposés comme langues nationales au détriment des vernaculaires. Avec cette perte culturelle, les Africains deviendront comme des arbres sans racines et auront toutes les difficultés à se développer sur le plan culturel, socio-économique et politique. C'est l'une des raisons majeures qui perpétuent des conflits et la pauvreté sur le continent noir. Un pays sans culture est un pays sans devenir. La pratique esclavagiste sera au coeur de la rencontre de l'Europe avec le reste du monde. Le continent africain en souffrira beaucoup.

[20] Wesseling, H., op. cit., p. 69.

L'ESCLAVAGE

Le Portugal pionnier dans la course à la colonisation est aussi connu comme le précurseur des autres Etats dans la pratique de l'esclavage après les arabes qui sont les premiers initiateurs sur le continent noir. Parlant du sort de l'Afrique lié à celui de la découverte de l'Amérique, le Hollandais Willem Bosman disait en 1704: "Les Portugais ont servi de chiens d'arrêt pour lever le gibier qui fut aussitôt saisi par d'autres."[21]

La traite négrière atlantique a commencé sous l'initiative du Portugais Antam Gonçalvez qui enleva un homme et une femme sur la côte occidentale du Sahara pour complaire à son souverain, le prince Henri le Navigateur.[22] Les Portugais n'ont pas traîné à ériger des comptoirs sur les côtes africaines pour se procurer des esclaves et de l'or. Ils construisent Elmina (côte du Ghana) comme premier Fort européen d'Afrique tropicale en 1482. Très vite toutes les côtes seront ceinturées de comptoirs et de Forts. Au fur et à mesure du temps, les Portugais domineront le marché et deviendront des intermédiaires maritimes au sein d'un réseau d'échanges des esclaves.[23] En 1500, les plantations portugaises de canne à sucre sur l'île de Sao Tomé ont intensifié le besoin de main-d'oeuvre. En 1526, le royaume du Kongo exportait chaque année de 2000 à 3000 esclaves.[24]

Le voyage de ces pauvres esclaves sur le chemin des Amériques a commencé à s'intensifier en 1532. Une bonne partie était dirigée vers le Brésil où les Européens avaient des plantations importantes de cannes à sucre.[25] La question de la souffrance due à la traite étant connue nous n'allons pas nous y attarder mais l'aborder dans les grandes lignes. La période de l'esclavage a été cruelle et inhumaine. Elle s'est déroulée aux yeux de la communauté internationale qui a laissé faire sans broncher. L'esclave était la propriété de son maître qui avait tout droit sur lui. Les raisons de ce silence étonnant sont économiques. La traite s'est surtout intensifiée avec la découverte des nouvelles terres d'Amérique: "La mise en valeur des colonies anglaises d'Amérique du Nord au profit de l'économie de la mère patrie constitua donc un des leviers importants de l'engagement de l'Angleterre dans le commerce de traite."[26]

---

[21] Diakité, T., *La traite des Noirs et ses acteurs africains*, Editions Berg International, paris, 2008, p. 42.
[22] Iliffe, op.cit., p. 185.
[23] *Ibid*, p. 188.
[24] *Ibid*, p. 189.
[25] *Ibid*, p. 189.
[26] Diakité, T., op.cit., p. 39.

Commencé sous le prétexte d'exporter les esclaves pour des raisons domestiques et festives pour amuser le public au Portugal, l'esclavagisme a fini par séduire toutes les puissances européennes. Les Français qui étaient réticents au début au nom de la liberté, les Anglais par manque d'intérêt et par crainte de la colère divine et les Hollandais pour ne pas faire injure au sang de Jésus-Christ et à la foi chrétienne[27] finissent pas revendiquer leur part du gâteau pour satisfaire un besoin devenu urgent: leurs plantations de canne à sucre et d'autres travaux de développement économique. Toutes les puissances européennes mettent en cause le traité de Tordesillas. Le Portugal sera combattu jusqu'à perdre ses comptoirs et ses Forts sur les côtes africaines, au profit des autres puissances, et relégué au dernier rang:

> *Le premier assaut contre le monopole commercial portugais fut donné au Brésil. A partir de 1624, les Hollandais s'emparèrent successivement de Bahia puis de Pernambouc où ils créèrent des plantations de canne à sucre, embryon d'un système colonial. Et c'est très probablement à l'issue de cette conquête que la conscience hollandaise à l'égard de la traite des Noirs bascula. Le trafic d'esclaves africains s'imposait intrinsèquement lié à la nécessité de la mise en valeur de terres américaines.*[28]

Le chemin de la traite atlantique prend de l'ampleur, la capture des Noirs et l'esclavagisme sur les côtes africaines s'accélère sans scrupule. Le commerce triangulaire augmente l'appétit parce que c'est tout le système commercial avec la circulation des marchandises qui se développe. Les navires acheminent les esclaves du continent noir vers l'Amérique, reviennent vers l'Europe avec des produits commerciaux (soie, épices et autres produits agricoles) et repartent vers l'Afrique chargés du matériel européen à donner aux chefs africains en échange des esclaves. La chasse à l'homme prend vigueur et un véritable marché s'ouvre avec la souffrance que cela va entraîner pour ceux qui vont prendre le chemin des Amériques. L'homme africain a été chosifié et commercialisé avec les conséquences évidentes telles qu'on les observe dans le conflit racial qui n'a jamais cessé de secouer les Etats-Unis d'Amérique, l'Australie avec les Aborigènes, la Sierra-Léone, le Libéria, etc. Ces deux derniers pays ont en effet accueilli les Noirs devenus encombrants aux USA.

Toutes les puissances européennes ont vendu leurs valeurs chrétiennes et morales au nom de l'intérêt économique. Un élément important à souligner est que les Africains ont participé au trafic des esclaves en vendant leurs semblables contre des produits venus d'Europe (tissus, alcool, armes à feu, bijoux, etc.). Le missionnaire David Livingstone s'est insurgé contre cette

---

[27] *Ibid*, p. 20.
[28] *Ibid*, p. 44.

situation d'un homme qui vend son semblable. Son projet était de développer un commerce chrétien honnête en remplacement du trafic des esclaves. Il considérait l'esclavage comme une plaie contre l'humanité, un ulcère béant. La théorie des trois C: christianiser, commercer, civiliser, part de cet esprit de personnes qui, comme Livingstone, pensaient au développement du continent africain par d'autres moyens que la capture et le trafic des esclaves.

Le chemin de trafic était long et traumatisant comme en témoigne ce récit d'un marin: "Les esclaves ont été toute la nuit très agités. Ils sentaient les mouvements du navire. Jamais je n'ai entendu pire hurlement. Les hommes secouaient leurs fers, ce qui était assourdissant."[29]

Le même auteur raconte qu'il paraît que ces angoisses étaient dues au fait que nombreux Africains croyaient que les Européens étaient des créatures marines, des cannibales venus du pays des morts, dont les chaussures de cuir noir étaient faites de peaux d'Africains, dont le vin rouge était du sang des Africains, la poudre à canon des os d'Africains broyés et brûlés.[30] Cette triste situation faisait que beaucoup ne cessaient pas de faire des tentatives de suicide. La question que l'on peut se poser serait de savoir la position de la foi chrétienne face à une telle situation terrifiante.

LE CHRISTIANISME ET SES DÉFENSEURS

Les nations chrétiennes d'Europe ont justifié l'esclavage par le prétexte de sauver l'âme des Africains:

> *Ce commerce paraît inhumain à ceux qui ne savent pas que ces pauvres gens sont idolâtres ou mahométans, et que les marchands chrétiens en les achetant de leurs ennemis, les tirent d'un cruel esclavage et leur font trouver dans les îles où ils sont portés, non seulement une servitude plus douce, mais même la connaissance du vrai Dieu et la voie du salut ...*[31]

Le même auteur témoigne que: "Parfois, au Brésil ou aux Antilles, les annonces de vente d'esclaves étaient faites à l'issue de la messe ou sur les parvis de l'Église."[32]

Il est étonnant et déconcertant d'apprendre la position de cet évêque:

---

[29] Iliffe, op.cit., p. 196.
[30] *Ibid*, p. 197.
[31] Diakité, op.cit., p. 39.
[32] *Ibid*, p. 20.

> *En 1530, l'évêque espagnol de la colonie de Saint-Domingue a adressé une lettre au roi de Castille expliquant: La survie de cette île, comme de Cuba, de Porto Rico, dépendait de la disponibilité en esclaves africains; il suggérait que les colonies puissent les importer sans la contrainte d'une autorisation.*[33]

C'est dans un même esprit qu'une mère prieure adressa une lettre à la reine du Portugal: "Pour l'amour de Dieu, donnez-nous une paire d'esclaves femmes comme aumônes, car nous consacrons toutes nos maigres ressources à payer nos servantes."[34]

La raison religieuse avancée était que l'esclavage est approuvé à partir de l'AT avec Cham, l'un des fils de Noé, qui a été maudit. La malédiction a fait qu'il est devenu noir et condamné à être esclave de ses frères. Autre argument est qu'il fallait arracher ces Noirs de l'autorité des princes impies pour les faire vivre dans les pays chrétiens ayant des lois pouvant les protéger. La conviction était que loin du monde des ténèbres, l'Eglise leur offrait les possibilités de baptême pour le salut de leur âme. Cette attitude est en contradiction avec l'idée que les Missions chrétiennes se sont lancées dans la course vers les autres continents avec l'objectif d'apporter la lumière dans le reste du monde jugé vivre dans les ténèbres.

Le vocabulaire et le langage employés par ces hommes et femmes d'Eglise laisseront des traces dans l'histoire. Parlant de l'échec du Portugal en Afrique, voici la justification avancée. L'action civilisatrice du Portugal était un échec non à cause des Portugais mais parce que les Africains étaient inaptes à embrasser le christianisme. Ils sont déconsidérés jusqu'à être comparés aux animaux. Voici ce que déclare un Portugais: "Autant essayer de prêcher l'évangile à des gorilles ou à des orangs-outans."[35]

Un tel sentiment démontre comment les pays chrétiens percevaient les populations à évangéliser. Le langage appliqué aux colonisés traités de sauvages et vivant dans le monde des ténèbres est fréquent dans les rapports et la littérature des Sociétés missionnaires. Prenons connaissances du récit d'Eugène Casalis, missionnaire de la Société des Missions Evangéliques de Paris, au travail au Lesotho:

> *Lorsque je fus arrivé à un quart d'heure de la montagne, j'aperçus une foule immense qui cherchait à voir l'étranger dans la plaine. Mon coeur tressaillait à la pensée que ces sauvages allaient entendre pour la*

---

[33] *Ibid*, p. 20.
[34] *Ibid*, p. 20.
[35] Wesseling, H., op.cit., p. 191.

> *première fois le nom du Sauveur, je sentis l'immense responsabilité qui pesait sur moi et je rendis grâces à Dieu de ce qu'il avait préparé la voie devant ses serviteurs.*[36]

Nous rencontrons ce langage dans les rapports sur la colonisation allemande en Namibie. On allait même plus loin encore dans l'imagination des punitions pour contraindre les gens au travail par l'usage de la force. Ils ont instauré un système de bastonnade malgré des contestations. Une pétition a circulé quand on a tenté d'interdire ce système de bastonnade et de l'abolir complètement:

> *Puisque l'abolition de la bastonnade comme mesure de punition envers les Noirs nous paraît une menace sérieuse pour le sain développement de notre colonie sur le plan économique, nous pensons qu'il est de notre devoir de prier humblement le Département colonial du Ministère des affaires étrangères, de prévenir le danger que l'abolition de la bastonnade ferait courir à nos colonies.*[37]

La motivation de ce courrier adressé au ministère des colonies en Allemagne décrit bien la situation qui nous préoccupe. C'est une image répandue qui n'est pas à prendre à légère. Elle tient lieu d'élément de preuve de justification morale et de volonté civilisatrice de la présence occidentale dans les pays des colonisés. La rigueur de justification morale se poursuit dans un ton encore plus dur:

> *Depuis l'origine des temps, nos indigènes vivent au jour le jour dans la paresse, l'abrutissement et la stupeur; plus ils sont sales, plus ils se sentent à l'aise. Pour tout Blanc qui a vécu parmi les indigènes, il n'est guère possible de les considérer comme des êtres humains au sens européen du terme. Il faudra des siècles de patience sans fin, de rigueur et de justice pour les éduquer dans ce sens.*[38]

Cette description du Namibien dans l'image dressée par le colon va dans le même sens que celle des Bassotos dans le rapport d'Eugène Casalis. Voici l'écrit d'un missionnaire parlant du peuple namibien: "Chez beaucoup de peuples africains," expliqua plus tard le chef missionnaire Schreiber, "il semble qu'il n'y ait d'autre solution que de détruire d'abord l'identité du peuple en tant que telle; ce n'est qu'après que pourra s'établir une bonne civilisation et, surtout, le christianisme."[39]

Cette idée de faire table rase pour tout recommencer sur de nouvelles bases sera au coeur d'un christianisme qui bannissait tout ce qui n'est pas de culture

---

[36] Casalis, E., *Société des Missions évangélique de Paris*, éditions ..., Paris, p. 44.
[37] Diener, I., op.cit., p. 110.
[38] *Ibid*, p. 110.
[39] *Ibid*, p. 60.

occidentale. La conséquence est qu'il deviendra comme une ruche suspendue dans les branches de l'arbre dont nous avons parlé avec des conséquences évidentes pour l'avenir du christianisme pratique et son avenir dans les pays colonisés.

Cette position radicale n'est pas le monopole des Allemands en Namibie. Ce langage existe ailleurs dans les autres colonies, notamment au Congo de Léopold II et d'après. C'est une certitude généralisée: "Pour les Européens, les Africains étaient des êtres inférieurs: paresseux, barbares, à peine supérieure aux animaux."[40]

Le colon était convaincu que le changement ne passerait que par des mesures sévères pour contraindre. La chicotte devient un moyen imaginé comme efficace au Congo. Le problème d'une telle mesure et qui aura des conséquences est que la chicotte était appliquée par les Congolais sur les autres Congolais. Cela ne sera pas sans conséquence dans la vie relationnelle entre les citoyens. C'est le cas dans des pays comme le Burundi, le Rwanda et d'autres, là où les travaux forcés étaient décidés par le gouvernement colonial et exécutés par une partie de la population souvent minoritaire et complice du système colonial sur une autre, pourtant majoritaire.

Un autre problème était le christianisme estimé supérieur aux religions africaines. Dans son projet de civilisation, le Belge disait qu'il n'avait jamais rencontré dans aucune région du Congo une civilisation africaine digne de ce nom, cohérente, coordonnée et caractérisée.[41] Cet état primitif du Congolais obligeait le colonisateur belge à s'imaginer une oeuvre civilisatrice. Cette charge sera confiée à la Mission catholique parce que les autres Missions chrétiennes étaient considérées comme étrangères. Le même auteur écrit que: "Les Belges n'ont jamais, à cet égard, séparé les aspects matériels des aspects spirituels. Bien-être, santé, éducation morale, instruction, tout cela, pour eux formait un tout."[42]

Comme dans le cas de l'Algérie et d'autres départements français d'outre-mer, les Belges considéraient le Congo comme la Belgique d'outre-mer, une dixième province belge.[43] La civilisation devait passer par l'enseignement dont le monopole sera catholique sous l'autorité du ministère des colonies ayant son siège à Bruxelles avec les difficultés que nous pouvons imaginer de gérer un si vaste pays qu'est le Congo à une telle distance. Pour répondre à ce souci, les

---

[40] Hochschild, A., *Les fantômes du roi Léopold. Un holocauste oublié*, Editions Belfond, Paris, p. 148.
[41] Stengers, J., Congo, *Mythes et réalités*, Editions Racine, Bruxelles, 2007, p. 202.
[42] *Ibid*, p. 193.
[43] *Ibid*, p. 193.

missionnaires catholiques ont développé les fermes chapelles dans certaines régions avec l'idée de couper les liens entre les enfants et leurs familles. Il fallait que les enfants soient isolés de toute influence familiale. C'est une idée qui rejoint le "faire table rase" évoqué dans le cas de la Namibie et des Aborigènes en Australie.

MONDE MULTICULTURELLE
L'HÉRITAGE À GÉRER

L'image négative du colonisé véhiculée pendant longtemps et la décolonisation brutale ont laissé des traces. La rencontre de l'Occident avec le reste du monde a créé des stéréotypes et des préjugés incontestables qui divisent les sociétés à travers le monde et créent les sentiments de racisme, une situation qui pose de grosses difficultés de bonne cohabitation et de vivre ensemble. Faut-il fermer les yeux sur les questions de l'accueil et de l'intégration ou oser l'ouverture de dialogue en abordant certains éléments et points du passé colonial et missionnaire? Le débat me semble nécessaire et indispensable sans culpabiliser ni vouloir régler les comptes. On n'a pas droit de fermer les yeux ni de rester les bras croisés face à la montée des politiques des extrêmes en Europe qui risquent de monter les gens les uns contre aux autres et les opposer de génération en génération.

Cet héritage du passé a créé un fossé entre les cultures et les perceptions des uns et des autres. Là où l'Africain est humilié, il place le Blanc sur un piédestal. L'image du Blanc est toujours associée à celle de puissance et de richesse. Le colonisé moyen ne peut pas s'imaginer un Blanc pauvre, analphabète, etc. Au Congo, il l'appelle Boula Matari, "Briseur de rochers." La puissance blanche est apparue comme démesurée, inexplicable, occulte, magique.[44] Pendant que l'homme blanc est tenté par détester ou déteste le Noir, celui-ci rêve de devenir comme lui. Dans une même enquête menée par le même auteur auprès des enfants congolais, ces derniers disent aspirer à aller en Europe, avoir un enfant d'un Blanc, changer de couleur de peau, avoir des cheveux longs, vivre dans une maison à étages ...[45]

Cette situation fait que les colonisés se sentent souvent dans une situation d'infériorité. Leur comportement vestimentaire et coiffure ... ne me démentiront pas. Du simple citoyen au responsable politique, tout le monde continue à penser que leur salut viendra de l'ancien colonisateur au lieu de se prendre en charge. L'état de pauvreté est attribué aux colons qui n'ont rien fait dans le passé pour le développement socio-économique et qui continuent à apporter le

---

[44] Erny, P., *Ecolier d'hier en Afrique Centrale*, Editions, L'Harmattan, Paris, 1999, p. 215.
[45] *Ibid*, p. 210.

soutien aux dictatures. Si une partie de ce raisonnement peut être vraie, il ne faut pas innocenter ceux qui ne font rien depuis la période des indépendances, plus de cinquante ans, et qui continuent à accepter cette mainmise de l'extérieur sur leurs pays.

LA TYRANNIE DE LA DÉMOCRATIE

Ce titre peut étonner mais c'est une réalité que nous allons démontrer. Les questions de la gestion du monde multiculturel ne se posent pas sur le continent européen uniquement. Un héritage difficile à gérer se trouve aujourd'hui sur la terre des colonisés. Il faut le savoir et en faire l'analyse afin de tenter la chance de paix, de bonne gestion et assurer un bon partage des richesses pour tous dans les pays du sud. Les deux grandes guerres (1914-1918 et 1940-1945) ont démythifié l'image de l'homme blanc. A son arrivée en Afrique, ce dernier a été vu comme un extraterrestre faisant partie des dieux vivants ailleurs. Son image et son être ont échappé aux colonisés et les ont toujours intrigués. Il a fallu les deux guerres pour que cette image change du moins pour une partie des populations africaines. Tout le monde connaît la figure du tirailleur sénégalais. On estime que 200 000 Sénégalais ont participé à la première guerre mondiale sous le drapeau français dont plus de 135 000 sur le continent européen. La mobilisation des soldats comptait un bon nombre d'Africains en 1940-1945. Les soldats de la force publique congolaise se sont battus farouchement. Ils ont chassé l'armée allemande en Afrique centrale.

Cette participation des Africains aux deux guerres a joué un rôle important dans la démythification de l'homme blanc. On a vu des Blancs pauvres, balayeurs de rues, cuisiniers, maçons, courir pour fuir la mort sur le champ de bataille, etc. Une chose qui était inimaginable et impensable. Ce fut un tournant dans l'histoire de l'Africain qui a vu que le Blanc était un homme comme lui. Il a aussi du sang qui peut être versé. Il est fragile comme tout être humain et peut mourir là où on le pensait éternel. Sa fragilité constatée a fait découvrir qu'il n'était pas invincible comme on le pensait mais que l'on pouvait se battre contre lui et le vaincre. Ce changement a opéré un virage à quatre-vingt pourcents dans l'esprit du colonisé. Il sera à la base de l'engagement déterminé pour la décolonisation. Les deux guerres ont été les catalyseurs de revendications pour décoloniser le continent noir. Elles ont permis d'oser une aventure incroyable. Cela explique pourquoi la décolonisation a surpris tout le monde et s'est déroulée dans le sang. Les leaders de l'indépendance ont été arrêtés et emprisonnés voire assassinés mais sans pouvoir freiner leur détermination pour la libération de leurs pays:

> *La Grande-Bretagne, pour sa part, réprima gravement le mouvement Mau-Mau au Kenya (1952-1955); elle emprisonna plusieurs dirigeants de partis nationalistes parmi lesquels Kwamé Nkrumah en Gold Coast (1948*

> *puis 1950) et Jomo Kenyatta, au Kenya (1952); en outre, elle n'hésita pas à exiler pendant deux ans le Kabaka, autorité traditionnelle suprême du Buganda, qui devint de ce fait un symbole de la résistance nationaliste bugandaise.*[46]

Le combat de Lumumba contre le gouvernement belge pour l'indépendance du Congo est bien connu. Sa détermination lui coûtera la vie après son discours historique dont voici un extrait:

> *Nous avons connu le travail harassant exigé en échange de salaires qui ne nous permettaient ni de manger à notre faim, ni de nous vêtir ou de nous loger décemment, ni d'élever nos enfants comme des êtres chers. Nous avons connu les ironies, les insultes, les coups que nous devions subir matin, midi et soir, parce que nous étions des nègres.*[47]

Les Congolais ont exigé l'indépendance de leur pays et l'ont obtenue le 30 juin 1960 au regret de la Belgique qui prévoyait un peu d'autonomie trente ans après. Le roi Baudouin et son gouvernement ont été surpris par la rage et la détermination congolaises. La situation a été une grande surprise: "On a pu parler d'indépendance bradée à cause de la rapidité avec laquelle elle fut octroyée par la Belgique à une population tenue jusqu'alors à l'écart de la vie politique."[48]

Les puissances coloniales ont été forcées de céder les indépendances mais en laissant un héritage qui sera difficile à gérer encore aujourd'hui. La colonisation ayant été faite par la force, les tribus et ethnies de langue et de culture différentes ont été contraintes de former un seul et même pays. La guerre qui se déroule au Cameroun (scindé par Versailles et fédéralisé après son indépendance) pour le moment entre Francophones et Anglophones illustre bien ces vestiges du passé colonial. Les frontières devenues intouchables entre les Etats africains ont été bétonnées au congrès de Berlin (1884-1885). Les défenseurs de ces frontières de Berlin encore aujourd'hui avancent l'argument que tout le continent deviendrait ingérable si on les touchait.

L'administration occidentale a souvent choisi de gouverner avec la minorité en lui permettant d'exercer l'oppression sur la majorité. Surpris par la décolonisation, personne n'a eu le temps de penser à la réconciliation entre les différentes tribus et ethnies. On a plié bagages dans la précipitation et imposé le système de démocratie à l'occidentale dans la suite. Ce système a été et demeure un moyen de tyrannie que la majorité exercera souvent sur la minorité

---

[46] D'almeida-Topor, H., *Naissances des Etats africains*, éditions Casterman, 1996, p. 14.
[47] Lumumba, P., discours du 30 juin 1960.
[48] D'almeida-Topor, H., p. 25.

dans un esprit de vengeance. Nous pouvons donner l'exemple d'instabilité du Burundi, de Rwanda, du Cameroun, de la République Centrafricaine, du Soudan du nord et du sud, du Liban, de la Libye, d'Irak, d'Afghanistan, de l'Europe de l'Est avec le Kosovo où les Serbes et les Kosovars n'arrivent pas à s'entendre, de la Belgique où les tensions politiques entre la minorité wallonne et la majorité flamande sont toujours vives, etc. Ces pays demeurent des foyers de tensions où couvent en permanence des risques de guerre à la moindre étincelle.

Le recours aux urnes, sans tenir compte de l'équilibre tribal, ethnique et religieux dans certains cas, donne droit à la majorité de soumettre la minorité. Cette situation appelle à penser à la réconciliation et à inventer une autre manière de faire parler les urnes dans une démocratie pouvant assurer la paix et la justice socioéconomique et politique pour tous. Cet héritage devenu la gangrène de la violence fait appel à la sagesse pour repenser la cohabitation et le droit pour tous sur la terre des colonisés. Si rien n'est fait on continuera à assister à la tyrannie de la majorité brandissant le passage aux urnes ou de la minorité utilisant des armes. Il est naïf ou hypocrite de penser que celle-ci peut céder et partager le pouvoir sans obtenir la garantie de sa survie. Les armes sont parfois sa seule garantie de continuer à exister, d'être au pouvoir et de bénéficier des biens de son pays. Que faire pour gérer cet héritage devenu cadeau empoisonné? Il faut imaginer une table ronde pour un dialogue franc et sincère et accepter d'inventer une autre manière de démocratie que celle à l'occidentale qui ne pourra jamais régler ce problème mais favorisera toujours le tribalisme et la tyrannie de la majorité sur la minorité. Une autre voie possible serait celle de l'éducation des populations au respect de la dignité humaine en sachant qu'elle sera longue et semée d'embûches.

CONCLUSION

Comment le colonisé et le colonisateur, l'évangélisateur et l'évangélisé peuvent-ils aider la génération de demain à s'accepter et à s'assumer? Comment s'accepter mutuellement du nord au sud et de l'est à l'ouest? Comment cultiver le vivre ensemble? Comment expliquer la société multiculturelle aux enfants pour qu'ils grandissent avec une image positive de l'être humain qui qu'il soit et où qu'il soit?

Le missionnaire et le colon ont souvent utilisé l'image pour récolter de l'argent ou susciter des vocations. Il s'agit de photos de la misère, des hommes, femmes et enfants nus, à l'agonie ... à cause de famines ou victimes de la violence. De telles images font qu'on peut récolter beaucoup d'argent ou recruter du personnel. L'objectif reste de susciter la générosité. Les associations humanitaires (médecins sans frontières, médecins du monde, opération Damien, croix rouge, etc.) continuent à travailler dans un même esprit du passé d'images de la misère. N'est-ce pas une manière involontaire de détruire la dignité humaine de celui que l'on veut aider? Nous reconnaissons l'importance de la photo pour informer et dénoncer des situations de violence et d'oppression. Une réflexion s'avère cependant nécessaire pour repenser cet outil indispensable dans notre monde moderne. Il est temps de penser à une autre méthode d'information et à une bonne éducation pour une vraie solidarité qui ne soit fondée ni sur l'émotionnel ni sur l'humiliation. Le monde de demain appelle à la réflexion sans tabou ni agressivité ni esprit de revanche ni complexe. La chasse aux coupables des situations d'injustice socio-économique et politique dans certains coins de la planète ne réglera rien. Le monde est devenu multiculturel qu'on le veuille ou non. C'est la réalité dans les Eglises et dans la société civile. Mohamed, Fatima, Ndagijimana, Paluku, Kabaka, etc. ont le droit de vivre sur le continent européen sans être inquiétés, de trouver du travail et un logement digne et sans discrimination. Pierre, Marie, Jacques, John, Wilfried, Jan, Bart ... ont le droit de vivre sur le continent africain, asiatique, etc. sans être traités de voleurs, de pilleurs ni rendus responsables des erreurs du passé de leurs pères missionnaires et colonisateurs.

De orthopraxis van August Neander (1813 - 1850)

Mar van der Veer

Abstract

August Neander (1789-1850) was a professor of church history at the Berliner Universität. Born into a Jewish family, he converted to Christianity and became a leading representative of the orthodox direction in the German Protestant Church. Regarding fame, he was later outflanked by Friedrich Schleiermacher. Still, he was a unique personality loved by his students. Neander was one of the greatest church historians of the 19th century. He participated in the orthodox Evangelische Kirchenzeitung but cut all ties with this publication when an article proposed to remove two rationalist theologians from office. Neander was convinced that disputes could only be overcome by a scientific discussion and not by exclusion.

> *Als hij op zijn weg naar de dierentuin of naar de universiteit, bijna de enige weg die hij betrad, langzaam naast zijn zuster liep, gekleed in een lange, donkergroene bovenrok, de benen in hoge laarzen gestoken, de bijna gesloten ogen omhoog gericht, zodat de grote ronde hoed achterover helde, was het niet vreemd dat de mensen vaak lachend bleven staan en de een tot de ander zei: "daß ist Neander."*[1]

Aldus de beschrijving van de hoogleraar in de theologie aan de *Friedrichs-Universität* van Halle, Justus Ludwig Jacobi (1815-1888), in zijn *Erinnerungen an D. August Neander.* Het boekje beschrijft het leven van de theoloog August Neander (1813-1850), werkzaam aan de *Berliner Universität* van 1813 tot aan zijn dood in 1850. Hij was een van de grootste kerkhistorici en theologen van de 19[e] eeuw, maar verdween naar de achtergrond vanwege de bekendheid van Friedrich Schleiermacher (1768-1834). Toch noemt de hoogleraar theologie en Schleiermacher-kenner, Kurt-Victor Selge, Neander: "nach Schleiermacher die interessanteste und segenreichste Gestalt der Berliner Universitätstheologie bis heute."[2] Het is een goede zaak om deze grote theoloog uit de schaduw van de 19[e] eeuw te halen, mede vanwege zijn opstelling die in het theologisch discours in onze tijd, ten voorbeeld kan zijn.

---

[1] Justus Ludwig Jacobi (1882), *Erinnerungen an D. Auguste Neander*, Halle: Verlag von Eugen Strien, 18.

[2] Kurt-Victor Selge (1989), "August Neander - ein getaufter Hamburger Jude der Emanzipations- und Restaurationszeit als erster Berliner Kirchenhistoriker (1883-1850)" in: *450 Jahre Evangelische Theologie in Berlin*, Berlin: Vandenhoeck & Ruprecht, 235.

DE PERIODE VAN DE "VORMÄRZ"

Neander leefde in de periode, die ook wel de *Vormärz* genoemd wordt. Het is de tijdspanne tussen het wegtrekken van de Franse troepen uit Pruisen, en het daaropvolgende *Wiener Kongress* in 1815, tot de *Märzrevolution* van 1848. Het was een tijd van vele veranderingen, vernieuwing en vooruitgang, maar ook van crises op maatschappelijk, cultureel, wetenschappelijk, technologisch en economisch gebied.[3] Op theologisch gebied verdween gaandeweg het in de 18e eeuw ontstane rationalisme. Na het wegtrekken van de Franse troepen werden de theologen die de *Aufklärung* waren toegedaan in één adem genoemd met de verderfelijke Franse invloeden. Ze werden door tegenstanders van onchristelijkheid en politieke onbetrouwbaarheid beschuldigd.[4] In het verlangen naar een terugkeer naar de voor-Franse tijd ontstond de behoefte aan een christendom, dat niet op het verstand, maar vooral op het hart gericht was. De leidende theologische beweging was niet meer het rationalisme, maar werd de orthodoxe *Erweckungsbewegung*.[5] De sleutelfiguur was Baron Ernst von Kottwitz (1757-1843), die zich met grote kracht inzette voor sociale projecten in Berlijn.[6] De neo-piëtistische beweging werd gesteund door de *preußischen Staat* en bereikte, naast arme lagen van de bevolking, ook beambten, officieren en burgers. Koning Friedrich Wilhelm IV (1795-1861) was sterk door deze beweging beïnvloed.[7] De staat kreeg op deze wijze grote invloed op christendom en kerk, en wederkerig kreeg de kerk steun van de staat, omdat men het feodalisme en het autoritaire koningschap steunde.[8] Het veranderende theologische landschap wekte beroering op de universiteiten waar theologie gedoceerd werd. Bij elke nieuwe benoeming laaide het vuur op.[9] De spreekbuis van de *Erweckungsbewegung* werd vanaf 1827 de *Evangelische Kirchenzeitung* onder leiding van de exegeet en publicist Ernst Wilhelm Hengstenberg (1802-

---

[3] Wilhelm Bleek (2019), *Vormärz, Deutschlands Aufbruch in die Moderne 1815-1848*, München, C.H. Beck, 11.

[4] Klaus Fitschen (2017), *Berliner Kirchengeschichte*, Berlin: Elsengold, 50.

[5] Gerhard Ruhbach (1992), "Begriff und Kriterien der Erweckungsbewegung" in: *Die Geschichte der Evangelischen Kirche der Union*, Berlin: Evangelische Verlagsanstalt, 162f.

[6] Zie voor deze ontwikkeling: Peter Maser (1990), *Hans Ernst von Kottzwitz, Studien zur Erweckungsbewegung des frühen 19. Jahrhunderts in Schlesien und Berlin*, Göttingen: Vandenhoeck & Ruprecht.

[7] De historicus Christopher Clark typeert Friedrich Wilhelm IV als mogelijk de laatste Europese monarch die de religie in het centrum van zijn staatsopvatting plaatste. Christopher Clark (2006), *Preußen, Aufstieg und Niedergang (1600-1947)*, München: Pantheon, 201.

[8] Fitschen 2017, 50.

[9] Ook Neander zette zich daarvoor in. Toen in 1834 Georg Andreas Gabler (1786-1853) benoemd zou worden aan de *Berliner Universität* en het aantal *Hegelianen* groter werd, verzette Neander zich. Hij riep Baron von Kottwitz en de *reformierte* hofprediker Friedrich Ehrenberg (1776-1852) op om de hulp van de koning in te roepen. Jacobi 1882, 58f.

1869).[10] De *Kirchenzeitung* voerde een voortdurende polemiek tegen het oude rationalisme uit de 18e eeuw en het weer oplaaiende neo-rationalisme van de volgelingen van Georg Friedrich Wilhelm Hegel (1770-1831), die als "Hegelschen Linken" zijn werk wilde voltooien.[11] In het bijzonder richtte men de pijlen op het geruchtmakende boek *Das Leben Jesu* van David Friedrich Strauß (1808-1874).

August Neander, anonieme tekening in het boek "Erinnerungen" van Philipp Schaff (1886)

[10] Zie hiervoor: Wolfgang Kramer (1972), *Ernst Wilhelm Hengstenberg, die Evangelische Kirchenzeitung und der theologische Rationalismus*, Erlangen / Nürnberg: Friedrich-Alexander-Universität. Hengstenberg was de zoon van een *reformierte* predikant en werd de aanvoerder van de *Erweckungsbewegung.* In 1826 werd hij buitengewoon hoogleraar aan de *Berliner Universität* en twee jaar later kreeg hij een regulier professoraat.

[11] De kerkhistorici Hilbert en Mehlhausen vermelden dat de polemiek van de *Kirchenzeitung* "keinerlei Zurückhaltung" kende. Het blad had als grondslag de evangelische leer in de zin van de lutherse orthodoxie. Johannes Hilbert en Joachim Mehlhausen (1992), "Religions- und Kirchenkritik im Vormärz" in: *Die Geschichte der Evangelischen Kirche der Union*, Berlin: Evangelische Verlagsanstalt, 313.

De weg naar het christendom

Bovenstaande beschrijving was het decor waarin August Neander verscheen. Zijn eigenlijke naam was August Mendel. Hij kwam uit een joods gezin. August bleek niet in de wieg gelegd voor koopman, zoals zijn vader. De talenten van de jongen lagen op het gebied van de wetenschap. Tijdens de *Vormärz* was er een beweging gaande van vooruitstrevende, welgestelde joden die zich lieten dopen en overgingen naar het christendom. Het aan de periferie levende en gediscrimineerde orthodoxe jodendom met zijn oriëntaalse gebruiken voldeed niet meer aan de smaak van de nieuwe generatie. Velen dachten door middel van een overgang naar het christendom een betere toekomst te hebben. Honderden joden lieten zich gedurende de eerste decennia van de 19e eeuw dopen, zodat er gesproken werd van een *Taufepidemie*.[12] Maar tot die groep behoorde Neander niet. Bij hem en zijn familie was de overgang naar het christendom een bewuste keuze. De leergierige jongen hield zich intensief bezig met het bestuderen van de werken van Plato. Een vriend, die zijn verwondering over deze belangstelling had uitgesproken, adviseerde hem echter eerst het evangelie van Johannes te lezen, omdat dat evangelie veel mooier en diepgaander was. Dat evangelie wekte de belangstelling van Neander op. Via het Johannes-evangelie kwam hij in contact met de theologie van Friedrich Schleiermacher. Neander was geraakt door de *Reden über die Religion,* die Schleiermacher in 1799 had gepubliceerd.[13]

Op 25 februari 1806 liet hij zich dopen en koos een andere naam. In plaats van David Mendel liet hij zich voortaan Johannes August Wilhelm Neander noemen, om daarmee uit te spreken dat hij een nieuw mens geworden was.[14] Op advies van Schleiermacher schreef hij zich aan de *Friedrichs-Universität* in Halle in als student theologie. Zijn passie werd de kerkgeschiedenis. De periode in Halle duurde slechts een half jaar. Franse troepen bezetten de stad en Neander moest naar Göttingen vluchten. In die tijd vond een verdieping van zijn geloofsleven plaats. Een vriend wees Neander erop dat hij zich niet zozeer met Schleiermacher moest bezighouden, maar raadde hem aan zich eerst in Christus te verdiepen, in wie alle schatten der wijsheid gevonden konden worden. Neander besefte dat hij tot nu een verstandelijke theoloog was geweest. Hij ontdekte de hoogmoed die daarin gelegen was. Hij werd gewaar dat het bij de theologie allereerst om de eenvoud van het hart ging, de kinderlijkheid van het

---

[12] Steven M. Lowenstein (1995), "Die Berliner Juden 1770-1832: Pioniere jüdische Modernität" in: Reinhard Rürup (Hgb.), *Jüdische Geschichte in Berlin*, Berlin: Edition Heinrich, 25f.

[13] Friedrich Schleiermacher (1806), *Über die Religion, Reden an die Gebildeten unter ihren Verächtern*, zweite Ausgabe, Berlin: In der Realschulbuchhandlung.

[14] Zijn oudste broer had zich vóór hem laten dopen; na August volgden zijn zusters en zijn moeder. Selge schrijft "es ist kein Zweifel, daß dies eine echte Konversion zu evangelischem, Universal-menschlichkeit verstandenem Glauben wurde", Selge 1995, 238.

geloof en de liefde tot de minsten. Hij gaf rekenschap van zijn verandering aan zijn studiegenoten door middel van een geloofsbelijdenis, geschreven in het Latijn, eindigend met zijn voornemen de geschiedenis van de kerk als levensdoel te kiezen. In 1809 beëindigde hij zijn studie door middel van een examen in de theologie, dat hij met lof aflegde. Zijn eerste preek ging over Joh 1:1. Jacobi meldde dat hij soms zo in het preken opging, dat hij de klok vergat.[15]

Na een korte periode in Heidelberg als hoogleraar (hij begon op 21-jarige leeftijd) werd Neander in 1813 hoogleraar aan de *Berliner Universität.* Zijn moeder reisde met hem mee om voor haar zoon te zorgen, evenals zijn zus Hanna. Uit alle beschrijvingen wordt duidelijk dat hij deze hulp niet kon ontberen. Neander leefde uitsluitend tussen zijn vele boeken. Ze stonden tegen de wand, lagen op zijn bureau, op de grond en op stoelen.[16] Hij gaf dagelijks colleges, waarvoor hij zich van 6.00 - 11.00 uur in de morgen voorbereidde, en ontving in de middag studenten om hen te helpen bij hun studie. Met moeite dwong zijn zus Hanna hem elke dag voor een vaste wandeling naar de dierentuin en terug.[17] Hij kende slechts de weg naar de universiteit.[18] "Er führte das Leben eines Benedictinen inmitten einer geräuschvollen Stadt," schreef de biograaf Philipp Schaff.[19]

Jacobi had het over "die bizarre Gestalt des Redners."[20] Zijn voorkomen en voordracht moet ongewoon geweest zijn en wekte aanvankelijk de lachlust van de studenten op.[21] In onze tijd zou men spreken van een excentrieke persoonlijkheid. Toch werd hij uiteindelijk uitermate geliefd. Dat kwam tot uiting in vele anekdotes.[22] Zijn collegezaal was altijd overvol. Volgens Schaff was hij de "populärste und erfolgreichste, als auch der geachteste und geliebteste" professor gedurende het eerste halfjaar van het bestaan van de nieuwe universiteit.[23] Men kreeg Neander lief "wie er war."[24] Volgens Jacobi

---

[15] Jacobi 1882, 7.

[16] Philipp Schaff (1886), *August Neander: Erinnerungen*, Gotha: Friedrich Andreas Perthes, 6.

[17] Zijn zus Hanna zorgde voor haar broer als een moeder voor haar kind en hielp hem bij alle dagelijkse dingen, Schaff 1886, 21.

[18] Neander moest naar de universiteit door zijn amanuensis geleid worden omdat hij anders een gevaar zou zijn in het verkeer, Schaff 1886, 17.

[19] Ibid., 15.

[20] Ibid., 14.

[21] Zowel Jacobi als Schaff beschrijven de ongewone binnenkomst in de collegezaal en zijn unieke voordracht. Schaff schreef: "Die ganze Scene war so auffallend und exzentrisch, daß jeder der ihn zum ersten Mahle sah und hörte, seine Verwunderung kaum unterdrucken konnte und durchaus nicht im stande war, ihm mit der Feder zu folgen." Schaff 1886, 18.

[22] Neander zou met een bezem onder zijn arm door Berlijn lopen in plaats van een paraplu, het nummer van zijn huis niet weten. Hij zou in zijn "Schlafrock" naar de universiteit gewandeld zijn en een nieuwe laars over een oude hebben aangetrokken enz., ibid., 16.

[23] Ibid., 6.

[24] Jacobi 1882, 14.

kende iedere Berlijner de hoogleraar. Diepe indruk maakte Neander door een fabelachtige kennis van de antieke filosofen en de kerkvaders. Deze kennis werd gecombineerd met een diepe vroomheid. Neander vond dat de kerkgeschiedenis een nieuwe invalshoek moest krijgen. Niet de aaneenschakeling van "gottleeren Geschichte" van menselijke fouten en domheden. Hij ontdekte in de kerkgeschiedenis "eine goldne Kette von Offenbarungen der Wahrheit und der Liebe Christi." Hij toonde dat de kerkgeschiedenis een voortzetting van de gelijkenis van het zuurdeeg is, die steeds meer het mensengeslacht doordringt. Hij sympathiseerde met alles wat christelijk was of hij dat nu in de "griechischen, römischen oder evangelischen Kirchen, unter Orthodoxen oder unter verfolgte Ketters fand." Schaff zag in hem een "evangelischen Katholizität."[25]

Jacobi merkte in 1882 op dat er sinds de reformatie geen hoogleraar was geweest die meer een vader voor zijn studenten was.[26] Op zaterdagavond zat zijn woonkamer vol met studenten en werd er over allerlei zaken gesproken. Neander was zeer vrijgevig, vooral aan de arme studenten; men mocht soms kostbare boeken lenen. Hij richtte een *Krankenverein* voor studenten op, die hij bekostigde uit de opbrengst van de boeken die hij publiceerde. Studenten beheerden daarbij de kas. Kostbare boeken die hij bezat liet hij verloten door het laten verkopen van loten waarvan de opbrengst naar de kas voor de studenten ging.[27] Neander nam het op de koop toe dat van zijn goedheid ook misbruik werd gemaakt.[28] Vele verhalen over zijn hulp aan vriend en vreemde deden de ronde.[29]

---

[25] Schaff 1886, 14.

[26] Jacobi vergelijkt Neander met Schleiermacher en August Tholuck (1799-1877). Schleiermacher had veel vereerders onder zijn studenten, maar had slechts een kleine groep waarmee hij persoonlijk omging. Tholuck kwam in de buurt van Neander. Ook hij was een vader voor zijn studenten, die voor hem als het ware zijn kerkelijke gemeente vormden. Ibid., p. 41f. Tholuck was een student van Neander geweest. Schaff maakt een vergelijking tussen Neander en Schleiermacher. Neander was geen originele denker in het opbouwen van systemen, maar stond boven Schleiermacher als "Wiederbeleber der praktischen Frömmigkeit unter den Studenten Deutschlands. Schleiermacher wurde bewundert und gefürchtet; Neander wurde verehrt und geliebt. Schleiermacher regte den Verstand an; Neander rührte auch das Herz," Schaff 1886, 10.

[27] Zo geliefd was Neander bij zijn studenten dat ze elke verjaardag een cadeau schonken, dat niet zelden gepaard ging met een serenade, na een fakkeltocht naar zijn huis. Vanuit zijn raam had Neander eens geroepen: "es bleibt bei die Worte Luthers: wir sind Bettler und damit basta." Jacobi 1882, 38.

[28] "Leider wurde er oft betrogen," Schaff 1886, 26.

[29] Ibid., 30f.

August Neander, lithografie door Franz Krüger (1797-1857), Universiteitsbiblotheek, Heidelberg.

De theologie van Neander

Theologisch naderde Neander de orthodoxe richting. Tussen Hengstenberg en Schleiermacher nam hij een tussenpositie in. Neander ontdekte dat de dogmatiek van Schleiermacher niet vrij was van pantheïstische elementen en vond het *Künstlerei* waarmee hij in bepaalde gevallen exegetische bewijzen voor dogmatische beweringen gebruikte.[30] Hij bestreed de gedachten van Hegel die hij al in 1819 kenmerkte als "toten Idealismus."[31] In het voorwoord van Band I/3 van zijn *Allgemeinen Geschichte der christliche Religion und Kirche* typeerde hij de filosofie van Hegel[32] als een "vornehm thuende sogenannte Wissenschaftlichkeit gewisser Partheien unsere Zeit" die hij "ein Grauel" noemde.[33] Bij Hegel vreesde Neander de "Despotismus des Gedankens." Bij

[30] Ibid., 46. Na de dood van Schleiermacher was diens directe invloed verdwenen. De nawerking van de gedachten van Hegel leefden in de theologie weer op. In zijn strijd tegen deze ideeën plaatste Neander opnieuw de gedachten van Schleiermacher, Selge 1989, 261.

[31] Ibid., 256.

[32] De controverse met Hegel, destijds nog directeur van een gymnasium in Neurenberg, begon in 1813. Neander was vol van een Duits patriottisch streven en dacht in termen van een heilige oorlog. Hegel daarentegen "war ganz von der Ueberlegenheit Napeleons bezwungen." Tegen deze generaal was volgens hem niets uit te richten. Volgens Neander was het een gevolg van het ongeloof van het volk dat hen in deze omstandigheden gebracht had. De wedergeboorte van het vaderland zou ook tot een vernieuwing van het christelijk geloof leiden. Jacobi 1882, 10.

[33] Ibid. Typerend voor Neander is zijn opmerking in het voorwoord van het tweede deel van deze (nog steeds verkrijgbare) kerkgeschiedenis. "Das Urtheil aller unbefangenen Wahrheitsfreunde, sey es ein gutheitzendes oder wiederstreitendes [...] wird mir stets willkommen seyn. Das Urtheil

Hengstenberg, de drijvende kracht achter de orthodoxe *Kirchenzeitung*, de "Despotismus des Buchstabens."[34] Hij keurde enerzijds intellectualisme af en anderzijds het formalisme vol van"Engherzigkeit und Schroffheit."

Een grote bewondering koesterde Neander voor Baron van Kottwitz, de leidende persoon in de *Erweckungsbewegung*. Toen deze overleed roemde Neander hem. Hij vond hem een van de groten in het rijk van God. Kottwitz was naar zijn mening een zeldzaam begenadigde getuige van Christus in Berlijn geweest. De *Erweckungsbewegung* was na de periode van de *Aufklärung* een nieuwe vorm waarin de piëtistische geloofsvorm kon opbloeien. Het legde de nadruk op een eenvoudig persoonlijk geloofsleven, een vasthouden aan de overgeleverde dogmatiek in combinatie met sociaal maatschappelijk werk. Ook zette de beweging zich in voor de zending. Neander herkende zich in deze beweging. Op Neanders bureau lag naast zijn Bijbel het gezangboek van de *Brüdergemeinde*.[35] Neander steunde de gedachte aan zending onder de heidenen, maar vond jodenzending niet nodig. Joden hadden genoeg gelegenheid om tot het christelijk geloof te komen.[36]

Neander verleende zijn medewerking aan de *Evangelischen Kirchenzeitung*.[37] Hij liet grote wetenschappelijke werken het licht zien, zoals de *Allgemeine Geschichte der christlichen Religion und Kirche* (1826), maar ook kleinere werken, zoals monografieën over personen uit de tijd van de kerkvaders zoals *Der heilige Bernhard und sein Zeitalter* (1813), *Antignostikus, Geist des Tertullianus und Einleitung in dessen Schriften* (1825) en *Der heilige Johannes Chrysostomus* (1848). Indruk maakte zijn monografie over Julianus de Afvallige (331/2 - 383 CE).[38] Deze Romeinse keizer trachtte de opmars van het christendom met alle mogelijke middelen te stuiten. In plaats van deze keizer in negatief daglicht te stellen, zoals anderen dat voor hem gedaan hadden, plaatste

---

derjenigen welcher Häupter oder Knechte der Partheien und Schulen sind, verachte ich. Ein Grauel ist mir jegliches Papstthum, sey es ein staatskichliches, dogmatisches, pietistisches oder philosophisches, ein orthodoxeres ode rein heterodoxeres." August Neander (1829), *Allgemeine Geschichte der christlichen Religion und Kirche*. Hamburg: Friedrich Perthes.

[34] Schaff 1886, 38.

[35] Het lievelingslied van Neander was het lied *Was klagst du trübe Seele daß dir an Frieden fehle.* Jacobi 1882, 41.

[36] Selge 1989, 240.

[37] Geheel thuis voelde zich hij niet in de *Erweckungsbewegung*. Rondom Hengstenberg en de van oorsprong rooms katholieke Johannes Evangelista Goßner had zich een groep jongeren gevormd, waar men openhartig over hun innerlijk geloof sprak. Jacobi schreef "und bei diesen war häufig die Zunge schneller als die Erfahrung dieser ernstensten Erlebnisse." Neander zweeg op zulke momenten. Hij wilde niet verwonden waar nog een spoor van het ware gevoel te vinden was. Af en toe sprak hij met gedempte stem, dat ook in kringen van christelijke vroomheid het goddelijke van ontwijding niet vrij is.

[38] August Neander (1812), *Ueber den Kayser Julianus und sein Zeitalter, ein historisches Gemälde*. Leipzig: F. Perthes, 1812.

Neander hem midden in de tijd en onderzocht wat de oorzaken waren waarom deze keizer tot zijn keuzes was gekomen. Zo ontdekte Neander in het karakter van de vijand van de kerk toch trekken van een grootse natuur met daden van schuld en onschuld. Zijn boeken hadden soms ook een pastoraal karakter zoals *Das Eine und Mannichfaltige des christlichen Lebens* (1840) en het boekje dat Neander in 1845 publiceerde: *Worte des Friedens unter den Gegensätzen.*[39]

Das gelehrte Berlin; Lithografie naar een tekening van Julius Schoppe. De afbeelding toont van boven naar onder en van links naar rechts: Georg Wilhelm Friedrich Hegel (midden), Johann August Wilhelm Neander, Friedrich Ernst Daniel Schleiermacher, Karl Ritter (midden), Christoph Wilhelm Hufeland, Alexander von Humboldt, Wilhelm von Humboldt (midden).

[39] August Neander (1845), *Worte des Friedens unter den Gegensätzen,* Berlin: C.G. Lüderitz. De 19e eeuw was volgens Neander een tijd van tegenstellingen. Soms waren de tegenstellingen te veel elkaars tegenpolen. Maar binnen de kerk kon men elkaar vinden op de overeenkomst die allen bond: het fundament Jezus Christus (1 Kor 3:11). Volgens de apostel kon men daarop bouwen met goud, zilver, hooi, hout of stro. Neander veronderstelt dat dat zuivere goud nergens te vinden is in de menselijke ontwikkeling en daarom moeten mensen zich bewust worden van de eenheid: de onveranderlijke grond waarop de gehele constructie van de kerk berust. De leden zijn bedoeld om elkaar aan te vullen. Het conservatieve element en de progressieve ontwikkeling horen bij elkaar: vastheid voor de een en bewegingsvrijheid voor de ander. In de menselijke ontwikkelingen is er altijd een divergentie naar de ene of de andere zijde. Door interactie van de twee kan men elkaar aanvullen en eenzijdigheid voorkomen, hetgeen leidt tot een gezonde ontwikkeling. Beide zijden moeten zich aan de kerk toewijden met gelijke liefde, een kerk die ze willen dienen en zo de geest van liefde en waarheid bevorderen.

DE BREUK

Maar hoe mild Neander ook was, met de *Evangelische Kirchenzeitung* kwam het tot een breuk die heel Pruisen in beroering bracht. De aanleiding was een anoniem gepubliceerd artikel van Ludwig von Gerlach over twee hoogleraren van de Friedrichs-Universität in Halle: Wilhelm Gesenius en Julius August Ludwig Wegschneider:[40] *Der Rationalismus auf der Universität Halle.*[41] Het betrof de zogenaamde *Hallische Denunzation*. Von Gerlach vond de houding en opvattingen van de hoogleraren zo tegen de grondslagen van het christelijke geloof ingaan, dat hij voorstelde hen uit hun ambt te laten ontzetten. Daartoe zou een oproep moeten uitgaan aan de autoriteiten om op te treden. Als getuigen van hun verkeerde opvattingen zouden hun studenten moeten optreden. Deze suggestie ging Neander veel te ver.[42] Wat Neander tegenstond was het betrekken van de toehoorders als getuigen tegen de hoogleraren. De studenten zouden zo in een verkeerde betrekking tot hun docent komen te staan. Dat mocht zeker geen recht worden. Het vertrouwen zou worden beschadigd. Het was van belang de koning en de kerkelijke reglementen buiten spel te houden. De strijd moest alleen met geestelijke middelen gevoerd worden. Een in historische rechten staande partij, die voor de theologische wetenschap niet zonder verdienste was geweest, mocht door ingrijpen van buiten niet onderdrukt worden, het was een schade voor de gezonde ontwikkeling van de kerk. Ook in de theologie moest er vrijheid van geloof en wetenschap zijn. Om dezelfde reden keerde Neander zich tegen een censuur tegen de vroegere Hegel-student David Friedrich Strauß, vanwege de publicatie van zijn boek *Das Leben Jesu.*[43] In 1836 verscheen een overzicht van alle reacties die op dit boek waren

---

[40] Klaus Wappler (1992), "Die Entstehung der Evangelischen Landeskirche" in: J.F. Gerhard Goeters en Rudolf Mau, *Die Geschichte der Evangelischen Kirche der Union* I, Berlin: Evangelische Verlagsanstalt.

[41] *Evangelische Kirchenzeitung 1830,* No. 5 en 6. Van Wegschneider werd verondersteld dat hij beweerd had dat Jezus slechts schijndood was geweest. Bij de colleges van Gesenius was het gewoon om van de toekomstige dienaren van het Woord een gelach te horen. De studenten werd volgens de auteur "ein Ekel an der heiligen Schrift" bijgebracht. Ibid., 186.

[42] Neander was niet de enige theoloog die protesteerde. "Mehrere der geachtesten Theologen Deutschlands" kwamen in opstand. Johann Karl Bullman (1833), *Denkwürdige Zeitperioden der Universität zu Halle*, Halle: Verlag der Buchhandlung des Waisenhauses.

[43] David Friedrich Strauß (1837), *Das Leben Jesu, kritisch bearbeitet,* Tübingen: C.F.Osiander. Het boek veroorzaakte een golf van protest. In het voorwoord zegt de schrijver dat het hem tijd leek "an die Stelle der veralteten supranaturalen und natürlichen Betrachtungsweise der Geschichte Jesu eine neue zu setzen." Strauß 1837, X. Zijn nieuwe uitleg was de mythische. Strauß had niet de bedoeling de waarheid van het evangelie te ontkrachten. "Den inneren Kern des christlichen Glaubens weiss der Verfasser von seinen kritischen Untersuchungen völlig unabhängig. Christi übernatürliche Geburt, seine Wunder, seine Auferstehung und Himmelfahrt, bleiben ewige Wahrheiten, so sehr ihre Wirklichkeit als historischer Facta angezweifelt wer den mag." Strauß 1837, XII. De publicatie veroorzaakte een golf van tegengeschriften en artikelen in de *Evangelische Kirchenzeitung.*

gekomen.[44] Na een aantal voorbeelden van parodieën noemt de schrijver Johannes Zeller als eerste de serieuze reactie van de "Professor der Kirchengeschichte" in Berlijn: Auguste Neander. Deze had een *Gutachten* verleend na de vraag van het ministerie van Pruisen of een verbod op dit werk een goede zaak zou zijn. Neander had geschreven:

> *Es waltet in dem Buche nur der Scharfsinn, welcher die Gegensätze ausfindet; aber nicht zugleich auch der Tiefsinn, welcher die höhere Einheit erfaßt; nur ein einseitiges Verstandeselement, nicht zugleich aber die Beseelung durch das religiöse Element. Die hier angewandten Grundsätze, um das Geschichtliche in der Darstellung der Evangelien in Mythisches zu verwandeln, würden die sichersten Thatsachen aller Geschichten ihrer Realität berauben. Wenn solche Ansichten von dem historischen Christus, wie sie in jenem Buche ausgesprochen werden, sich allgemeiner verbreiteten, wäre allerdings, wo sie sich verbreiten, die christliche Kirche zerstört. Die Erlassung eines Verbotes dagegen ist eher nachtheilig, als für die Wahrheit forderlich. Verbote mögen gegen populäre Schriften gegeben werden. Ein wissenschaftliches Buch, wie dieses, kann nur mit Waffen der Wissenschaft widerlegt werden. Auch der Jrrthum muß dazu dienen, die Wahrheit von neuen Seiten ans Licht zu fördern, sie fester zu begründen, Blößen in der bisherigen Art ihrer Vertheidigung auszudecken und sie meiden zu lehren.*

Neander publiceerde daarop als reactie op *Das Leben Jesu* zijn *Das Leben Jesu Christi in seinem geschichtlichen Zusammenhange und seiner geschichtlichen Entwickelung* (1845). Neander, die voor Hengstenberg grote achting had,[45] wees de gekozen methode af en besloot niet meer in de *Evangelischen Kirchenzeitung* te publiceren. Hij was ervan overtuigd dat het onmogelijk en onwenselijk was een voorbije periode van de kerk met kracht te herstellen. Zijn standpunt veroorzaakte veel reacties. Men begreep niet dat een hoogleraar, die de orthodoxie in de kerk was toegedaan, ruimte liet voor opvattingen die het fundament van het evangelie aantastten. Neander besloot daarop zijn standpunt uitgebreider toe te lichten in een speciale brochure: *Dr. Neanders Erklärung über seine Theilname an der Evangelische Kirchenzeitung nebst rechtfertigender Erörterung der ersten.*[46] Opnieuw benadrukte hij zijn standpunt "Existirt die theologische Fakultät als Theil einer Universität, so folgt auch darauf schon von selbst, daß die Theologie als Wissenschaft hier derselben Freiheit ihrer Entwickelung wie alle andere Wissenschaften genießen muß."[47]

---

[44] Johannes Zeller (1837), *Stimmen der deutschen Kirche über Das Leben Jesu von Dr. Strauß*, Zürich: Bürflischen Offizin.
[45] Schaff 1886, 39.
[46] August Neander (1830), *Dr. Neanders Erklärung über seine Theilname an der Evangelischen Kirchenzeitung nebst rechtfertigender Erörterung der ersten*, Berlin: G.J. Josephy.
[47] Neander 1830, 8.

Zijn breuk met de orthodoxe *Kirchenzeitung* bracht hem nader tot de *Vermittlungstheologie* die vertegenwoordigd werd door Schleiermacher. Deze theologie zocht een middenweg tussen verstand en openbaring. Voor strenge orthodoxen was Neander te vrijzinnig. Hij sympathiseerde met de piëtistische beweging, maar was wars van "Engherzigkeit und Frömmelei."[48] Hij was de man van de wetenschap en het zoeken naar bronnen.

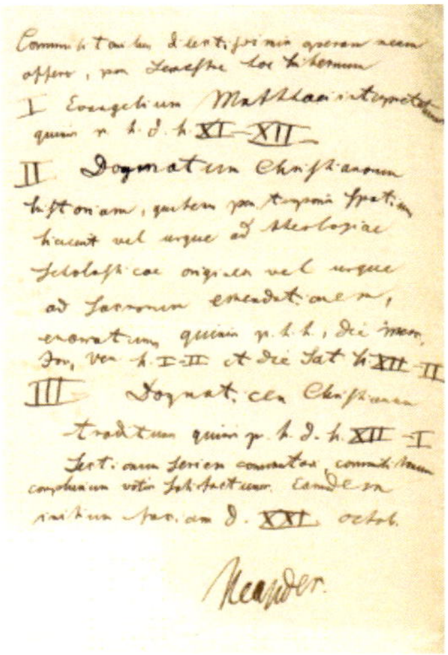

In het Latijn gestelde aantekeningen bij een college in het handschrift van Neander.

Mendelssohn en Neander

Dat het besluit van Neander om zich terug te trekken uit de *Evangelischen Kirchenzeitung* opzien baarde blijkt uit een brief van de componist Felix Mendelssohn Bartholdy (1809-1847) aan zijn zus Rebecka. De jonge Mendelssohn bevond zich in Londen, toen hij over de *Kirchenzeitung* begon. Mendelssohn, eveneens joods van oorsprong, was een zoon van de bankier Abraham Mendelssohn Bartholdy die zijn getalenteerde zoon mogelijkheden gaf zich op velerlei gebieden te ontwikkelen en hem tevens de kans gaf door Europa te reizen teneinde muzikale ervaring op te doen. De uitgebreide correspondentie met zijn huisgenoten is bewaard gebleven dankzij de in 2012 uitgegeven *Sämtliche Briefe*.[49] In een tweetal brieven begon Mendelssohn over Neander. "Wie gefällt Dir Neanders Schrift gegen die Redaktion der Kirchenzeitung?"[50] vroeg hij aan Rebecka. De musicoloog Thomas Lackmann

---

[48] Schaff 1886, 43.

[49] Helmut Loos en Wilhelm Seidel, *Felix Mendelssohn Bartholdy Sämtliche Briefe*, Kassel: Bärenreiter.

[50] Loos / Seidel, *Sämtliche Briefe*, Band I-287-*501*-22/23.

typeert de jongste zus van Felix ("Rebecka Dirichlet, die Demokratin") als het meest kritische familielid: "Mit ihrer politischen Überzeugung steht Rebecka auf der Seite der republikanischen Linken."[51]

Tijdens Felix' verblijf in Rome kwam Neander's *Streitschrift* opnieuw in een brief aan de orde. Het *Streitschrift* kan in de reisbagage van Mendelssohn meegereisd zijn. Felix vertaalde in Rome het geschrift voor Alexandre Amédée Edouard Diodati (1787-1860) die predikant was, bibliothecaris en lid van het Schweizer Musikgesellschaft. De familie Mendelssohn had de familie Deodati in 1822 ontmoet in Genève. In een brief aan huis schreef hij: "Diodati hat sich von mir die Neandersche Streitschrift über den Artikel der Kirchenzeitung mittheilen lassen, und ich habe es ihm, der kein Wort Deutsch weiß, mündlich ins Französ. übersetzt; denk Dir, lieber Vater!"[52]

Deze citaten, geschreven in Londen en Rome, geven aan dat beslissing van Neander opzien had gebaard en dat deze ook de belangstelling van de familie Mendelssohn had getrokken. Vrijwel zeker is dat de hoogleraar niet het woonhuis van de familie Mendelssohn bezocht, dat destijds als een *Salon* voor de Berlijnse intelligentsia fungeerde. "So gastfrei er war, nahm er doch selten Einladungen an," schreef Schaff.[53] Hegel, Schleiermacher en Von Humboldt waren wel vaste gasten die de *Sonntagsmusiken* bezochten in het huis van Abraham Mendelssohn. Waar zijn twee muzikale kinderen, Felix en Fanny regelmatig optraden. Neander leidde een teruggetrokken leven. Mogelijk geldt ook voor de familie Mendelssohn dat zij de bijzondere persoon Neander kenden, omdat, zoals Jacobi meldde. Iedere inwoner van Berlijn wist wie de opvallende theoloog was en hij regelmatig het onderwerp van gesprek was.

Neander ging zelfstandig zijn weg. Te midden van alle theologische discussie was hij onaantastbaar. De oorzaak lag in zijn oprechtheid, zijn deemoedigheid en zijn liefde voor de waarheid. Hij toonde zich in alle eerlijkheid wie hij was. Hij viel niemand persoonlijk aan. Neander bleef tot op het eind van zijn korte leven colleges geven. Hij kon op het laatst niet meer zien en liet zich de werken van Origenes voorlezen, die hij tijdens het opvolgende college feilloos wist te citeren. Diverse auteurs uit zijn tijd citeerden de laatste woorden die hij sprak toen hij op zijn sterfbed lag en in een droom zei: "Ich bin müde, laß uns nach Hause gehen," alsof hij zijn dagelijkse wandeling met *Hannchen* maakte. Zijn allerlaatste woord was een zacht "Gute Nacht."[54]

---

[51] Thomas Lackmann (2005), *Das Glück der Mendelssohns, Geschichte einer deutschen Familie*, Berlin: Aufbau-Verlag, 239 f.

[52] Loos / Seidel, *Sämtliche Briefe,* Band II-395-*201*-75/78.

[53] Schaff 1886, 26.

[54] Ibid., 51.

Het wonder van de onbaatzuchtigheid

Leendert-Jan Parlevliet

Abstract

In this article a novel by Coetzee, entitled The Death of Jesus, forms the starting point for a plea for constantly starting to read texts again and again. Major novels such as those by Coetzee are on this point indistinguishable from the Bible. Now that the Church is in transition just like society, it is necessary to read the Bible again to hear a new testimony for this time. Novels such as those by Coetzee can help with this, because they reveal prejudices.

INLEIDING

Door *De dood van Jezus*[1] dacht ik een van mijn favoriete schrijvers te zijn kwijtgeraakt, maar ik heb hem teruggevonden. Dit onlangs verschenen boek van Coetzee werkte vervreemdend en ik had er geen plezier in. Door over deze schrijver te lezen en over mijn leeservaring met zijn boek te reflecteren kwam ik tot nieuwe inzichten. Daar gaat dit artikel over, over opnieuw leren lezen zonder dat interpretaties je leesplezier bederven en over wat je dan ontdekt. Het artikel gaat daarmee ook over de manier waarop ik, theoloog en kerkmens, lees.

Het fijne van lezen is dat je vrij bent. Je hoeft niets te vinden van wat je leest, zeker als je het boek ingezogen bent. In een boek dat jou in beslag neemt, zit een deurtje waardoor je naar binnen kunt. Meestal is dat bij mij eenvoudigweg omdat ik mij herken in de hoofdpersoon. Bij een van mijn eerste boeken van Coetzee, *In ongenade*, was ik na de eerste zinnen binnen.[2] Zijn boeken hebben soms zo'n impact, juist omdat ik er midden in zit, dat ik er rustig in moet lezen, want anders vergeet ik dat het fictie is, dat ik er feitelijk geen deel van uitmaak.

Bij de drie meest recente boeken over Jezus, die in de afgelopen jaren verschenen, was van die totale leeservaring geen sprake.[3] Ik kwam niet binnen.

---

[1] J.M. Coetzee, *De dood van Jezus*, Amsterdam 2019. Vertaling van: The Death of Jesus. Van de romans van Coetzee verschijnt altijd bijna tegelijkertijd met het Engelstalige origineel de Nederlandse vertaling. Bij de boeken die de laatste jaren verschenen werd de Nederlandse vertaling zelfs eerder gepubliceerd dan het origineel. Coetzee leest goed Nederlands en heeft intensief contact met zijn vertaler over diens werk. Ik lees zijn boeken meestal in het Engels, maar ook wel in het Nederlands.

[2] J.M. Coetzee, In ongenade, Amsterdam 1999. Vertaling van *Disgrace*.

[3] *De kinderjaren van Jezus*, Amsterdam 2014, *De schooldagen van Jezus*, Amsterdam 2016 en *De dood van Jezus*.

Las ze wel uit, maar raakte niet enthousiast. Ik heb er weinig met vrienden over gesproken en er ook nooit één voor iemand gekocht. Bij het lezen van deel drie heb ik mij zelfs zitten ergeren. Zoiets kan gebeuren, denk je dan, niets aan de hand. De boeken waarin Elisabeth Costello de hoofdpersoon is, vond ik ook veel minder dan zijn andere.[4] Coetzee wordt dit jaar tachtig. Hij kan ook een keer over zijn top heen zijn, zo dacht ik ten onrechte.

Het liet me echter niet los. Het kan toch ook niet dat je een schrijver waar je trouw aan bent, beticht van een slecht boek. Bij mij werkt het andersom. Als ik een boek van een favoriete auteur eens wat minder vind, dan zwijg ik daarover en verberg mij in algemeenheden. "Ja aardig boek, ik kom er nog niet helemaal in." Het boek verdient een tweede kans.

Ik heb er allerlei boeken over Coetzee bij gehaald en recensies gelezen over de Jezus-boeken. Ik was aanvankelijk van plan een samenhangende exegese te schrijven van deze drie boeken, waarin ik een theologische visie op boek en auteur zou geven. Een fraaie samenhangende uitleg stond mij voor ogen. Die uitleg kwam er niet. In plaats daarvan ontdekte ik een tekortkoming aan mijn kant, onder andere doordat ik een preek hoorde over de twaalfjarige Jezus in de tempel. Langs deze omweg hervond ik de schrijver van enkele van mijn lievelingsboeken.

Door de zoektocht heb ik een idee gekregen over wat het probleem zou kunnen zijn. De belangrijkste conclusie van mijn confrontatie met dit boek van Coetzee is weinig opzienbarend, maar kan niet vaak genoeg herhaald worden. Wij kunnen niet zonder verhalen om ons leven te begrijpen, maar deze verhalen zijn niet de verpakking van een boodschap. Het verhaal gaat boven de interpretatie.

Ik start dit artikel met een samenvatting van mijn leeservaringen. Daarna zal ik iets vertellen over de opbrengst van mijn verkenning van de literatuur over Coetzee. Vervolgens probeer ik mijn gedachten weer te geven over de bedoeling en betekenis van teksten. Ten slotte trek ik enkele lijnen door naar de kerk en theologie, want daar hoor ik thuis. Ik leef vanuit een overtuiging die mij via de Bijbel, een verzameling boeken, heeft bereikt. Ik bekommer mij professioneel om een verantwoorde wijze van vertalen van wat dat boek te zeggen heeft voor onze tijd. En ik ben in mijn vrije tijd een lezer die zich graag laat meenemen in romans. Die twee werelden zijn voor mij niet los van elkaar te begrijpen.

---

[4] J.M. Coetzee, *Elizabeth Costello*, Eight Lessons, London 2003.

LEESERVARING

Het verhaal van de drie romans over Jezus van Coetzee is snel verteld. De hoofdpersonen zijn een jongen, die David heet, en zijn zelfbenoemde vader of oudere vriend die zich over hem ontfermt, die Simón heet. Zij zoeken en vinden een moeder voor David, die Inés heet. De trilogie begint met de aankomst in een vreemd land. Er is zoveel anders of ongebruikelijk dat je als lezer vanaf het begin onderdeel bent van de vervreemding van een emigrant of vluchteling. In het tweede boek blijkt David een zeer begaafd kind. Het laatste deel vertelt over een verandering - hij gaat vrijwillig in een weeshuis wonen - die stokt, omdat hij doodziek wordt en sterft. Een belangrijk deel van het derde boek gaat over de reactie van zijn omgeving op zijn dood.

Ik bleef steeds buitenstaander bij de eerste keer lezen van dit derde deel. Door het hele boek heen worden er verwijzingen naar het Nieuwe Testament en de wereldliteratuur opgenomen die betekenis oproepen, met als resultaat bij mij dat ik steeds bleef hangen bij de verwijzing. Steeds de vraag stellend: wat wil Coetzee hiermee zeggen? De vraag naar interpretatie stond de directe leeservaring door middel van identiificatie in de weg.

Terugkijkend besef ik dat ik niet in staat was om een boek met een dergelijke titel onbekommerd te lezen. Wat gaat de schrijver doen met dit onderwerp, dat mij zo dierbaar is? Als lezer is te veel aandacht voor de schrijver nooit bevorderlijk voor het leesplezier.

Nu had ik tegelijkertijd hoge verwachtingen. Juist een voor mij zo groot schrijver als Coetzee zou dit onderwerp aan kunnen. Ook verwachting kan leesplezier in de weg staan. Ik denk dat ik mijn instelling bij het lezen van dit boek - en de twee eerdere - het beste kan typeren als voorzichtigheid. Ik was steeds op mijn hoede. Wat gaat er gebeuren met deze tekst? Welke interpretatie geeft dit boek, of deze schrijver, aan het verhaal van Jezus? Hoeveel postmoderne vraagtekens worden er bij het evangelie geplaatst? Moet ik mij nu ook door een schrijver die mij dierbaar is, laten vertellen dat het christelijk geloof voorbij is? Dat zou voor mij een boodschap zijn die het boek oppervlakkig maakt. Godsdienst afdoen als projectie is een stoer inzicht, maar weinig volwassen. Tot die conclusie wilde ik niet komen en ook daarom was ik op mijn hoede.

Mijn ervaringen met Coetzee's boeken is juist precies omgekeerd. Het eerste boek dat ik van hem las was *De meester van Petersburg*, over Dostojewski.[5] Het bracht mij terug naar de jaren als student in Brussel toen ik *De gebroeders Karamazov* las. Nu las ik een boek van een schrijver over de schrijver van dit fantastische boek waarin de gelijkenis van de grootinquisiteur staat. Deze Coetzee kon op mij rekenen. Een boek waar ik ook het volledige leesplezier aan beleefde is *Waiting for the Barbarians.*[6] Ook dat boek staat vol verwijzingen, maar daarbij bleef ik geen moment buitenstaander. Het is volgens mij een gelijkenis met de kwaliteit van een Bijbelboek.

Als lezer geschoold in de literatuur die samengebracht is in de Bijbel, heb je een hoge standaard. Elk woord staat in die Bijbelse teksten op zijn plaats. Je kunt per woord en per zin doorzoeken binnen een boek, maar ook binnen de gehele bibliotheek. De losse delen passen in een geheel en verwijzingen openen betekenisvelden. Aan zulke eisen voldoen niet veel romans, maar die van Coetzee voor mij wel. Ik schrijf het bewust bescheiden op, omdat er over zijn boeken opmerkelijk veel geschreven en gestudeerd is en ik die literatuurwetenschap niet ken. In zijn latere boeken speelt Coetzee een ernstig en zeer boeiend spel met tekst en betekenis, waar ik als lezer en als theoloog erg van kon genieten. In zijn boek *Dagboek van een slecht jaar* bijvoorbeeld schrijft Coetzee drie teksten die parallel lopen.[7] Die drie teksten leggen elkaar niet zozeer uit, maar geven doorkijkjes, verdiepen elkaar en brengen plezier in het lezen. Voor Bijbellezers die lezen in meerdere lagen, is zo'n boek een feest. Naastepad zegt volgens de overlevering: de hele Tenach staat in een voetnoot bij elke bladzijde van de evangeliën, dat is eigen aan die teksten. Die vertrouwdheid met gelaagdheid draagt bij aan het leesplezier van dit Coetzee boek. Hier is een levende auteur aan het werk die iets soortgelijks kan schrijven.

Terzijde, het valt mij dan op dat de meningen in dit boek door literaire lezers worden opgevat als de meningen van Coetzee.[8] Dat valt mij dan tegen van deze wetenschappelijk geschoolde lezers. Zij zouden moeten weten dat het zo niet werkt in de literatuur. Een goed verhaal is niet de verpakking van een mening. Het troost mij wel dat zij net zo beperkt lezen in dit boek dat over schrijven lijkt te gaan, als ik lees in een boek dat over geloven lijkt te gaan.

---

[5] J.M. Coetzee, *De meester van Petersburg*, Amsterdam 1995. Vertaling van *The Master of Petersburg*.

[6] J.M. Coetzee, *Waiting for the Barbarians*, London 1980.

[7] J.M. Coetzee, *Dagboek van een slecht jaar*, Amsterdam 2007. Vertaling van *Diary of a Bad Year*.

[8] Zo bijvoorbeeld in D. Attwell, *Het universum van J.M. Coetzee*; Oog in oog met de tijd, Amsterdam 2015. Vertaling van *J.M. Coetzee and the Life of Writing*, Face to Face with Time.

Van schrijvers waar je van houdt, heb je een beeld als lezer. Ik heb het lange tijd moeilijk gevonden om dat beeld los te laten bestaan van de mens achter de schrijver. Dat Coetzee geen aardige man is, of een heel gesloten brombeer, of een tikje arrogante wetenschapper, ik wil het niet weten, want hij heeft bewonderenswaardige boeken geschreven.

De schrijver en de mens vallen ook volgens John Coetzee zelf niet samen. David Attwell, die een leven lang met Coetzee heeft samengewerkt, schrijft: "Dergelijke methoden zijn gestoeld op blind vertrouwen in het creatieve proces, op hardnekkig door de onzekerheden (...) heen werken naar een doel in de verte tot er een openbaring plaatsvindt die houvast en stootkracht biedt voor de volgende fase."[9] Dit is de conclusie van een beschrijving van het lange proces van schetsen, schrijven en herschrijven en citaten toevoegen dat aan de romans van Coetzee vooraf gaat. Zulke citaten zijn er volop. Steeds blijkt daaruit dat er naar Coetzee's eigen beleving een ruimte is tussen de tekst en de mens die schreef. Daar is hij niet uniek in, dat vertellen vele schrijvers.

Als ik in de biografie van Kannemeyer lees welke ervaringen uit het Zuid-Afrika van jaren zeventig van de vorige eeuw achter de teksten van *Waiting for the Barbarians* schuilgaan, voel ik mij als lezer betrapt.[10] Want, nee, dat wist ik allemaal niet. Ja, ik had wel het idee dat Coetzee bij de figuren en hun wreedheden in het boek aan de Zuid Afrikaanse verhoudingen had gedacht, maar ik heb er ook heel veel uit andere werelden bij gedacht. Pas in tweede instantie bedenk ik bij zo'n analyse vanuit de ontstaansgeschiedenis, dat ik ben aangewezen op de definitieve tekst en dat die voor mij boven de bronnen staat. Ook hier heb je als theoloog een rijke geschiedenis en heftige debatten als illustratie, want de Quellen waren voor sommige vakgenoten ook belangrijker dan het eindproduct. Anders gezegd, kennis over de achtergronden van een tekst levert soms een nieuw perspectief, maar is nooit bepalend voor de zeggingskracht van de uiteindelijke tekst.

Nog een gedachte over persoon en schrijver. Een paar jaar geleden verscheen een briefwisseling tussen Auster en Coetzee.[11] Dat was een cadeau voor mij, want wat wil een mens nog meer! Mijn twee lievelingsschrijvers met elkaar in contact en ik mocht meelezen.[12] Ik heb het boek nooit uitgelezen. Ik kwam er niet toe. In dit boek maakte ik kennis met twee hardwerkende intellectuelen die

---

[9] D. Attwell 2015, p. 11.

[10] J.C. Kannemeyer, *J.M. Coetzee Een schrijversleven*, Biografie, Amsterdam 2012. Vertaling van *J.M. Coetzee. A Life in Writing*, p. 348 vv.

[11] Paul Auster, J.M. Coetzee, *Een manier van vriendschap*, Brieven 2008- 2011, Amsterdam 2012. Vertaling van Here and Now.

[12] Van Auster lees ik al sinds *The Invention of Solitude* (New York 1982) alles wat van hem verschijnt.

elkaar schrijven over wat hen bezighoudt. Meestal niet de zaken waar je over wilt lezen als je hun schrijverschap bewondert. De zinnen die ik eruit overhoud zijn uit het gedeelte over dat je als schrijver uitgaat van de welwillendheid tussen schrijver en lezer. Zij schrijven elkaar over een reactie van een lezer die de antisemitische mening van een romanpersoon aan Coetzee verwijt.[13] Een tekst is kwetsbaar en de schrijver van die tekst is kwetsbaar in die tekst. Coetzee heeft echt last van zo'n reactie. De welwillendheid van de lezer is uitgangspunt voor de schrijver.

Door te lezen in hun briefwisseling word je als lezer buitengesloten. Je mag na zorgvuldige eindredactie enkele snippers van hun persoonlijke leven als schrijvers bestuderen, terwijl je als lezer van hun romans een diepe verbondenheid met hun alter ego, de schrijver hebt. In een brief schrijft Coetzee over een Franse fan die hem schrijft als vriend en vertrouwenspersoon: "Zij beseft heel goed dat de *vous* aan wie ze schrijft een idee is dat misschien maar weinig verband houdt met mijn eigen idee van mijzelf." [14]

OPNIEUW STARTEN MET EEN SCHONE LEI

Hoe zie ik de verhouding tussen tekst en betekenis in de Jezus-boeken van Coetzee? Die vraag probeer ik te beantwoorden vanuit een aantal invalshoeken. Te beginnen met een uitspraak van Coetzee over Jezus. In een interview vertelt Coetzee dat hij gefascineerd is door Jezus: "Ik zie de Kruisiging als een weigering of onwil om geweld met geweld te vergelden, ja zo'n weldoordachte, bewuste en krachtige weigering, dat iedere herinterpretatie, freudiaans, marxistisch of wat ook, bakzeil haalt."[15] Ik was als lezer wellicht al te zeer op mijn hoede, want het is niet aannemelijk dat Coetzee met zijn boeken erop uit is om vraagtekens bij Jezus te plaatsen. Mijn voorzichtigheid is tegelijkertijd niet vreemd. Laatdunkend schrijven over het christelijk geloof is zo gewoon, dat je van elke intellectueel verwacht dat hij of zij zich ook relativerend over Jezus en wat hij teweeg heeft gebracht, zal uitlaten. Dat kon dus voor Coetzee weleens naast de waarheid zijn.

Misschien moet ik niet geharnast tegen spot aan deze boeken beginnen. Natuurlijk wordt het boek over Jezus ook zo gelezen, zie bijvoorbeeld de recensie die Hans Achterhuis in Trouw publiceerde.[16] Hij concludeerde dat David een mislukte Messias is en dat er geen boodschap is in zijn levensverhaal

---

[13] Paul Auster, J.M. Coetzee, 2012, p. 88.
[14] idem p. 170.
[15] Uit *Doubling the Point*, geciteerd in Hans Achterhuis, Arnon Grunberg, Kristien Hemmerechts e.a. *J.M. Coetzee persoon en personage*, Amsterdam 2010, p. 112.
[16] Hans Achterhuis, *De mislukte Messias in Coetzee's Jezustriologie heeft helemaal geen boodschap*. Trouw 23 november 2019.

en daarmee dat alle religie inlegkunde van volgelingen is. Achterhuis geeft als liefhebber van Coetzee een reactie op het werk. Naast zijn leeswijze geeft de tekst alle ruimte voor andere interpretaties. De tekst van het boek heeft hem niet geschokt, laat staan veranderd in zijn meningen.

TEKST EN BETEKENIS

Tekst komt voort uit een creatief proces. Soms komen teksten zo uit de lucht vallen, vaker zijn zij het product van een proces van heel hard werken. Zoals hierboven al genoemd, uit de archieven van Coetzee blijkt een heel lang proces van schaven en schrappen. Daarbij gaat het om een complexe verhouding tot de werkelijkheid.

Een verhaal ordent de werkelijkheid waardoor er zin en samenhang ontstaat. Het heeft verschillende betekenissen, maar vooral ook een aantal betekenissen niet. Het is daarmee een geconcentreerde werkelijkheid die door de ordening en de concentratie helderheid kan geven over de werkelijkheid. Coetzee schrijft aan Auster: "Wat mijzelf aangaat, ik moet zeggen dat ik personages liever van meet af aan verzin. Op die manier lijkt het echter."[17] De tegenstelling die gemaakt wordt tussen feit en fictie is niet altijd verhelderend, omdat feiten geen feiten zijn zonder verhaal en fictie vaak meer is dan fantasie.

Vanuit de exegese als theologische discipline zijn er veel herkenningspunten als het over de betekenis van het oeuvre van Coetzee gaat: aandacht voor verwijzingen in de tekst naar eerdere teksten en naar bronnen buiten de tekst, het zoeken achter de tekst naar bronnen die duidelijker zijn in hun boodschap en de eindeloze discussie over de betekenis van de eindversie, van het boek zelf. Daarbij speelt de betekenis bij de exegese een nadrukkelijker rol dan bij de literaire lezers. Alhoewel ik de conclusie van Arnon Grunberg over het werk van Coetzee ook veelzeggender vind voor zijn wijze van het leven beschouwen dan voor de visie van Coetzee. "Dat hij, waar de waarheid van levende wezens wreedheid is en wreedheid een betaalmiddel, zonder die waarheid geweld aan te doen onderzoekt hoe veel menselijkheid overblijft."[18]

DE TWAALFJARIGE JEZUS EN DE JEZUS VAN COETZEE

Waar Coetzee stopt met zijn verhaal over Jezus, begint Lukas. David gaat dood voor hij twaalf is. Het enige verhaal dat de evangelisten opschrijven over Jezus in zijn jeugdjaren is het verhaal van de twaalfjarige Jezus. Het is een intrigerende vraag waarom er maar één verhaal over de jeugd van Jezus is

---

[17] Een manier van vriendschap, p. 171.
[18] J.M. Coetzee persoon en personage, p. 110.

opgenomen. Een antwoord kan zijn dat die keuze past bij het doel van de evangelisten, die er met zijn vieren voortreffelijk in zijn geslaagd om het verhaal van Jezus door te geven zonder duidelijk te zijn over de mens achter het verhaal. Het lijkt er eerder op dat zij er met z'n vieren voor zorgen dat die mens achter of in het midden van hun verhalen verdwijnt.

Zou deze vijfde evangelist John Coetzee een aanvulling op het evangelie bedoelen te schrijven? Zou dit een toegangsdeur tot zijn boeken kunnen zijn? Coetzee heeft dit natuurlijk ook waargenomen en hij heeft de handschoen wellicht opgepakt. Zou hij het lef hebben om een legende, een aanvulling op de mythe, een steentje in de canon toe te voegen? Nee, dat is een overspannen irreële optie, die nauwelijks serieus te nemen is. Toch is er een kant aan deze boeken die het mogelijk maakt om ze op deze manier te lezen. Hoe zou een kind er in deze tijd uitzien die geen kwaad in zich heeft en die begaafd is? Een kind dat op Jezus lijkt.

CONCLUSIE ALS LEZER

Door de bezinning op mijn reactie op het boek en door te lezen over de schrijver Coetzee, heb ik hem herontdekt. Mijn instelling bij het lezen van zijn Jezus-boeken hoeft geen andere te zijn dan bij de eerdere boeken. Hij is er niet op uit om het evangelie te bevragen of er een literair spel mee te spelen, laat staan om er een aanvulling op te geven. Dat zijn boek wel zo gelezen kan worden is ook duidelijk, maar dat pleit eerder voor dan tegen het boek. De vele betekenislagen zeggen immers iets over de kwaliteit.

Door in te zien dat ik als lezer onnodig op mijn hoede ben, hervind ik mij ook als lezer die een roman als amateur, dus voor mijn plezier lees. Vreemd genoeg was daar een hele onderneming voor nodig van verkenning van de literaire benadering en de biografie om uit te komen bij het inzicht dat het mijn eigen zorg is die mij in de weg zat. Mijn conclusie is dat ik nu eerst afstand moet nemen voor ik de trilogie opnieuw ga lezen. De onbevangen welwillendheid is niet zomaar terug, daarvoor moet dit leesverslag, dit onderzoekje, weer naar de achtergrond verdwenen zijn. Als algemene conclusie lijkt ook te gelden: lees niet te veel gericht op betekenis, laat de druk om te interpreteren het leesplezier niet in de weg staan. Lees lichter. Bij het herlezen van de Jezus-boeken ben ik benieuwd of het klopt dat een rode draad in de boeken is dat allerlei mensen van David zijn gaan houden. Want dat is waar het verhaal steeds weer mee verder gaat: alle mensen die met David te maken hebben worden door hem geraakt en zijn bereid tot onbaatzuchtigheid. Er wordt van hem gehouden en mensen laten zich door hem raken.

CONCLUSIE ALS KERKMENS

Het is fascinerend wat er met mij gebeurt als een schrijver op het omslag van een boek als titel plaatst: *De dood van Jezus*. Ik ben vast niet de enige lezer die daar vergaand door bepaald wordt bij het lezen. Bij mij als kerkmens werd er een vorm van verdedigen opgeroepen. Ik moest, al was het maar voor mijzelf, Jezus in bescherming nemen. Het leesproces van enige afstand overziend, zie ik nu in dat Jezus niet verdedigd hoeft te worden. Zo is de messiaanse waarheid: zijn kwetsbaarheid is zijn kracht. Verdedigen werkt averechts. Daar komt nog bij dat Jezus geen bezit is van de kerk of van de theologie. Beide thema's komen in de Jezus-boeken van Coetzee op verschillende manieren aan de orde.

Een ander belangrijk punt is dat ook voor het lezen van die andere verhalen over Jezus geldt dat de tekst meer is dan de interpretatie. De verschillende schrijvers van de evangeliën vertellen andere verhalen over Jezus, of zij vertellen hetzelfde verhaal anders. Die verhalen hebben van zichzelf meerdere toegangen, meerdere betekenissen, of misschien beter, door de jaren heen ook andere betekenissen. Die veelstemmigheid is een kracht van de Kerk, die ontspanning van kerkmensen vraagt. In het verlengde daarvan is de kerk de plaats waar vragenderwijs gezocht wordt naar nieuwe antwoorden op oude vragen. Zoals de twaalfjarige Jezus in de tempel in gesprek over de Bijbel de vraag naar zijn roeping zoekt te beantwoorden.

De ontspanning die ik als fan van de boeken van Coetzee heb herontdekt, is ook aan de orde voor de kerk die geen macht meer heeft. Een kerk die niet langer de wacht hoeft te houden over de interpretaties van de Bijbel. Vragenderwijs antwoord zoeken op de vragen van het leven, daarvoor is de kerk de plaats. Waar het zeker weten hoe het zit met de mens en het leven vroeger een zaak was van de Kerk voor de wereld, is het nu andersom. In een wereld waar steeds meer mensen precies weten hoe het zit met ons, is de Kerk de plaats van zoeken en nuance. Zeker als het over de dood van Jezus gaat is zeker weten niet aan de orde.

Reviews

Over radicalisering en moderniteit

Farhad Khosrokhavar, *Le Nouveau Jihad en Occident*, Paris: R. Laffront, 2018.

Serafettin Pektas & Johan Leman (eds), *Militant Jihadism. Today and Tomorrow*, Leuven: Leuven University Press, 2019.

Noel Clycq, Christiane Timmerman, Dirk Van Heule, Rut van Caudenberg and Stiene Ravn (eds), *Radicalisation. A Marginal Phenomenon or a Mirror to Society?*, Leuven: Leuven University Press, 2019.

INTRODUCTIE

Aan het begin van de 21e eeuw waren we in Europa getuige van een erg steile opgang van het islamitisch geïnspireerd radicalisme. De klap op de vuurpijl was het uitbreken van de oorlog in Syrië en het vertrek van duizenden doorgaans jonge mensen om te gaan strijden voor het vermeende islamitische kalifaat. De Europese regeringen en politieke machten stonden sprakeloos toe te zien hoe de meest gruwelijke daden bedreven door burgers de wereld rondgingen. We weten nog steeds niet hoe we dit fenomeen moeten evalueren, laat staan tot een leefbare oplossing brengen.

De cijfers liegen er evenwel niet om. Van de 20.000 strijders dat het IS-leger telde, kwam ongeveer ¼ uit Europa. Ongeveer 7,5% sneuvelde en tot 30% zou zijn teruggekeerd. Deze grote cijfers van de Europese Commissie voor Buitenlandse Zaken en Defensie werden ondertussen aangevuld met gedegen wetenschappelijke detaillering. De Frans-Iraanse socioloog Farhad Khosrokhavar (°1948) bracht in zijn nieuwe boek *Le nouveau jihad en Occident* (2018) een aantal statistieken bij elkaar. Dit leverde de volgende categorieën op van mensen die vanuit Europa tussen 2012 en 2015 naar Syrië en Irak vertrokken:

14% jonger dan 18 jaar
27% tussen 18 en 21 jaar
26% tussen 22 en 25 jaar
17% tussen 26 en 29 jaar
9% tussen 30 en 35 jaar
7% was 36 jaar en meer

Dit betekent dat 2/3 van de Syriëstrijders uit Europa tussen de 14 en 25 jaar oud was. Er is bijgevolg sprake van een volkomen nieuw sociologisch fenomeen in West-Europese democratieën. De eerste schuchtere pogingen om meer achtergrond en analyse te bieden zijn veelvuldig. Recent verscheen een bundel van wetenschappelijke artikelen die een dieper gravend beeld schetst: Serafettin Pektas, Johan Leman (eds) (2019), *Militant Jihadism. Today and Tomorrow.* Met het "verslaan" van het kalifaat is de strijd nog lang niet gestreden. Recent onderzoek toonde aan dat op dit moment zo'n 23.000 *jihad*-extremisten in het VK wonen, waarbij 3.000 onmiddellijk gevolgd worden omdat ze een gevaar voor de samenleving zijn. De overige 20.000 vormen een "residual risk." In Frankrijk verblijven 12.000 *jihad*-extremisten en ook in België, Spanje en Duitsland zijn aanzienlijke cijfers opgetekend.

Het is ook zeker waar dat extremisten een erg kleine minderheid vormen, als men bedenkt dat er 1,6 miljard moslims in de wereld leven, maar deze kleine groep vormt een grote bedreiging, gezien het explosieve karakter ervan. We destilleren uit de verzamelde artikelen vier grondlijnen in verband met radicalisering en moderniteit. In eerste instantie is het nodig om conceptuele verduidelijking te geven over wat nu precies het onderscheid is tussen salafisme, jihadisme en radicalisme. Omdat het jihadisme een conglomeraat is van religieuze, geopolitieke, sociale en persoonlijke factoren zijn de spanningen die zich rondom Europa op dat vlak voordoen een sleutel tot beter begrip en omgang.

CONCEPTUELE VERDUIDELIJKING

Als we het over jihad hebben moeten we terug naar de etymologische betekenis. Het woord is afgeleid van *jahada* dat "zich inspannen" betekent. Het gaat in wezen om een tribale term uit de stammentijd van de Arabische volken. In de Mekkaanse periode komt het voor dat er wordt gezegd hoe mensen zich inspannen (*jihad*) om hun kinderen van de profetische woorden weg te houden. Deze "inspanningen" werden in de Medinese periode gebruikt om strijders te motiveren zich in de clanconflicten te mengen. Maar alles binnen het kader van een "gezonde inspanning" en helemaal niet met de connotatie van een strijd op leven en dood om anderen te vernietigen en al zeker niet in naam van God.

Nog later voorzagen de aanhangers van de profeet in Medina in hun levensonderhoud door karavanen uit Mekka aan te vallen en te plunderen. Dit wordt dan "streven" of "zich inzetten (*jihad*) voor de zaak van God" genoemd. Hier gaat het om persoonlijk engagement ten voordele van het geheel (zaak van God). Vanuit deze tribale en vroeg-islamitische achtergrond ontstond het theologische concept van *jihad* als een voortdurende strijd om de letter en de geest van het woord in overeenstemming te brengen. De moslim, zo leert men, moet zich inspannen om zijn geloof ook in daden om te zetten. In deze traditie ontstond een puriteinse traditie binnen de islam die de vroege geloofsmethodiek wil herstellen. Dit heet "salafisme." Deze tendens versmelt op sommige plaatsen en naar aanleiding van uitwendige vijandigheid in een gewapend verzet tegen "de vijanden van islam." Dit is het "jihadisme." We moeten dan ook een onderscheid maken tussen salafisme en jihadisme en dit zowel op het doctrinaire, sociologische en politieke niveau.

HET GEMEENSCHAPPELIJK DOCTRINAIR ERFGOED

Het salafisme is een langlopende traditie binnen de islam. Het is ook fout om te denken dat het hierbij gaat om een homogene groep die over alles hetzelfde denkt. Wat de verschillende strekkingen binnen het salafisme verbindt is de gedachte dat de hedendaagse islamitische religie afgedreven is van haar oorspronkelijke wortels, waardoor er nu een veelheid aan opinies en interpretaties bestaan, de ene al slechter dan de andere. Er is evenwel een groep die aan de originele islam trouw is gebleven: de *al-salaf al-salihin*, "de vrome voorgangers" of "deugdzame voorvaderen." Deze groep getrouwen projecteert men in de eerste drie generaties na Mohammed. Het salafisme is dan een religieuze methodiek die terugkeert naar de levenswijze van de vroege authentieke islam.

We moeten ons realiseren dat salafisme voor de aanhangers te maken heeft met de zoektocht naar authenticiteit. Dit zoeken wordt beloond door het groeiend inzicht in de wegen van de voorvaderen. De salafist herleidt zichzelf niet tot een vrome voorvader, maar is diegene die deze weg verkondigt en daardoor ook betreedt. Daarom wordt binnen de islam het salafisme (*al-Salafiyya*) als de meest oorspronkelijke vorm van religie beschouwd.

Het hedendaagse onderzoek naar salafisme verdeelt de matrix van de religieuze houding in drie hoofdgroepen:

1. De eerste groep verkondigt een bijzonder politiek engagement, dat inhoudt de islamitische opwekking tot oorspronkelijke religie langs politieke weg door te duwen en als zodanig ook de samenleving naar meer authenticiteit te brengen.
2. De tweede groep ondersteunt moslimregeringen en helpt met de onderdrukking van opposities en dissidente stemmen onder het voorwendsel dat elke opstoot de orthodoxie in gevaar kan brengen en zo de samenleving ontregelen.
3. De derde groep propageert geweld tegen iedereen die het herstel van de authentieke islam in de weg staat en zodoende ook Allah dwarsboomt, waarbij de naamgeving "moslim" er niet toe doet.

STRIJD MET MODERNISME

Wat ons daarbij vooral moet interesseren is de clash die deze nieuwe bewegingen binnen de islam organiseren met de westerse democratische landen. We zagen zopas dat het concept van de jihadistische verbeelding een samengaan is tussen puriteins salafisme en gewelddadig verzet. Al-Qaeda en IS zijn de twee culturele exponenten van dit nieuwe culturele fenomeen. Cruciaal in deze ontwikkeling was het Afghaanse conflict op het einde van de Koude oorlog. De tot dan onder Amerikaanse vleugels vechtende milities tegen het communisme werden nu als afval gedumpt. Toen ontstond voor het eerst de idee om een wereldwijd conflict te organiseren met het oog op de vestiging van een soevereine islamitische staat zoals de vrome voorouders beoogden. De opeenvolgende aanslagen en vooral vergeldingen maakten enerzijds de ideologische standpunten los van de apocalyptische ideeën over een totale eindstrijd. Hier ontwaakt IS. Breed sociologisch ziet men jihadisme uit salafisme ontstaan. Maar als men de focus op de westerse democratieën legt, ziet men een toename van vernietigingsdrang die losstaat van de religieuze vertrekpunten of ze naar de tweede orde verwijst. Het salafisme en het gebruik van geweld zijn niet organisch verbonden. Vandaar dat het moderne levensgevoel in het westen als verbindende schakel wordt aangeduid.

Hierin ligt dan ook de eigen aard van de jihadistische ideologie: ze wil geen hervormende beweging zijn maar een hybride organisatie ter omverwerping van de bestaande orde. De meeste sociologische studies naar westerse IS-strijders, zoals het werk van F. Khosrokhavar, wijzen erop dat de meeste Europese *foreign fighters* in het Midden-Oosten de voor salafistische milieus kenmerkende langdurige socialisatie ontberen. Ze werden als het ware "instant-bekeerd," waarbij de religieuze component eerder een voorwendsel dan wel oriëntatie is. Dit doet onderzoekers concluderen dat de sociale onderbrekingen eerder ontstaan door een hang naar fysisch geweld en het verlangen naar een apocalyptische utopie, zijnde twee elementen die eerder uit een niet-religieuze dan religieuze context stammen. Vandaar dat men de link met moderniteit aanwijst, gezien militant jihadisme vandaag eerder te maken heeft met persoonlijke spanningen in een overvraagde context en niet zozeer verbonden zijn met een moslimcultuur op zich. Het laat sociologen toe om het jihadisme rechtstreeks te verbinden met de groeiende verrechtsing bij blanke jongeren.

BRUSSELSE JIHAD

De Brusselse context en dan vooral de gemeente Molenbeek trok de laatste jaren veel aandacht. De Amerikaanse Senior Intelligence Analyst Adolfo Gatti maakte er een studie over onder de titel *Urban Terrorist Sanctuaries in Europe: The Case of Molenbeek* (in Serafettin Pektas, Johan Leman (eds) (2019),

Militant Jihadism. Today and Tomorrow, 151-175). Alleen al de feiten en cijfers waarop sociologisch onderzoek zich baseert, zijn met betrekking tot het jihadisme in Brussel en in België in het algemeen verbluffend.

TOEVLUCHTSOORD VOOR TERRORISTEN

Al te gauw gooit men met termen en concepten, zonder bij de betekenis stil te staan. Ook over de oorzaken blijft men vaag. Als men internationaal Brussel etiketteert als *Hell hole* draagt dit zeker niet bij tot nuancering en begrip. De gedachte dat Molenbeek een veilige haven of toevluchstoord is voor terroristen is ondertussen wijdverspreid. Daartegenover helpt het ook al niet als bewoners en beleidsmakers de zaken sussen en zeggen dat het allemaal fel overdreven is. We moeten dus een helder beeld vormen van de situatie en ons realiseren dat de stedelijke samenlevingen in West-Europa erg snel veranderen en dat daarmee ernstige sociale problemen gepaard gaan. We moeten ons informeren en niet oordelen, maar begrijpen.

De stand van het huidige wetenschappelijke onderzoek naar *safe havens* voor terroristen omschrijft het concept als een oord dat specifieke en betrouwbare mogelijkheden biedt om verschillende operaties onopvallend uit te voeren zoals planning, fundraising, communicatie, rekrutering, geld- en wapensmokkel en een veilig onderkomen biedt aan terroristische praktijken. De recente politiek en sociale ontwikkelingen tonen vier fasen:

1. tijdens de Koude Oorlog werd een toevluchtsoord voor terroristen gezien als een staat dat gewapende groepen op haar grondgebied toeliet en openlijk ondersteunde. Zo bood Afghanistan onder Talibanbewind bescherming aan Osama bin Laden en al-Qaida.
2. na het losbarsten van de *War on Terror* tijdens de Bush-administratie werden zwakke en *failed states* met een povere gouvernementele structuur als toevluchtsoord voor terroristen gezien.
3. de afwikkelingen van 9/11 toonden dat terroristen zich gaandeweg meer isoleerden en op een verre afstand bleven van regeringen en centra met veel mensen. Terroristen creëerden *safe havens* in sociaal isolement.
4. de vierde en laatste fase is dat deze sociaal geïsoleerde *safe havens* werden opgericht in de drukbevolkte steden. In deze context kreeg de terroristische activiteit er een extra element bij: compensatie voor globalisering.

Voor deze laatste fase is het terroristennetwerk uit Molenbeek, dat zo vernietigend uithaalde tussen 2015 en 2017 een treffend voorbeeld. De nieuwe functie activeerde het steeds verdergaand wegvallen van fysieke en virtuele grenzen. Ze kunnen hun netwerk met eenvoudige middelen internationaliseren. De context van Molenbeek verruimt het onderzoek naar fundamentalisme aanzienlijk. Hier is dus sprake van een gefragmenteerde culturele context met talloze breuklijnen, achterstelling en oncontroleerbare zones. Daarbij komt dat de meeste sociologen ondertussen bevestigen dat een gefaalde integratie bijdraagt aan de "wij en zij" mentaliteit. De onmogelijkheid om te integreren heeft in het geval van Molenbeek te maken met het bijzondere hoge cijfer van werkloosheid in vergelijking met de rest van België (werkloosheid in Molenbeek is tot 30% hoger dan in de rest van het land, het is de tweede armste gemeente van het land, nergens is de inburgering en integratie zo laag, cf. www.statistiekvlaanderen.be) aangevuld met de jaarlijkse instroom van nieuwe migranten in de gemeente (tot 7000 nieuwe inwoners per jaar). Tot 80% en meer van de inwoners van Molenbeek zijn van buitenlandse origine en 40% heeft een islamitische achtergrond.

Deze factoren bewerken en bestendigen culturele isolatie en dragen bij tot het ontwikkelen van subculturen met eigen normen en regels. In Molenbeek is de Noord-Afrikaanse gemeenschap, voornamelijk van Marokkaanse origine, daarvan een treffend voorbeeld. Onderzoekers stellen dat bovenop deze sociale toestanden de religieuze radicalisering als een uitlaatklep werkt. We moeten tegelijk opmerken dat niet alle moslims tot geweld en al zeker niet terreur overgaan. Sommigen laten enkel stoom af in de eigen kring om de gevoelens van achterstand en discriminatie draaglijk te maken. Maar deze radicalisering en de stimulans om niet te integreren, zetten wel de deur open voor haatprediking en gebruik van geweld.

De meest opmerkelijke en ook meest recente ontwikkeling is dat deze *safe havens* in de grootstedelijke gebieden van Europa ontstaan. In de bergen van Pakistan en Afghanistan is slechts erg weinig of geen controle mogelijk, maar in het hart van Europa maakt dit een wereld van verschil. Dan wijst men in de richting van het veel te ondoorzichtige en zelf inerte landelijke en stedelijke beleid in België. De versnippering van bevoegdheden creëerde een vacuüm rond maatschappelijke verplichtingen en integratie. Iedereen schuift de verantwoordelijkheden van zich af.

MARGINAAL FENOMEEN OF SPIEGEL?

Het is duidelijk dat we dringend nood hebben aan een andere aanpak. Om de werkelijkheid van radicalisme en radicalisering te begrijpen, is het noodzakelijk om een degelijke theorie te ontwerpen, zo niet blijven we in rondjes draaien en veroorzaken vaak met de beste bedoelingen averechtse effecten. Met het oog op een degelijke theorievorming bundelde de Universiteit van Antwerpen een aantal artikelen onder de noemer *Radicalisation. A Marginal Phenomenon or a Mirror to Society?* Daarbij gaat men uit van de noodzaak om radicalisering te herdenken en het dominante narratief te nuanceren.

Zes elementen kenmerken het dominante narratief inzake radicalisering:

1. Onderzoekers wijzen erop dat radicalisme een relatief begrip is, d.w.z. dat radicalisme geen absolute betekenis heeft, maar alleen in relatie tot bijvoorbeeld "gematigd" inhoud krijgt. Daarbij komt dat politieke, historische en culturele waardeoordelen de invulling van de relatieve begrippen bepaalt.

2. Ook van belang is op te merken dat de ethische onderscheidingen van goed en slecht niet eenvoudig om te zetten zijn in radicaal en gematigd. Er zijn met andere woorden goede radicale opvattingen en slechte gematigde. Daarbij komt dat de tijd ethische waarden en normen laat verschuiven. Zo was vroeger algemeen aanvaard dat homoseksualiteit fout en afkeurenswaardig is. Vandaag is wie zo een opvatting huldigt een fundamentalist.

3. 9/11 was a *gamechanger*. Het is bijna 20 jaar geleden, maar de stroom aan publicaties is niet meer gestopt. Ook worden de verstommende beelden van de instortende torens nog steeds vertoond. Het werden iconografische beelden die de virulente angst voor moslims levend houdt. Dit noemen onderzoekers de "elite driven popular construction of percieved causation." Het probleem is dat het de wereld verdeelt in "gelovigen" en "ongelovigen."

4. Deze misleidende analyses brachten meer geweld voort. De oorlog in Irak en nadien Afghanistan brachten een nog gruwelijker acterend terroristenleger op de been: IS. Ook verschoof de bakermat van terreur van het Midden-Oosten naar de Europese steden. De aanslagen in Madrid, Londen, Parijs en Brussel getuigen ervan.

5. Van dan af gebruikt het dominant narratief de term "radicalisering" als synoniem voor de "policy of counterterrorism." Zwaarbewapende militairen wandelen in de grote stations in Brussel. Overal is er videosurveillance en sociaal leeft iedereen met de gedachte dat de man met de baard in de metro misschien een bommengordel draagt.

6. Onderzoekers wijzen er verder op dat de term "radicalisering" sinds 9/11 onderhevig was aan *conceptual back-formation*, d.w.z. dat een concept verandert door aanhechting van andere betekenisgevers en concepten. Zo was een radicaal in de 19e eeuw iemand die kritiek uitoefende op het heersende burgerlijke klimaat, terwijl dezelfde persoon vandaag gezien wordt als een potentieel gevaar of zelfs terrorist. Men heeft bijgevolg het woord radicalisering gebruikt om het proces van terroristwording aan te duiden. Zo werd "radicalisering" het centrale begrip in de analyse van de oorsprong van terreur. Op deze manier is het een politiek containerbegrip geworden, aangewend door politici om geld vrij te maken en bewapening aan te zwengelen.

Dit dominant narratief zet de bakens uit voor acties die worden ondernomen. Alle initiatieven van deradicalisering die ondertussen worden genomen, focussen op twee elementen: het individu en de ideologie. Onvrede en frustraties drijven vooral jongeren in de armen van gewelddadig verzet tegen een systeem dat hen onheus behandelt. Ze maken daarbij misbruik van de islam, aldus het gangbare discours, want ze herleiden de religie tot een ideologie. Vandaar dat alle initiatieven tegen radicalisme op individuele en ideologische basis worden genomen. Het is bijgevolg aan theologen en onderzoekers van religies om een "counter-discours" te ontwerpen.

JT

Contributors

Jannica de Prenter studied Theology and Religious Studies at the University of Tilburg, and the Catholic University of Leuven. Jannica works as a pastor for the Protestant Church in Bruges. She is also involved in the ecumenical movement and gives lectures and workshops on Hebrew Bible and exegesis.

Mieke Felix studied dramatic arts at the Royal Conservatory Antwerp and art history at the University of Ghent. In 2013 she got her master degree in Theology en Religious Studies at the KU Leuven with a thesis about Catharism. At this moment she is working on a thesis about the so called 'prayer of Joan Maury' in a research master program.

Heye Heyen was professor of practical theology at FPG Brussels until his retirement in 2018. He is practising as an independent psychotherapist at Oldenburg (Germany). He was previously a Protestant minister in Germany and a university lecturer in the Netherlands.

Arjan Knop is an Old Testament scholar working at the FPTR with the responsibility for the Biblical languages and the implementation of *E-Learning*. He is also working on his dissertation on Numbers 15.

Jack McDonald is chaplain-president of the Central Committee of the Anglican Church in Belgium, and professor of historical and systematic theology at FPTR Brussel.

Jeanine Mukaminega holds a doctorate in Protestant Theology of FUTP in Brussels and teaches in the Old Testament field in French-speaking department. She is also a teacher of philosophical and religious matter in a secondary school. Her scholarly interest is in the Bible as a religious text that has come down to us from the Ancient Near East cultures.

Leendert-Jan Parlevliet has been associated for many years with a teacher training institute for primary education. In that context, he has specialized in Theologizing with children and in forms of collaborative learning, such as a Professional Learning Community. He has been affiliated with the FPTR since 2019 as professor of Practical Theology.

Leonard Rwanyindo is professor in the History of Missions (Missiology) at FUTP. He is pastor of the United Reformed Church in Belgium (EPUB).

Harry Sinnaghel is a minister in the Protestant Church in Denderleeuw, the president of the O.C.J.B. (the Belgian Council for Christians and Jews), and he performs a PhD research in the area of Jewish-Christians relationship in Belgium after World War II. With a career of more than 30 years in ICT, managing softwareprojects and programs in Belgium and abroad, Harry Sinnaghel decided to make a career switch and obtained a master in theology.

Johan Temmerman is dean and professor of systematic theology at FPTR Brussels. His specialties are alternative currents in western culture and the dialogue between science and religion.

Mar van der Veer is a church musician and theologian. He studied at the Rotterdams Conservatorium and obtained his master's degree in theology at the FPTR in Brussels in 2018. He is currently working with musicologist and theologian Prof. Albert Clement on a dissertation on the faith of Felix Mendelssohn Bartholdy.

Analecta Bruxellensia

edited by Johan Temmerman (Faculty of Protestant Theology in Brussels)

Johannes Taschner; Johan Temmerman (Eds.)

Theological Essays in Biblical, Religious and Historical Perspective

"Analecta Bruxellansia" is the yearbook of the Faculty of Protestant Theology and Religious Studies in Brussels. Different scholars from the French speaking faculty (FUTP) and from the Dutch speaking faculty (FPTR) gathered their scientific research and selected the articles you will find in this issue. The Faculty in Brussels houses three research groups that perform scientific work in the fields of Biblical Studies, Historical and Reformation Theology and Religious Studies. This edition therefore offers a platform for articles from these three areas of theology. The new section "Reviews" closes this "Analecta Bruxellensia Vol. 19."

Bd. 19, 2019, 192 S., 24,90 €, br., ISBN 978-3-643-91116-2

Johannes Taschner; Johan Temmerman (eds.)

Essays on Theology, Meaning, and Pastoral Care

This issue of the yearbook "Analecta Bruxellensia" contains different essays which show in what way(s) scholars from different fields are engaged in theology, in particular related to meaning and pastoral care. The authors are all working or studying at the Faculty of Protestant Theology in Brussels

Bd. 18, 2017, 192 S., 29,90 €, br., ISBN 978-3-643-91024-0

Heye Heyen; Johannes Taschner (Eds.)

Theological Essays in the 500th Anniversary Year of the Reformation

This issue of the yearbook "Analecta Bruxellensia" contains different essays which show in what way(s) scholars from different fields are engaged in theology, in particular related to aspects of the Reformation. The authors are all working or studying at the Faculty of Protestant Theology in Brussels.

Bd. 17, 2017, 160 S., 24,90 €, br., ISBN 978-3-643-90906-0

Heye Heyen; Johannes Taschner (Eds.)

Theological Essays in a Postmodern Context

This issue of the yearbook "Analecta Bruxellensia" contains different essays which show in what way(s) scholars from different fields are engaged in theology in a postmodern context. The authors are all working or studying at the Faculty of Protestant Theology in Brussels. The essays are divided into the following three clusters: Old Testament from different perspectives, Philosophy of Religion and Ethics, and pastoral care in a postmodern context.

Bd. 16, 2016, 180 S., 24,90 €, br., ISBN 978-3-643-90721-9

LIT Verlag Berlin – Münster – Wien – Zürich – London

Auslieferung Deutschland / Österreich / Schweiz: siehe Impressumsseite

Theologie Ost – West

Europäische Perspektiven

hrsg. von Prof. Dr. Janez Juhant (Universität Ljubljana) und Prof. Dr. Albert Franz (Universität Dresden)

Robert Petkovšek; Bojan Žalecc (Eds.)

Ethical Implications of One God

The Significance of Monotheism

The issue of the ethical implications of monotheism is a very relevant topic from the point of view of contemporary humanities and social science, and from the perspective of the cultural and political condition in Europe and at the global scale. Therefore a scientific book devoted to this subject makes a lot of sense. Throughout the history and in present times, monotheism has been subjected to several sharp criticisms. On the other hand, we find also very different evaluations of it. They stress its positive and even crucial contribution to peace, forming of rational, non-violent, tolerant culture and society, to the scientific, political and cultural development, to democracy etc. The book offers fresh interdisciplinary perspectives - mainly from the point of view of humanities - on the ethical aspects of monotheism, broadens the scientific understanding of it, and establishes a basis for resolving conflicts to which the understanding of monotheism is relevant or even decisive.

Bd. 26, 2020, 208 S., 29,90 €, br., ISBN 978-3-643-91126-1

Tonči Matulić

Metamorphoses of Culture

A Theological Discernment of the Signs of the Times against the Backdrop of Scientific-Technical Civilisation

The book *Metamorphoses of Culture* was originally published in Croatian language in 2008. It is worth noting that this book was awarded the *Grand Prix – Croatian Book of the Year 2008* in April 2009. The author in the book seriously takes the stimulus of the Second Vatican Council that says: "With the help of the Holy Spirit, it is the task of the entire People of God, especially pastors and theologians, to hear, distinguish and interpret the many voices of our age, and to judge them in the light of the divine word, so that revealed truth can always be more deeply penetrated, better understood and set forth to greater advantage" (*Gaudium et spes*, no. 44). This book brings author's hearing, distinguishing and interpreting some of today's burning signs of the times in the light of the Gospel against the backdrop of scientific-technical civilisation.

Bd. 25, 2018, 684 S., 69,90 €, br., ISBN 978-3-643-91049-3

Stanko Gerjolj

Dramatik der biblischen Familienbeziehungen

Eine Herausforderung für die Erziehung heute

vol. 24, 2020, ca. 240 pp., ca. 34,90 €, br., ISBN-CH 978-3-643-91038-2

Marie-Jo Thiel; Marc Feix (éds.)

Le défi de la fraternité

The Challenge of fraternity. Die Herausforderung der Geschwisterlichkeit

Bd. 23, 2018, 640 S., 39,90 €, br., ISBN 978-3-643-91018-9

Robert Petkovšek; Bojan Žalec (Eds.)

Religion as a Factor of Intercultural Dialogue

Bd. 22, 2019, 210 S., 34,90 €, br., ISBN 978-3-643-91014-1

Robert Petkovšek; Bojan Žalec (Eds.)

Sacrifice

From origins and culture to contemporary life challenges

Bd. 21, 2018, 288 S., 34,90 €, br., ISBN 978-3-643-90917-6

Robert Petkovšek; Bojan Žalec (Eds.)

Truth and Compassion

Lessons from the Past and Premonitions of the Future

Bd. 20, 2017, 186 S., 29,90 €, br., ISBN 978-3-643-90773-8

LIT Verlag Berlin – Münster – Wien – Zürich – London

Auslieferung Deutschland / Österreich / Schweiz: siehe Impressumsseite

Homiletische Perspektiven

hrsg. von Dr. Theo Pleizier (Protestantse Theologische Universiteit Groningen), Prof. Dr. Jörg Seip (Universität Bonn)

Filip De Cavel
The Preacher as 'First Listener'
'Calling' as a Source of Authority within the Flemish Evangelical Preaching Tradition
The preacher's weekly assignment is brutally repetitive: Fill the blank page by Sunday, at least twice a month, if not, even more. This book offers a biblical, theological and empirical grounding to support the preacher's self-reflective, listening, and sermonizing practices in order for the preacher to be aware of his/her spirituality of listening and discernment.
Bd. 12, 2020, 286 S., 39,90 €, br., ISBN 978-3-643-91283-1

Dawn Ottoni-Wilhelm (Hg.)
Preaching the Fear of God in a Fear-Filled World
Proceedings from the 13th Conference of Societas Homiletica, Durham 2018
Fear runs rampant in the world today, including fears related to the rise of nationalism, refugees, political corruption, violence, religious extremism, and climate crises. Amid these existential realities, the biblical idea of "the fear of God" poses theological opportunities and challenges for those who address these themes in their preaching and public ministry. This collection of conference presentations from the 2018 meeting of Societas Homiletica focuses on how preaching and homiletical studies around the world address the rhetorical, biblical, political, and spiritual dimensions of fear as it has emerged in recent decades in church and society.
vol. 11, 2020, ca. 304 pp., ca. 39,90 €, br., ISBN-CH 978-3-643-91141-4

C. M. A. van Ekris
Making See
A Grounded Theory on the prophetic dimension in preaching
What is theologically and homiletically happening in 'prophetic' sermons? This empirical theological study offers an analysis of the prophetic dimension in contemporary practices of preaching, including sermons from Bonhoeffer, King and Tutu, and from Dutch local contexts. After a phenomenological opening, five theological concepts are extracted from the studied sermons: exposing destructiva, interrupting dominant discourses, recognising the Word, overcoming destructiva and edifying the congregation. In this study, prophetic speech is reconstructed as an illuminative interplay between epiphanic and inductive aspects.
Bd. 10, 2020, 388 S., 39,90 €, br., ISBN 978-3-643-90990-9

Heye Heyen
Gericht predigen
Bd. 9, 2017, 90 S., 24,90 €, br., ISBN 978-34-643-13357-1

Axel Denecke
Vollmächtig und liberal!
Predigten in der Tradition des Juden Jesus. Mit einem Lernprogramm für die Praxis
Bd. 8, 2009, 176 S., 19,90 €, br., ISBN 978-3-643-10062-7

Heye Heyen
Lebensbejahend predigen
Bd. 7, 2008, 168 S., 19,90 €, br., ISBN 978-3-8258-1884-5

Hanneke Schaap-Jonker
Before the Face of God
An Interdisciplinary Study of the Meaning of the Sermon and the Hearer's God Image, Personality and Affective State
vol. 6, 2008, 384 pp., 34,90 €, br., ISBN 978-3-8258-1432-8

LIT Verlag Berlin – Münster – Wien – Zürich – London
Auslieferung Deutschland / Österreich / Schweiz: siehe Impressumsseite

Religion – Geschichte – Gesellschaft
Fundamentaltheologische Studien
hrsg. von Johann Baptist Metz (†) (Münster / Wien), Johann Reikerstorfer (Wien) und Jürgen Werbick (Münster)

Hans-Gerd Janßen; Julia D. E. Prinz; Michael J. Rainer (Hg..)
Theologie in gefährdeter Zeit
Stichworte von nahen und fernen Weggefährten für Johann Baptist Metz zum 90. Geburtstag

Johann Baptist Metz (* 5. August 1928) hat seine Theologie im intensiven Austausch mit Philosophie, Geschichte, Rechts-, Politik- und Sozialtheorie, Jüdischem Denken und Welt-Literatur & Kunst gewonnen und entfaltet – und so nicht nur in der theologischen Diskussion prägende Spuren hinterlassen. Seine Gottesrede lässt sich nicht aus den Katastrophen in Geschichte und Gesellschaft herauslösen, sondern bleibt im Kern herausgefordert angesichts der weltweit steigenden Gefährdungen: interkulturell, sozial, politisch, ökonomisch, ökologisch ... !
Dieser Band führt 150 kompakte Stellungnahmen zusammen, die Zeit-Zeichen setzen: die Beiträger_innen loten aus, in wieweit sie der Neuen Politischen Theologie und J.B. Metz als Person prägende Inspirationen und bleibende Impulse für ihre eigene Sicht auf Philosophie, Theologie, Geschichte, Gesellschaft, Recht, Politik, Bildung und Kunst verdanken: eine ungewöhnliche Festschrift voller Überraschungen und weiterführender Anstöße.

Bd. 50, 2. Aufl. 2019, 600 S., 39,90 €, br., ISBN 978-3-643-14106-4

LIT Verlag Berlin – Münster – Wien – Zürich – London

Auslieferung Deutschland / Österreich / Schweiz: siehe Impressumsseite